人力资本存量贬损及应对策略研究

张学英 著

人民出版社

责任编辑:邵永忠

图书在版编目(CIP)数据

人力资本存量贬损及应对策略研究/张学英著. -北京:人民出版社,2010.1
ISBN 978－7－01－008595－1

Ⅰ. 人⋯　Ⅱ. 张⋯　Ⅲ. 人力资本-研究　Ⅳ. F241

中国版本图书馆 CIP 数据核字(2009)第 240667 号

人力资本存量贬损及应对策略研究

RENLI ZIBEN CUNLIANG BIANSUN JI YINGDUI CELÜE YANJIU

张学英　著

人 民 出 版 社 出版发行

(100706　北京朝阳门内大街 166 号)

北京龙之冉印务有限公司印刷　新华书店经销

2010 年 1 月第 1 版　2010 年 1 月北京第 1 次印刷
开本:710 毫米×1000 毫米 1/16　印张:19
字数:290 千字

ISBN 978－7－01－008595－1　定价:38.00 元

邮购地址 100706　北京朝阳门内大街 166 号
人民东方图书销售中心　电话 (010)65250042　65289539

目　录

序……………………………………………………………李建民　1

第一章　导论………………………………………………………… 1

第一节　问题的提出……………………………………………… 1

一、人力资本存量贬损的影响 ………………………………3

二、研究意义 ………………………………………………3

第二节　文献回顾与评论………………………………………… 7

一、关于人力资本贬值的研究 ……………………………… 7

二、关于人力资本投资决策模型的研究 ………………… 16

第三节　研究对象和思路………………………………………… 26

一、研究对象 ……………………………………………… 26

二、研究思路 ……………………………………………… 27

三、研究内容与本书结构 ………………………………… 30

四、主要结论 ……………………………………………… 31

五、需要进一步研究的问题 ……………………………… 34

第二章　人力资本存量贬损…………………………………………37

第一节　人力资本存量贬损的涵义……………………………… 37

一、人力资本存量贬损的定义 …………………………… 37

二、人力资本存量贬损的类型 …………………………… 40

三、人力资本存量贬损的特点 …………………………… 43

第二节　人力资本存量贬损的原因……………………………… 46

一、市场性因素 …………………………………………… 46

二、非市场性因素 ………………………………………… 69

三、需要进一步说明的几个问题 ………………………… 74

第三章 人力资本存量贬损的测量 …………………………… **79**

第一节 人力资本存量的测量 …………………………… 79

一、从产出角度测量 …………………………… 80

二、从投入角度测量 …………………………… 81

三、PQLI指数法 …………………………… 85

第二节 人力资本存量贬损的测量 …………………………… 86

一、度量人力资本承载者收入能力弱化 …………… 87

二、度量人力资本闲置 …………………………… 89

三、度量人力资本报废 …………………………… 91

第四章 中国人力资本存量贬损现状分析 …………………… **93**

第一节 用收入和劳动生产率测算 …………………………… 93

一、用平均实际工资指数度量收入能力弱化 ……… 93

二、比较劳动生产率与平均实际工资的增长幅度度量
收入能力弱化 …………………………… 95

三、结论 …………………………… 98

第二节 用闲置的工时测算 …………………………… 99

一、按职业统计的闲置工时 …………………………… 99

二、按行业统计的闲置工时 …………………………… 102

三、按受教育程度统计的闲置工时 …………………… 105

四、按年龄统计的闲置工时 …………………………… 105

五、按单位或经营活动类型统计的闲置工时 ……… 106

六、结论 …………………………… 107

第三节 用失业数据测算 …………………………… 108

一、按职业统计的失业构成 …………………………… 109

二、按行业统计的失业构成 …………………………… 110

三、按失业原因统计的失业构成 …………………… 110

四、按年龄统计的失业构成 …………………………… 113

五、结论 …………………………… 117

第四节 用退出人力资本市场的数据测算 …………………… 119

一、由死亡导致的人力资本报废量 ·················119

二、由伤残导致的人力资本报废量 ·················122

三、由服刑役导致的人力资本闲置与报废量 ·········123

四、结论 ·················123

第五节 中国人力资本存量贬损的总体情况·········· **124**

一、收入能力弱化 ·················124

二、人力资本闲置 ·················124

三、人力资本报废 ·················125

四、分析与总结 ·················126

第五章 个人应对人力资本存量贬损的投资策略·········· **129**

第一节 个人人力资本投资·················· **129**

一、个人人力资本投资的形式 ·················130

二、个人人力资本投资的特点 ·················131

三、个人人力资本投资风险 ·················134

四、个人人力资本投资决策模型 ·················136

第二节 个人应对人力资本存量贬损的投资策略·········· **139**

一、防范型人力资本投资策略 ·················140

二、补偿型人力资本投资策略 ·················142

三、两种投资策略的比较 ·················145

第三节 防范型与补偿型人力资本投资策略的应用·········· **146**

一、基于人力资本存量贬损原因的投资选择 ·········146

二、基于人力资本存量贬损形式的投资选择 ·········147

三、基于人力资本承载者经济生命周期的投资选择 ·····148

四、基于承载者既有人力资本的投资选择 ·········152

五、基于不同市场条件的投资选择 ·················154

六、应对人力资本存量贬损：以高校教师、大学毕业生、

下岗人员为例 ·················156

第六章 企业应对人力资产减值的行动策略·········· **161**

第一节 企业物质资产减值·················· **161**

一、物质资产减值的涵义 ·············· 162

二、物质资产减值的形式 ·············· 162

三、物质资产减值的原因 ·············· 163

四、物质资产减值的影响 ·············· 163

五、物质资产减值的处置 ·············· 164

第二节　企业人力资产减值·············· **165**

一、企业人力资产的涵义 ·············· 165

二、企业人力资产减值的涵义 ·············· 166

三、企业人力资产减值的影响 ·············· 167

四、人力资产与物质资产减值的比较 ·············· 167

第三节　企业应对人力资产减值的行动策略·············· **170**

一、企业雇佣决策 ·············· 170

二、企业对减值人力资产的处置 ·············· 175

第四节　企业应对人力资产减值的投资策略·············· **178**

一、企业人力资本投资 ·············· 179

二、企业人力资本投资决策模型 ·············· 183

三、企业的补偿型人力资本投资策略 ·············· 191

四、企业的防范型人力资本投资策略 ·············· 194

五、企业人力资本投资策略选择的影响因素 ·············· 197

六、案例分析：摩托罗拉的培训制度 ·············· 199

第七章　政府应对人力资本存量贬损的行动策略·············· **209**

第一节　政府介入人力资本存量贬损的意义·············· **209**

一、产业结构与失业 ·············· 210

二、劳动力市场不完善与失业 ·············· 212

三、体制转轨与失业 ·············· 213

四、后续教育供给不足与失业 ·············· 214

第二节　政府介入人力资本投资的原因·············· **215**

一、人力资本投资具有正外部性 ·············· 215

二、市场失灵和缺陷 ·············· 217

三、人力资本投资的特点 ·················217

第三节　政府介入人力资本投资的途径··············218

一、政府的公共投资 ···················218

二、构建适宜的人力资本投资环境 ··········222

第四节　政府应对人力资本存量贬损的行动策略······224

一、供给大于需求引起的人力资本存量贬损 ·····224

二、技术进步引起的人力资本存量贬损 ·········226

三、相关资本引起的人力资本存量贬损 ·········228

四、健康存量贬损 ·····················229

五、政府介入人力资本存量贬损 ···········231

第八章　解析：中国大学毕业生的人力资本存量贬损··········**233**

第一节　大学毕业生人力资本存量贬损的形态········234

一、主动选择失业 ·····················234

二、最优人力资本失业 ·················236

三、不充分就业 ·······················237

第二节　大学毕业生人力资本存量贬损的影响因素·····237

一、来自大学生投资主体的内在影响因素 ······238

二、来自经济社会环境的外在影响因素 ········243

第三节　国外大学毕业生人力资本存量贬损及应对·····249

一、世界各国大学生毕业生人力资本存量贬损概况 ···249

二、世界各国大学毕业生就业难的原因分析 ·····253

三、世界各国促进大学毕业生就业的对策 ······254

第四节　中国大学毕业生人力资本存量贬损的对策·····259

一、个体应对 ·······················259

二、高校应对 ·······················261

三、政府应对 ·······················263

参考文献··················**275**

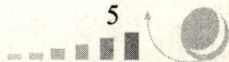

序

　　人力资本在当代经济中是最具有价值的资源，也是一个国家核心竞争力的基础。随着技术进步的加速和经济增长方式转变，人力资本对于中国发展的意义将更加突出，人们对人力资本投资也更加关注。但是，作为一种生产要素，人力资本也同样面临着存量贬损的市场风险；另一方面，由于人力资本存在形态和使用形态的特殊性，使人力资本还存在着因生理因素和社会因素而导致的贬损。事实上，人力资本面临着三重贬损风险：市场贬值、自然贬损和社会贬损。一旦这些风险变成事实，不仅给当事者造成损失，也会给社会带来负面影响。

　　如何应对人力资本的存量贬损风险？如何化解人力资本的存量贬损？如何使人力资本保值和增值？这些不再仅仅是在书斋里讨论的理论问题，而是摆在许多人和企业面前的现实问题。张学英博士的这部专著对人力资本存量贬损及应对策略进行了比较深入和系统的研究，其学术价值主要体现在四个方面：第一，在理论上阐释了人力资本存量贬损的含义、性质和特点，为定义人力资本存量贬损概念和人力资本存量贬损问题的规范性研究提供了一个明晰的框架；第二，从市场性因素、自然因素和社会性因素等深入分析了导致人力资本存量贬损的原因，并划分了人力资本存量贬损的类型，进而可以深化我们对人力资本存量贬损的风险结构的认识；第三，将贬损因素纳入人力资本投资决策模型，丰富了人力资本投资的内涵，提出了应对人力资本存量贬损风险的防范型与补偿型投资的两种基本策略，并分别阐释了个人、企业和政府应对人力资本存量贬损风险策略的特点和重点；第四，对我国当前存在的人力资本存量贬损现象及其形成原因做了深入的探究，并从人力资本存量贬损的研究视角对我国劳动力市场中的一些重要现象做出了解释。在目前我国该领域的研究成果还不多见的情况下，张学英博士在这部专著中所做的研究工作显得尤为可贵。

在新中国的历史上，曾经出现过因政治原因造成人力资本存量大规模贬损的可悲现象。在改革开放时代，一方面，由于人本精神得以复归，得到尊重和发扬，政治性因素和社会性因素导致人力资本存量贬损的风险已大大降低；另一方面，随着市场竞争的加剧和技术革命的快速推进，因市场因素导致的人力资本存量贬损的风险则正在变大。因此，防范贬损已成为个人、家庭和企业进行人力资本投资的一个重要目的。从社会整体利益上讲，投资于人，构建学习型人生、学习型组织和学习型社会，保持和增强人力资本的竞争能力，是保证我国经济可持续发展和社会和谐发展的不可替代的重要手段。

李建民

2009年12月15日

第一章 导 论

第一节 问题的提出

在以知识为强力引擎促动经济发展的时代，人力资本呈现出不断增值的发展趋势，成为经济发展的主导推动因素。在中国人力资本市场逐渐形成、技术不断进步的背景下，掌握知识和技能并通过不断积累逐渐进行更新是时下的焦点话题。人力资本投资者憧憬着预期的高投资收益，谨慎地选择着适合自己的人力资本投资形式和内容。

的确，人力资本具有在使用过程中不断增值的特征，但同样不能否认的是，一部分人力资本承载者会面临人力资本存量贬损的尴尬，尤其是在经济不景气，经济结构调整的背景下，人力资本存量贬损表现得会更为突出，比如：

1. 发端于中国国有企业改革的低端人力资本承载者下岗、再就业难。李培林、张翼（2003）[1] 基于2002年8—9月对辽宁省4个资源枯竭型城市约1000个下岗职工样本的抽样调查发现，与一般的常规推论相反，在下岗职工的收入决定、阶层认同和社会态度等方面存在"人力资本失灵"现象，即下岗职工以往的人力资本积累对提高其收入水平和促进社会态度的理性化不再发挥作用。这是因为随着市场的知识需求和职业结构的变化，下岗职工人力资本

---

[1] 李培林、张翼：《走出生活逆境的阴影——失业下岗职工再就业中的"人力资本失灵"研究》，《中国社会科学》2003年第5期。

积累过程发生断裂。因为缺乏相应的转业转岗培训，他们的就业拓展能力下降，生活也随之陷入困境。

2.高端人力资本承载者受聘待遇下降、求职难。中国自高等教育实行扩招政策后，大学毕业生就业难已成不争的事实，数据显示，2002年全国有近50万应届大学毕业生处于未就业状态，被称为"漂族"；2005—2008年，全国大约每年有100多万大学毕业生未能顺利一次就业；2009年应届大学毕业生多达610万，在国际金融危机影响下，就业困难的比例可能占到1/4[1]。"漂族"中有相当一部分人潜心学习，期望通过提升人力资本水平在未来谋得理想职业。那么投资结果是否令人满意呢？北京大学"高等教育规模扩展与人力资本市场"课题组在2003年6月和2005年6月对全国高校毕业生就业状况的问卷调查结果表明，学历越高起薪越多，其中，专科毕业生为1333元，本科毕业生为1549元，硕士和博士分别为2674元和2917元，同2003年相比，本、专科毕业生的起薪略有提高，但硕士和博士生起薪有所下降。另据《每日经济新闻》从广州智联招聘对全国2517家企业的薪酬调查结果显示，受国际金融危机的影响，2009年度大学毕业生起薪会普遍降低，2008年本科毕业生的起薪每月平均为2094元，2009年则为1846元，下滑了11.84%。硕士和博士聘用待遇下降、大学生毕业即失业反映了人力资本实际投资收益对投资决策时点的预期收益的偏离。

3.既有人力资本低效配置。根据国家科委对1003万专业技术人才的抽样调查，中国有300多万科技人才处于无所事事的闲置状态。另一项调查表明，中国目前约有5000家研究开发机构，科研人才总数达62.5万，但其中31万科研人才一年中居然没有发表一篇论文。由于人才培养和配置方面的不合理，中国一方面存在严重的人才短缺问题，另一方面又存在大量的人才浪费现象，高学历的人才大多留在大城市，不少人学非所用，不合理的人才配置造成人才资源利用率低下、人才浪费[2]。

如果人力资本价格下降、人力资本彻底报废，可以判定该人力资本发生了存量贬损；如果人力资本闲置，人力资本暴露于存量贬损的风险中，同时

---

[1] 杨重光：《国际金融危机冲击下的2008年中国城市经济》，《中国城市经济》2009年第3期。
[2] 连玉明、武建忠：《中国国策报告》，中国时代经济出版社2005版。

该人力资本可能正经历着贬损。总之，在人力资本存量增长促动经济发展的背后，其存量贬损既是不争的事实，也是市场的常态。

一、人力资本存量贬损的影响

人力资本存量贬损会影响到个人、企业和社会三个主体。（1）关乎个人生存。人力资本发生存量贬损时，其承载者的收入能力、拓展收入空间的能力下降，这意味着承载者的生存能力下降。（2）影响企业利润。个体的人力资本存量贬损被视为企业人力资产减值。一方面，减值通过员工的生产率下降影响企业的利润空间；另一方面，减值通过人力资产账面价值减少导致企业直接的资产损失，使企业人力资本投资成本沉淀。（3）阻碍社会经济发展。人力资本投资具有极强的正外部效应，它曾一度使美国的"新经济"呈现收益递增趋势。反之，人力资本存量贬损则会阻碍社会经济前进的脚步。

与增值类似，人力资本存量贬损是市场的常态，它会给个人、企业和社会带来负面影响。另外，这些主体应对贬损的行为同时会促进经济的可持续发展。存量贬损是表明既有人力资本的市场价值贬值、使用价值减少、人力资本承载者收入能力弱化的市场信号，它引导市场将生产人力资本的资源配置到防范与补偿既有人力资本存量贬损的投资领域中，使市场的人力资本投资与需求相匹配。

在经济社会发展中，人力资本存量贬损主要扮演着消极因素的角色，亟待个人、企业和政府三个人力资本投资主体和整个社会的高度关注。

二、研究意义

（一）理论意义

以往的研究更多地关注人力资本在经济增长中的作用，强调人力资本在学习、生产中的增值特性，对人力资本存量贬损的研究非常少。然而，人力资本存量贬损既是不争的事实，也是人力资本市场的常态现象。本研究以人力资本存量贬损为视角，探讨个人、企业基于补偿与防范考量的人力资本投资决策模型及应对策略。

本研究重新阐释了人力资本贬值的概念。已有研究中不乏人力资本市场价值贬值、使用价值减少的思想，并用人力资本贬值概念描述该类现象。但实际上，人力资本贬值仅能表达市场价值减少的含义，不能涵盖承载者的人力资本使用价值减少的含义以及单纯的承载者收入下降。本研究用人力资本存量贬损概念拓展了人力资本贬值概念的内涵，以描述人力资本市场价值贬值和/或使用价值损失，或单纯的人力资本承载者收入下降，并指出人力资本存量贬损的实质是人力资本承载者既有投资决策时点上的预期收益无法全部收回。

重新阐释人力资本贬值概念并非仅仅强调定义本身，而是因为这个概念的界定会直接影响到对人力资本存量贬损原因的分析和贬损类型的划分。本研究认为，引致人力资本存量贬损的原因可以归为三类：市场性因素、自然因素和社会性因素。其中，市场性因素往往引发人力资本市场价值贬值；自然因素和社会性因素则引发人力资本使用价值减少。就贬损的类型而言，市场性因素往往引发无形贬损、可逆贬损，自然因素则往往引发有形贬损、不可逆贬损。

本研究探讨了度量人力资本存量贬损的指标，选用人力资本承载者收入、人力资本闲置和人力资本报废三个指标度量人力资本存量贬损的程度。测算结果表明，中国目前存在人力资本存量贬损现象，其中以人力资本闲置带来的人力资本存量贬损风险占主导，主要表现为大学生就业难、下岗失业、隐蔽性失业和人力资本失业等。

本研究从应对人力资本存量贬损的视角重新诠释了人力资本投资决策。除了基于增值考虑的传统人力资本投资，本研究中论述的人力资本投资旨在既有人力资本投资的保值，当然，这种投资的结果也可能会使人力资本增值。文章中提出的防范型与补偿型投资策略从全新的视角重新阐释了人力资本投资决策的目的、意义、前提条件、投资原则、投资影响因素。从防范可能的人力资本存量贬损、补偿既成事实的人力资本存量贬损的角度揭示了人力资本投资的特点。

本研究分别对个人、企业两大人力资本投资主体的投资决策模型进行了修正。考虑到人力资本存量贬损，在原有的人力资本投资决策现值计算模型中加入了存量贬损因子，修正了决策模型。防范型策略应对的是可能的人力资本存量贬损，补偿型策略应对的是已经发生的人力资本存量贬损，故虽然都是应对人力资本存量贬损的策略，但人力资本投资的决策时点是不同的。

（二）实践意义

中国正处在经济快速增长、产业结构调整时期，人力资本投资对经济的可持续发展做出了巨大贡献。然而，产业结构调整、技术进步等因素同时带来了失业，导致人力资本存量贬损。另外，经济不景气是诱发人力资本存量贬损的导火索，以2008年以来的国际经济金融危机为例，经济不景气导致市场主体的人力资本需求萎缩，银行要收缩银根，企业要减员增效，整个经济氛围即就业岗位减少、失业增加。来自中国劳动力市场信息网监测中心的数据显示，2008年前三季度劳动力市场的用人需求比2007年同期减少了24.6万人。中国国务院参事陈全生指出，在全球金融危机重压下，2009年中国已有67万家小企业被迫关门，约有670万的"就业岗位蒸发"，使失业人数远高于官方统计的830万。综上可见，如何应对人力资本存量贬损既是一项解决失业问题、关乎国计民生的短期课题，更是一项关乎未来中国经济社会可持续发展的长期课题，必须引起个人、企业和政府三个人力资本投资主体的高度重视。在人力资本存量贬损的背景下，应对贬损的补偿与防范型投资成为人力资本投资的重要方面。

中国学术界在探讨"教育深化"与"知识失业"之间的内在联系，旨在为大学生、研究生教育和解决"就业难"开出一剂良方。也有学者在探讨"人力资本失灵"，试图探寻国有企业职工下岗失业进而实现再就业的灵丹妙药。无论是高端人力资本的初次就业难、待遇低，还是低端人力资本的再就业难，都反映了中国人力资本存量贬损的事实。人力资本存量贬损最终落脚到就业上，而就业或失业问题是各国政府的头等大事，是各国政府宏观经济政策的主要作用对象之一。尤其是在技术进步的时代，为了迎头赶上，高等教育在扩招、国有企业在引入竞争机制、用人单位在理性对待高学历人员，就业形势的严峻和高科技的召唤令人力资本投资者异常迷茫，可见，预防和弥补人力资本存量贬损是关乎国计民生的重要研究课题。

本研究旨在为个人、企业应对人力资本存量贬损提供指导和建议。该研究从个人和企业的微观角度切入，提出了补偿型和防范型策略，旨在为直接

通过人力资本投资获得收益的主体——个人和企业指引投资方向。在经济生命周期的不同阶段，个人应对人力资本存量贬损的投资选择有很大差异，前期以基于知识和技能的防范型投资为主；中期基于知识和技能的投资减少，以补偿型投资为主，另外基于健康的防范型和补偿型投资增加；后期基于知识和技能的防范型与补偿型投资几乎为零，主要是基于防范与补偿、特别是基于补偿的健康投资。对企业而言，应对存量贬损的首选策略可能是放弃生产、替代减值员工、或低价使用；是否选择人力资本投资策略取决于在职培训的性质，企业往往选择对特殊培训进行后续投资。

本研究具有重要的政策意义。中国正处在经济快速发展、产业结构调整的时期，人力资本投资对经济可持续发展作出了重要贡献。然而，技术进步、产业结构和经济结构调整不断引起技术性失业和结构性失业，使人力资本市场价值贬值。中国不完善的劳动力市场限制了人力资本的顺畅迁移，后续教育供给严重不足，这都可能将短期的摩擦性失业、周期性失业演变为长期失业，将可能的人力资本存量贬损演变为实际贬损。可以说，目前中国的技术进步和劳动力市场不完善会加深人力资本存量贬损程度。本研究通过对人力资本存量贬损的原因、影响和应对策略的分析，为政府及时有效地进行人力资本资源的宏观配置提供了参考依据，推动政府将资源配置到产业结构升级、经济结构转变、技术进步最需要的人力资本上。政府应对人力资本存量贬损可以从两方面着手。其一，提供适宜的投资环境。主要通过先期预防应对人力资本存量贬损，体现在完善公共卫生、社会保障、劳动力市场法律法规，为个人和企业的人力资本投资提供制度环境。其二，直接进行人力资本投资。在发生人力资本存量贬损后，政府的应对体现为直接参与投资，包括为大学生提供岗前培训、为下岗职工提供再就业培训、为进城务工人员提供相应技术培训等。这些举措不但顺应技术进步、产业结构升级和经济结构转变的需求，解决经济体内的失业问题，而且同时具有示范作用，引导着个人和企业等微观主体的人力资本投资方向。

第二节　文献回顾与评论

一、关于人力资本贬值的研究

已有研究将与人力资本存量贬损相关的现象称为人力资本贬值。国外研究人力资本贬值的文献很少，且更多地从宏观角度切入，即在人力资本对经济增长的作用中考虑人力资本贬值率。国内对人力资本贬值的研究涵盖了划分贬值类型、分析贬值原因以及应对贬值的措施等内容，应对贬值的研究主要是从微观企业角度展开的。

（一）国外研究现状及述评

对个人人力资本贬值的研究主要有J. Moreh，Lance Lochner，Roy J. Shephard和Jacob Mincer等。他们从技能和健康的角度分析了人力资本贬值的原因，提出人力资本贬值表现为收入减少、收入能力下降。

1.人力资本贬值的概念

J. Moreh (1973)[1]以1960年美国男性白人为研究对象，估算了人力资本投资的贬值率和所需的净投资量。他认为，随着时间的推移，所有能够减少收入能力的因素都意味着人力资本贬值，这些因素包括所获培训知识的过时、由生理和心理因素引起的记忆力减退和年龄偏高时对闲暇的强偏好。失业、不充分就业、退出市场等直接影响人力资本承载者（接受过正规教育并且已经进入人力资本市场的人）的平均收入能力。他借助在职培训的机会成本理论和生命周期内的收入假说分析人力资本贬值。

Lance Lochner（2004）[2]的研究关注三个方面：（1）白领犯罪率有上升的趋势。一旦劳动者入狱，服刑期间其人力资本会发生贬值。刑满释放后，

[1]　J. Moreh. *Human Capital: Deterioration and Net Investment*. Review of Income & Wealth，V.19(Mar., 1973) :279—302.

[2]　Lance Lochner. *Education, Work and Crime: A Human Capital Approach*. International Economic Review, V.45,N.3(Aug., 2004):811—843.

因为有过案底，其潜在收入能力下降，也会发生人力资本贬值。（2）失业本身就意味着人力资本贬值，再就业机会提供的报酬往往低于先前的职业，所以，不采取任何人力资本投资的再就业仍然意味着收入能力下降，人力资本贬值。（3）对女性而言，生育期间退出人力资本市场意味着人力资本贬值，因为再次进入人力资本市场时其收入能力是不确定的。如果有严格的规定禁止企业在女性生育期间解雇她们，生育期间为之保留原有岗位，那么可以认为其人力资本不会贬值。然而，一旦女性在生育期间丢掉了工作岗位，生育活动结束后，因为面临着以原有人力资本水平甚至低于原有人力资本水平的身份在已经发展深化了的市场上再就业，故其收入能力非常不确定，甚至是下降的[1]。另有学者构建模型分析失业期间人力资本的贬值率。

Roy J. Shephard（2000）[2]指出，人的反应速度、敏锐性、肌体技能会随着年龄的增长发生退化，进而影响到劳动者的生产率。对企业而言，年轻的雇员在单位时间内生产的产品数量多于年老雇员；但就产品质量而言，年老雇员生产的产品质量高于年轻雇员生产的产品质量。所以，企业还是应该通过多种手段遏制年老雇员生产率的下降，比如，改善工作环境、提高雇员福利甚至提供培训机会等。

◎ 简短评论

综上所述，人力资本贬值具有两层含义：第一，基于人力资本价值下降的贬值；第二，来自健康存量贬损的贬值。实际上，在已有文献中，有两个词汇都表示人力资本贬值：一个是human capital depreciation，表明源自人力资本价值下降的贬值；另一个是human capital deterioration，表明源自人力资本承载者健康存量下降的贬值。这两个词汇在表示人力资本贬值时经常混用，都用来表示承载者收入减少、收入能力和拓展收入空间能力的弱化。

引起人力资本贬值的原因有多种，比如，知识过时、失业、不充分就业、退出劳动力市场、健康存量贬损、生育、犯罪入狱等。若人力资本贬

[1] Moller, Joachim. *A Labor Market Model with Hysteresis Implications*. Empirical Economics. V.15,N.2(1990): 199—215.
[2] Roy J. Shephard. *Aging and Productivity: Some Physiological Issues*. International Journal of Industrial Ergonomics, V.25,N.5(May, 2000):535—545.

值，则人力资本承载者收入能力下降。

国外对人力资本贬值的研究有一定的局限性。（1）关于人力资本贬值的含义。已有文献中human capital depreciation和human capital deterioration相互混用，都能够表示人力资本贬值的概念，但二者实际上是有根本区别的。源自价值变化的人力资本贬值指的是承载者既有知识和技能的市场价值发生改变，承载者收入下降、获取收入的能力以及拓展收入空间的能力下降，但知识和技能的生产能力或人力资本的使用价值也许并未改变。源自健康状况改变的人力资本贬值指的是健康状况降低了承载者的生产率或迫使其退出市场，承载者的收入减少、获取收入的能力弱化，这是人力资本使用价值的减少，承载者的知识和技能本身的市场价值并未发生改变。可见，human capital depreciation和human capital deterioration是不能相互混用的。已有文献中使用的人力资本贬值概念只能覆盖人力资本市场价值减少，并不能同时囊括源自承载者健康存量改变等因素引致的人力资本使用价值减少。（2）关于人力资本贬值的原因。已有研究并未对引致人力资本贬值的多种原因进行分类。（3）关于人力资本贬值是否既成事实。在Lance Lochner的研究中，生育期间退出人力资本市场、失业、不充分就业、有期徒刑服役期间都被判定有人力资本贬值发生。但是，这种判定并不准确，实际上，人力资本闲置只是将人力资本暴露于存量贬损的风险中，贬损可能并未发生。在闲置期间，技术进步、健康状况恶化、社会性因素等可能导致人力资本市场价值和/或使用价值减少。当然，在长期闲置中，人力资本也可能正经历着存量贬损。可见，闲置既是人力资本市场价值贬值和/或使用价值减少的结果，也使人力资本暴露于市场价值贬值和/或使用价值减少的风险中。（4）关于应对人力资本贬值。已有研究多从理论角度宏观地考虑人力资本贬值率对经济增长的影响，并未系统地从个人、企业、政府等人力资本投资主体的角度提出人力资本贬值的应对策略。

本研究将批判地继承上述研究观点。其一，接受人力资本贬值反映为收入和收入能力下降的观点，承认引起人力资本贬值原因的多样性。其二，将人力资本贬值概念修正为人力资本存量贬损，这一概念囊括了源自人力资本市场价值存量和使用价值存量两个层面的贬损，能够涵盖诸如人力资本市场价值减少、使用价值下降、收入下降、收入能力和拓展收入空间能力弱化等多维含义。其三，将引致人力资本存量贬损的原因分为市场性因素、自然因素（健康因素）、社会性因素。其四，从人力资本投资的直接受益主体个人

和企业的角度系统地提出应对人力资本存量贬损的对策，同时分析了政府在其中的作用。

2.应对人力资本贬值

Jacob Mincer（2001）[1]指出，人力资本贬值是年龄的函数，贬值最初为负值（即人力资本增值），随着年龄增长缓慢增加，在人力资本承载者达到较高年龄时开始加速增长。他将完成正规学校教育后的人力资本投资视为补偿投资，提出了人力资本贬值—补偿模型（如图1.1所示）。图1.1中I代表人力资本收益中用于对承载者进行人力资本投资的比率，来源可能是公共部门、企业或承载者本人及其家庭；D代表人力资本收益由于人力资本贬值而减少的数量占人力资本收益的比率；OS代表接受正规教育的年限；P点代表人力资本投资与贬值的平衡；SP代表工作胜任期。在每一年龄上，人力资本投资收益用于净投资的比率为$k=I—D$

承载者年龄越大，预期受益时间越短，人力资本投资机会成本越大，其投资动力越小，故人力资本投资率曲线是年龄的减函数。承载者年龄越大，人力资本贬值幅度越大，故人力资本贬值率曲线是年龄的增函数，特别是在承载者年龄较大时，人力资本贬值率曲线变得非常陡峭，这表明人力资本贬值迅速增加。

Jacob Mincer认为，在P点左侧，人力资本投资收益中投资率大于贬值率，承载者的工作胜任度比较理想；在P点右侧，人力资本贬值率超过投资率，则承载者应该退休。

Jacob Mincer的人力资本贬值—补偿模型清晰地展示了人力资本贬值与追加投资之间的动态关系，该模型指出，要使人力资本保值增值，承载者在工作期间的人力资本投资率应该大于贬值率，即$k=I—D≥0$。

如图1.1所示，OS_1和OS_2分别代表不同的受教育年限，且$OS_1<OS_2$，OS_2代表承载者的受教育时间较长。$S_1P_1<S_2P_2$表明受教育时间长的人工作胜任期长，退出市场的时间比较晚。

------

[1] 雅各布·明塞尔著，张凤林译：《人力资本研究》，中国经济出版社2001年版。

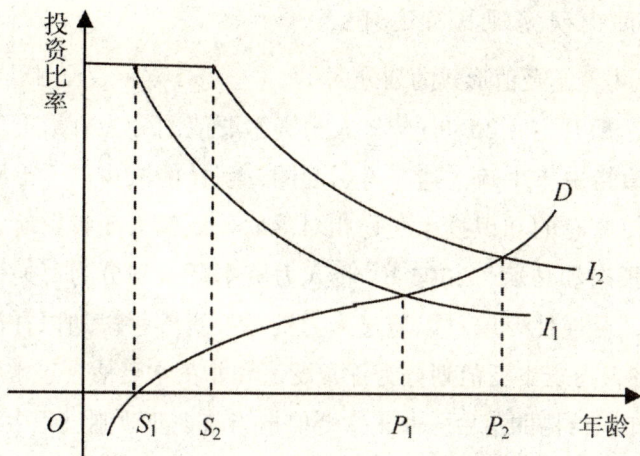

图1.1 人力资本贬值—补偿模型

◎ 简短评论

Jacob Mincer的模型考虑了人力资本贬值及补偿因素，为应对人力资本存量贬损的研究提供了理论依据。但是，其模型仍存在一定局限性。其一，关于正规教育结束后的人力资本投资的作用。进入市场之前的正规教育是为承载者积累特殊技能和参与生产活动提供必要的基础条件，而进入市场后的在职培训旨在通过工作实践、在职学习和经验积累，不断增加承载者的知识和技能等。可见，人们在进入市场后接受在职培训不一定都是为了补偿正规教育投资的贬值，在很大程度上是为了承载者能够胜任岗位需求从而真正将人力资本投入生产以获得收入。其二，关于进入市场后的人力资本投资的性质。面对人力资本贬值，承载者不仅会采取后期的补偿型投资，也会未雨绸缪，采取先期防范型投资。其三，关于贬值与承载者是否留在人力资本市场。在人力资本贬值率与投资率相等的时点P的右侧，承载者未必选择离开市场。如果承载者未达到退休年龄，仍然能够被企业雇佣，他们可能修改投资比率，通过后续的投资应对实际的人力资本贬值；也可能放任贬值，不为补偿承载者追加任何投资，但继续留在市场，直至退休。

（二）国内研究现状及述评

1.关于人力资本贬值形式的划分

张亚莉，杨乃定（2000）[1]将人力资本贬值划分为有形贬值与无形贬值。有形贬值指由于生疏、遗忘等引起的知识技能减少。无形贬值指技术的飞速发展使原有的知识技术变得相对落后。贬值大于投资时，人力资本存量下降。张杰和马斌（2005）[2]将人力资本贬值划分为可逆性贬值和不可逆性贬值，可逆性贬值可以通过人力资本投资等手段加以补偿。唐小云（1998）[3]将人力资本贬值划分为正常贬值和非正常贬值。正常贬值指职工劳动技能和知识结构的落后。非正常贬值指当前企业改制过程中出现的大量富余人员和下岗人员。

◎ 简短评论

已有研究对人力资本贬值形式的划分遵从的是单维度研究法，多在某个划分依据的基础上展开研究，故对人力资本贬值的形式缺乏整体性认识。比如，根据具体原因不同，无形和有形贬值既可能是可逆贬值，也可能是不可逆贬值。正常贬值和特殊贬值显然都是无形贬值，也是可逆贬值。本研究在继承已有研究成果的基础上，基于人力资本存量贬损的原因和应对策略的复杂性，采用多维度研究法对人力资本存量贬损的形式划分进行综合研究。（1）无形贬损与有形贬损。无形贬损指人力资本价值存量贬损，有形贬损主要指人力资本健康存量贬损，即使用价值存量贬损。（2）可逆贬损与不可逆贬损。可逆贬损是可以通过后续投资防范与补偿的，而不可逆贬损则不能通过后续投资加以补偿，只能采用防范型投资。

2.人力资本贬值的原因

韩利红（2005）[4]的研究表明，人力资本存量随着时间的推移而发生变化，如果不追加投资，人力资本存量会由于以下原因而下降。其一，健康因

[1] 张亚莉、杨乃定：《论企业人力资本贬值风险》，《科研管理》2000年第7期。
[2] 张杰、马斌：《论人力资本贬值的方式、成因及防范》，《岭南学刊》2005年第2期。
[3] 唐晓云：《人力资本的正常贬值和非正常贬值》，《中国中小企业》1998年第9期。
[4] 韩利红：《人力资本贬值及投资补偿策略》，《江淮论坛》2005年第3期。

素。劳动者由于年龄增大或疾病等原因无法胜任工作要求或生产力低下。其二，技术经济因素。技术的飞速发展、知识的快速更新使原有的知识、技能变得相对落后，满足不了新技术、新设备对人的要求，从而导致人力资本迅速贬值。其三，环境因素。经济结构特别是产业结构和体制结构变动时常会导致工作角色有很大变化，故工作性质变化或工作岗位调整会使劳动者原有经验失效。其四，心理因素。劳动者由于种种原因造成工作动机减弱或丧失，致使生产效率降低。

张杰、马斌（2005）[1]提出，人力资本的专用性特征是人力资本贬值的重要影响因素。人力资本的专用性指人力资本产权的特殊性、人力资本的异质性和人力资本的外部性。人力资本产权的特殊性使得人力资本承载者需要激励；人力资本的异质性使得在工作中不同承载者间需要协调；人力资本的外部性使得人力资本承载者的工作需要监督。可见，任何缺乏激励、缺少协调、监督缺位的管理都可能引致人力资本贬值。周源（2003）[2]认为，人才的低度使用指人力资本向下兼容，这是对高水平人力资本资源的浪费，另外，对培训的漠视、人职的错位、环境的平庸化都是人力资本贬值的表现。

◎ 简短评论

国内学者注意到了导致人力资本贬值原因的多样性，这为本研究中人力资本存量贬损原因的剖析奠定了有益的基础，但由于其对贬值原因的分析不够全面，并未考虑到相关资本、市场供求、社会性因素等对人力资本存量的影响。本研究将对人力资本存量贬损的原因做更深入的分析和分类，并将导致人力资本存量贬损的原因分为市场性因素、自然因素（健康因素）、社会性因素，其中市场性因素是本研究的重点。

[1] 张杰、马斌：《论人力资本贬值的方式、成因及防范》，《岭南学刊》2005年第2期。
[2] 周源：《人力资本：贬值与增值》，《人才开发》2003年第3期。

3.应对人力资本贬值

（1）理论研究

针对人力资本贬值，韩利红（2005）[1]从人力资本承载者投资主动性的角度修正了Jacob Mincer的人力资本贬值—补偿模型，并从下岗人员人力资本投资、正规教育与培训、人力资本迁移与健康投资的角度分析了应对人力资本贬值的人力资本补偿策略。他认为，技术进步等因素加速了人力资本贬值，在图1.2中显示为贬值率曲线由D左移至D_1，D_1比D陡峭。贬值率曲线的这种变化导致承载者的工作胜任期从SP缩短到SP_1，承载者的人力资本可能因此闲置，甚至承载者不得不退出市场。后续的人力资本投资可使投资率曲线由I上移至I_1，将承载者的工作胜任期延长至原有水平SP，既有人力资本存量得以保值。

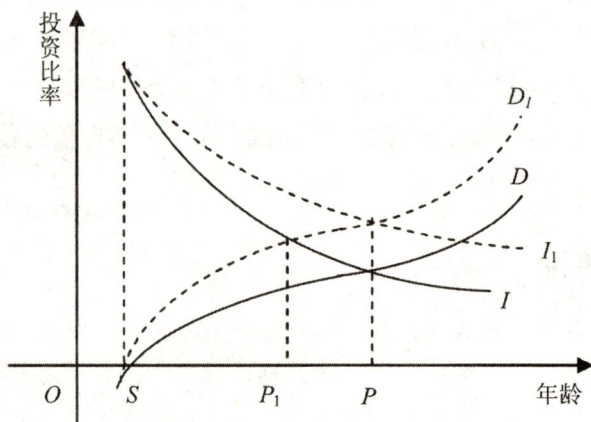

图1.2 后续投资对人力资本的补偿

（2）防范人力资本贬值风险

国内关于防范人力资本贬值风险的研究多是基于微观企业视角的分析。

张亚莉，杨乃定（2000）[2]从微观企业的角度分析了人力资本贬值风险。人力资本贬值风险实际上是一种企业风险，他们把由于不确定性因素的影响而使人力资本贬值的可能、进而给企业带来的损失称为"人力资本贬值

---

[1] 韩利红：《人力资本贬值及投资补偿策略》，《江淮论坛》2005年第3期。
[2] 张亚莉、杨乃定：《论企业人力资本贬值风险》，《科研管理》2000年第7期。

风险"。影响人力资本贬值的因素有：外部环境（人、技术变化速度等）、投资主体（企业）、载体（员工）。企业可以通过病假发生率、伤病严重度、任务完成率、人均培训费用、人均培训时间、核心人员比率等指标估计人力资本贬值风险。

张杰，马斌（2005）[1]提出了防范人力资本贬值风险的措施。第一，加大健康投资，建立疾病预警机制。第二，优化人力资本投资结构，改进人力资本投资方式。第三，明晰人力资本产权。第四，改善人力资本保值增值的制度环境，强化人力资本配置的市场功能。

周源（2003）[2]认为，应该建立学习型组织，营造人力资本环境；留住人才以保全人力资本；通过教育培训进行人力资本投资；通过职业生涯管理进行人力资本配置；通过岗位轮换使人力资本得以流通。

◎ 简短评论

韩利红对Jacob Mincer的人力资本贬值—补偿模型的修正为本书应对人力资本存量贬损的研究提供了借鉴，即通过后续的人力资本投资防范可能的贬损并试图补偿已经发生的贬损，基本原则是使既有人力资本存量至少能够保值。

已有文献中应对人力资本贬值的研究基本涉及了个人、企业和政府三个主体，是符合人力资本投资主体多元化特征的，重点阐述了企业如何应对人力资本贬值。

本研究认为，人力资本首先是个人资产，其次才是企业资产，因此，在发生人力资本存量贬损时，承载者是第一反应主体，其次才是企业，政府更多的是为人力资本投资提供适宜的环境。另外，个人、企业和政府应对人力资本存量贬损的策略是不同的，需要系统分析。本研究重点从个人和企业的视角探讨补偿与防范人力资本存量贬损的策略，试图建立明确的投资策略模型。

---

[1] 张杰、马斌：《论人力资本贬值的方式、成因及防范》，《岭南学刊》2005年第2期。
[2] 周源：《人力资本：贬值与增值》，《人才开发》2003年第3期。

二、关于人力资本投资决策模型的研究

在人力资本投资理论中，正规教育、在职培训、迁移、健康投资、抚育孩子、干中学等是人力资本投资的主要形式。在西方人力资本理论研究中，主要的人力资本投资决策模型有教育模型、在职培训模型、生命周期模型。

（一）教育模型

1.明塞的教育模型

最早的教育模型是Jacob Mincer (1958[1]、1959) 的人力资本投资决策模型。在该模型中，投资主体是个人。明塞的教育模型有相当严格的假设条件：

（1）完全竞争市场条件，所有的人具有同样的能力和均等的机会进入任何职业；

（2）个人收入差别产生的原因只是接受教育的时间差别，即受教育时间越长，收入水平越高；

（3）假定在工作生命周期内个人年收入不变，或人力资本租金水平固定不变；

（4）个人的可支配时间只分配给教育投资和就业两种活动；

（5）在投资决策点上具有初始的人力资本禀赋；

（6）教育投资结束后不再有其他形式的人力资本投资，人力资本承载者的全部可支配时间分配给市场活动；

（7）假定教育投资成本主要是机会成本；

（8）市场利息率或贴现率不变。

明塞的教育模型为

$$E_n = W_n \int_n^T (e^{-rt})dt = \frac{W_n}{r}(e^{-rn} - e^{-rt}) \qquad (1.1)$$

其中，T为工作生命时间长度与教育时间之和（年），W_n为具有n年教育水平的人的工资或收入，r为市场利率或贴现率，t为时间变量。公式1.1表示接受了n年教育的人在教育投资结束时其终身收入的现值。

---

[1] Jacob Mincer, *Investment in Human Capital and Personal Income Distribution.* Journal of Political Economy 66 (August 1958): 281—302.

同理，接受过 n—d 年教育的人，在教育投资结束时终身收入的现值为

$$E_{n-d} = W_{n-d} \int_{n-d}^{T} \left(e^{-rt} \right) dt = \frac{W_{n-d}}{r} \left(e^{-r(n-d)} - e^{-rt} \right) \qquad (1.2)$$

根据公式1.1和1.2，可得具有不同教育投资水平的个人之间年收入的比值

$$R_{n,n-d} = \frac{W_n}{W_{n-d}} = \frac{\left[e^{-r(n-d)} - e^{-rt} \right]}{\left[e^{-rn} - e^{-rt} \right]} = \frac{e^{r(T+d-n)} - 1}{e^{r(T-n)} - 1} > 1 \qquad (1.3)$$

2.萨尔曼的教育模型

萨尔曼（Sohlman，ASA,1981）[1]试图建立能够确定最佳教育投资水平的模型，模型如下

$$Max \quad J = \int_{s}^{T} Y_t^s e^{-rt} dt = \frac{1}{r} Y_t^s e^{-rs} (1 - e^{-r(T-s)}) \qquad (1.4)$$

模型的约束条件为

$$Y_t^s = WH_t = WH_{(s)}, \; t > s, \; \frac{\partial H}{\partial S} > 0, \; H_0 = \overline{H_0} > 0$$

其中，s 为受教育时间，$T=s+n$(n 为工作生命长度)，w 为人力资本的市场价格或租金，H_t 为时间 t 时的人力资本存量，Y^s 为受过 s 年教育的人在 t 时间时的实际收入。如果工作生命时间长度一定，则公式1.4可以改写为

$$Max \quad J = \int_{s}^{n+s} Y_t^s e^{-rt} dt = \frac{1}{r} Y_t^s e^{-rs} (1 - e^{-rn}) \qquad (1.5)$$

根据公式1.5，使教育投资边际收益率（MRR）等于利率的年限为最佳教育投资年限，即

$$\frac{d}{ds} \left[Y^{s'} \frac{1}{r} e^{-rs'} (1 - e^{-rn}) \right] = 0 \qquad (1.6)$$

或

$$\frac{d \ln Y^{s'}}{ds} = r \qquad (1.7)$$

[1] Sohlman, ASA., *Education, Labour Market and Human Capital Models: Swedish Experiences and Theoretical Analysis*, Gotab, Stockholm, 1981.

如图1.3所示，教育投资的边际收益率递减，在教育投资的边际收益率等于利率（$MRR=r$）处，S'为最佳教育投资水平，此时，一个人可以从教育投资中获得最大收益率。

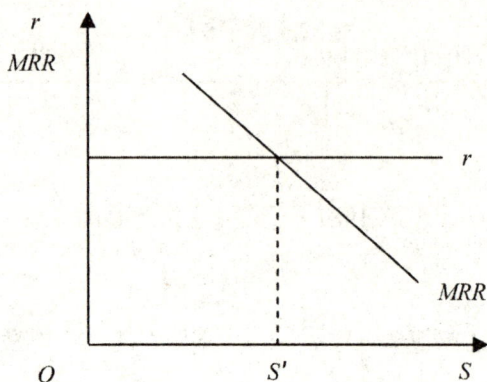

图1.3 最佳教育投资年限

◎ 简短评论

明塞提出了用来估算教育投资终身收入现值的教育模型，该模型重点从人力资本投资的角度分析产生个人收入分配差距的原因，但忽略了对人力资本投资决策的分析。萨尔曼试图确定最佳教育投资水平，建立了教育投资年限模型，比明塞的模型对教育投资的分析更为直观。但是，明塞和萨尔曼的模型并不包括基于人力资本存量贬损的防范与补偿投资。

（二）在职培训模型

教育模型假定一个人完成正规教育之后不再有任何形式的人力资本投资，但该假设与实际情况并不符合。因为就业需要一定的具体技能，完成正规教育后，在工作生命周期内仍然会有各种形式的人力资本投资，其中，最重要的是在职培训。首次提出人力资本投资在职培训模型的是加里·贝克尔

（G.S. Becker,1964）[1]。

贝克尔的在职培训模型包含两个投资主体：个人和企业，其中，个人是受训者。贝克尔将在职培训区分为一般或通用技术培训（general training）和特殊技术培训（special training）两种形式。两种培训对就业、职业流动、个人收入分配差距的意义和影响是不同的。

1.模型假设条件

（1）假设劳动力市场和产品市场均为完全竞争市场；

（2）假设每个雇员都被企业雇佣一段时间，因此有可能接受企业提供的在职培训；

（3）假设培训期为0时期，收益期从1开始，且收益的时期数为n—1；

（4）在职培训主体包括个人和企业，因此，在职培训的成本由二者共担：个人付出一定的时间和精力；企业负责提供培训服务和培训所需设备、材料等。另外，接受培训期间个人的实际生产率会低于受训以前，这个差额部分也表现为培训成本，这部分成本的具体承担形式视培训的性质而异：如果是一般培训，该成本由个人承担；如果是特殊培训，该成本由企业承担；若兼具一般和特殊培训两种特征，该成本由个人和企业共同承担。

2.培训模型

贝克尔的在职培训模型是以企业利润最大化的雇佣条件为基础的。追求利润最大化的企业雇佣人力资本的均衡条件为

$$MP_t = W_t \qquad (1.8)$$

其中，MP_t为边际产出，W_t为工资率，t为时间变量。

公式1.8表明，企业未来的工资和边际产出与企业现在的行为无关，只要能够达到上述均衡条件，企业就可以获得最大利润。若考虑到在职培训，企业的即期行为会影响未来收益：在职培训可能会增加即期支出减少即期收益；而未来的收益可能增加或未来的生产成本会降低。企业最终能通过在职培训获得利润。在职培训将企业即期收支与未来收支联系在一起，企业追求

[1] G.S.Becker, *Investment in Human Capital: A Theoretical Analysis*. The Journal of *Political* Economy, V.70, Supplement, 1964 (Oct.): 9—49.

利润最大化的决策是多时期决策，均衡条件为未来收入现值等于支出现值，即

$$\sum_{t=0}^{n-1}\frac{E_t}{(1+i)^{t+1}}=\sum_{t=0}^{n-1}\frac{C_t}{(1+i)^{t+1}} \tag{1.9}$$

其中，E_t和C_t分别为时期t的收入与支出，i为市场利率或贴现率，n为时期。

只要每个时期的边际产出与工资率相等，公式1.9即可成立。但实际上，一般情况下，在职培训可能只发生在开始时期，培训期间的费用支出是工资和培训费用之和，培训结束后各个时期的支出仅限于工资，因此，可将公式1.9精确为

$$MP_0+\sum_{t=1}^{n-1}\frac{MP_t}{(1+i)^t}=W_0+K+\sum_{t=1}^{n-1}\frac{W_t}{(1+i)^t} \tag{1.10}$$

其中，MP_0为未发生在职培训时雇员的边际生产率，W_0为未发生在职培训时支付给雇员的工资，K为在职培训支出。

若令G为在职培训结束后所有时期的边际收益现值与工资现值之差，即

$$G=\sum_{t=1}^{n-1}\frac{MP_t-W_t}{(1+i)^t} \tag{1.11}$$

将G代入公式1.10，有

$$MP_0+G=W_0+K \tag{1.12}$$

公式1.12只计算了在职培训的直接成本，实际上，在职培训投资成本还包括间接成本，即用于在职培训的时间。根据市场工资率可将用于在职培训的时间转换为雇员收益，该收益即为在职培训的间接成本。贝克尔认为，将培训时间全部用于生产带来的可能的边际收益或边际产出（MP_0'）与实际边际收益之差是在职培训的边际成本，即

$$I=MP_0'-MP_0 \tag{1.13}$$

那么，用于在职培训的总成本为

$$C=K+I \tag{1.14}$$

将公式1.12等号两侧分别加上MP_0'，可整理为

$$MP_0' + G = W_0 + K + (MP_0' - MP_0) \qquad (1.15)$$

将公式1.14代入公式1.15，则公式1.12的变形形式为

$$MP_0' + G = W_0 + C \qquad (1.16)$$

整理公式1.16有

$$G - C = W_0 - MP_0' \qquad (1.17)$$

令Y代表企业从在职培训中得到的收益，则$Y=G-C$，将Y代入公式1.17有

$$Y = W_0 - MP_0' \qquad (1.18)$$

公式1.18表明：（1）$G=C$表明企业从在职培训中获得的收益等于其支付的成本，那么培训期雇员的边际产出等于企业支付的工资；（2）$G<C$表明企业从在职培训中获得的收益小于其支付的成本，那么培训期雇员的边际产出大于工资，表明个人在支出精力和时间之外还承担了一部分培训费用；（3）$G>C$表明企业从在职培训中获得的收益大于其支付的成本，那么培训期雇员的边际产出小于工资。

综上所述，作为一项人力资本投资，在职培训是由企业和个人两个主体共同参与的，即企业和个人共同承担在职培训成本并分享其收益，成本分担与收益分享比例的确定受多种因素影响，上述$G=C$、$G<C$和$G>C$是不同比例下的不同结果。

◎ 简短评论

相对于教育模型，贝克尔的在职培训模型更为贴近实际，因为它囊括了个人和企业两个投资主体，并且重点关注正规教育结束后的在职培训的重要作用。在职培训模型的精髓在于对企业和个人两大培训主体承担培训成本和享受培训收益模式的研究，在不同市场条件下，在职培训的成本承担和收

益享有模式不同。贝克尔将在职培训区分为一般培训和特殊培训两种形式，并分别提出了一般培训和特殊培训模型。在一般培训和特殊培训模型中，因为培训技能对个人和企业的意义有所不同，所以，培训的成本和收益分配模式也是有差异的。他认为，一般培训的成本和收益与企业无关，一旦个人选择了该类培训，个人会承担全部成本并享有全部收益；特殊培训与此不同，企业承担成本，收益则由企业或企业与个人共同享有。本研究在企业人力资本存量贬损应对策略中借用了贝克尔一般培训和特殊培训模型（详见第六章）。

贝克尔的模型存在一定局限性。该模型适用于单纯的在职培训投资，并未考虑到其在基于人力资产减值（企业中的人力资本存量贬损被称为人力资产减值）的防范型与补偿型投资中是否适用，需要进行修正。

本研究继承了贝克尔的一般培训和特殊培训的划分方法，借鉴在职培训理论之精髓，充分考虑到市场条件、非市场条件以及社会性因素对人力资产价值的影响，将在职培训投资置于人力资产减值的环境中，并在企业应对人力资产减值的模型中加入了减值因子，修正了贝克尔的模型。

（三）生命周期模型

在一生当中，人力资本承载者可能会在不同的时点、选择不同的人力资本投资形式，其人力资本投资时点、投资形式以及投资内容的选择与承载者所处的生命周期的具体时段、在生命周期不同时段中的具体生理特点高度相关。这方面的研究即人力资本投资的生命周期研究。最早研究和建立人力资本投资生命周期模型的是Y. 本·波拉斯(Yoram Ben—Porath,1967[1]、1970[2])，随后W. J. 海利(William J. Haley, 1973[3]、1976[4])、L. A. 里拉德（Lillard

---

[1]　Yoram Ben—Porath, *The Production of Human Capital and the Life Cycle of Earnings*. The Journal of Political Economy, V.75, N.4, Part 1(Aug., 1967):352—365.
[2]　Yoram Ben—Porath, *The Production of Human Capital Over Time. In Education, Income and Human Capital*, W. Lee Hansen (ed.) Studies in Income and Wealth, Vol. 35, NBER pp.129—47, New York, 1970.
[3]　Willian J Haley, *Human Capital: The Choice Between Investment and Income*. The American Economic Review, V.63, N.5（Dec., 1973）:929—944.
[4]　Willian J Haley, *Estimation of the Earnings Profile from Optimal Human Capital Accumulation*. Econometric,V.44, N.6（Nov., 1976）:1223—1238.

L. A.,1973）[1]、J. 明塞(Jacob Mincer,1974)[2]、J. 海克曼（Heckman James,1976）[3]、S. 罗森（Sherwin Rosen,1976）[4]、A. S. 布林达和 Y. 威伊斯(A. S. Blinder, Yoram Weiss, 1976)[5]、A. 萨尔曼（Sohlman, ASA,1981）[6]等经济学家也从这个角度进行了后续的研究。研究的焦点有人力资本投资成本和收益变化与年龄的关系、生命周期内人力资本最佳投资及决策。其中，本·波拉斯的生命周期最佳人力资本投资模型的影响最大。

　　本·波拉斯认为，在生命周期内，人力资本承载者的记忆力、精力和体力会随着年龄的增长而不断下降，导致人力资本生产效率下滑，再加上承载者的收入水平随年龄增长而不断提高，其投资的边际成本递增、边际收益递减。边际成本和边际收益相等时的人力资本投资量为最佳投资水平。

　　本·波拉斯人力资本生命周期投资模型的假设条件如下：

　　（1）个人的可支配时间只有两个用途：第一，市场时间，用来生产收入；第二，非市场时间，用于人力资本投资。假设在可支配时间中用于生产人力资本的时间比例为S_t，则有$0 \le S_t \le 1$。

　　（2）个人预期经济生命周期时间长度为T（年），并且固定不变。

　　（3）在工作生命周期开始时，一个人已经具有一定存量的人力资本，可称其为初始人力资本，即K_0（$K_0 > 0$）。

　　（4）个人的人力资本只有两个用途：用来生产收入和进行人力资本投资。如果v为用于人力资本投资的人力资本所占比例，那么其变化范围为：$0 \le v \le 1$。当$v=0$时，一个人的所有人力资本全部用于生产收入；当$v=1$时，一个人的所有人力资本全部用于人力资本投资（例如教育模型）。v将随着一个人年龄的增长从1趋向于0。

[1]　Lillard, L. A., *Human Capital Life Cycle of Earning Models: A Specific Solution and Estimation*. Working Paper No. 4, *Center for Economic Analysis of Human Behavior and Social Institutions*, NBER, New York, 1973.

[2]　Jacob Mincer, *Schooling, Experience and Earnings*. National Bureau of Economic Research, New York,1974.

[3]　Heckman James. *A Life Cycle Model of Earnings, Learning, and Consumption*. Journal of Political Economy(1976): 511—44.

[4]　Sherwin Rosen, *A Theory of Life Earnings*. The Journal of Political Economy, V.84,N.4,Part 2: *Essays in Labor Economics in Honor of H.* Gregg Lewis (Aug., 1976):S45—S67.

[5]　Blinder Alan S, Yoram Weiss, *Human Capital and Labor Supply: A Synthesis*. The Journal of Political Economy,V.84, N.3 (Jun., 1976):449—472.

[6]　Sohlman, ASA., *Education, Labour Market and Human Capital Models: Swedish Experiences and Theoretical Analysis*, Gotab, Stockholm, 1981.

（5）假设市场结构为完全竞争，人力资本同质，个人是人力资本市场价格的被动接受者，并且人力资本的市场价格或租金W固定不变，人力资本折旧率δ固定不变，市场利率或贴现率r固定不变，没有借贷约束。

1.人力资本生产函数

人力资本生产函数也具有道格拉斯生产函数的形式，即

$$Q_t = a_0 (S_t K_t)^{\beta_1} D_t^{\beta_2} \qquad (1.19)$$

其中，Q_t为人力资本产出；S_t为生产人力资本所投入的时间占个人可支配时间的比例（$0 \leq S_t \leq 1$），K_t为生产人力资本投入的人力资本，所以，$(S_t K_t)$为投入人力资本生产的人力资本数量；D_t为所购买的其他投入要素（包括物质产品与服务）的数量；α_0、β_1和β_2为效率参数，并且β_1、$\beta_2 > 0$，$\beta_1 + \beta_2 < 1$，即人力资本投资收益为正值，但呈递减趋势。

本·波拉斯认为，个人人力资本存量的变化率为

$$\dot{K}_t = Q_t - \delta K_t \qquad (1.20)$$

该变化率（$\dot{K}_t$）考虑到了折旧（δ）对人力资本存量的削减。

2.人力资本投资成本

根据公式1.19可知，人力资本投资的成本（I_t）由机会成本和直接成本构成

$$I_t = W S_t K_t + P_d D_t \qquad (1.21)$$

其中，I_t为人力资本投资总成本，$W S_t K_t$为机会成本，$P_d D_t$为直接成本，P_d为商品与服务的价格。

人力资本投资成本最小化的条件为

$$\frac{W S_t K_t}{P_d D_t} = \frac{\beta_1}{\beta_2} \qquad (1.22)$$

将公式1.19和1.22代入公式1.21，可得人力资本投资成本公式

$$I_t = \frac{\beta_1 + \beta_2}{a_0} W \left(\frac{\beta_1 P_d}{\beta_2 W} \right)^{\beta_2/(\beta_1 + \omega\beta_2)} \times \left(\frac{Q_t}{a_0} \right)^{1/(\beta_1 + \beta_2)} \qquad (1.23)$$

人力资本投资的边际成本则为

$$MC_t = \frac{W}{a_0 \beta_1} \left(\frac{\beta_1 P_d}{\beta_2 W} \right)^{\beta_2 / (\beta_1 + \beta_2)} \times \left(\frac{Q_t}{a_0} \right)^{[1/(\beta_1 + \beta_2)] - 1} \qquad (1.24)$$

根据模型假设，$\beta 1 + \beta 2 < 1$，所以$MC_t'' > 0$，即人力资本投资边际成本递增。

3.人力资本投资收益

假设个人在任何时点或时期t，都力图使净收入现值最大化，这里净收入等于收入能力减去全部投资成本：$E_t = Y_t - I_t$，则有

$$Max \quad W_{(t)} = \int_t^T e^{-r(z-t)} \left[Y_{(z)} - I_{(z)} \right] dz = \int_t^T e^{-r(z-t)} E_{(z)} dz \qquad (1.25)$$

人力资本投资的边际收益表示增加一单位人力资本在时期（$T - t$）中所获收入增量的现值，即

$$MR_{(t)} = \frac{W}{r} \left[1 - e^{-r(T-t)} \right] \qquad (1.26)$$

如果考虑折旧因素，则为

$$MR_{(t)} = \frac{W}{r + \delta} \left[1 - e^{-(r+\delta)(T-t)} \right] \qquad (1.27)$$

人力资本投资的边际收益具有递减趋势，该原因与人力资本投资边际成本递增一致。

4.人力资本均衡投资量

生命周期模型最重要的任务就是确定人力资本投资的最佳水平。最佳投资水平的均衡条件为：投资的边际成本等于边际收益（人力资本价格），此时

$$Q_{(t)}^* = a_0 \left(\frac{a_0 \beta_1}{r + \delta} \right)^{(\beta_1 + \beta_2)/(1 - \beta_1 - \beta_2)} \left(\frac{\beta_2 W}{\beta_1 P_d} \right)^{\beta_2 (1 - \beta_1 - \beta_2)} \qquad (1.28)$$

$$\times \left[1 - e^{-(r+\delta)(T-t)} \right]^{(\beta_1 + \beta_2)/(1 - \beta_1 - \beta_2)} \geq 0$$

本·波拉斯的生命周期最佳人力资本投资模型表明：（1）人力资本生产函数中α_0、β_1、β_2的数值越大，$\dot{Q}_{(t)}$的值越大；（2）人力资本的折旧率（δ）和利率（r）越低，$\dot{Q}_{(t)}$值越大；（3）经济生命周期（T）越长，$\dot{Q}_{(t)}$值越大。

◎ 简短评论

本·波拉斯生命周期模型的精髓在于运用边际决策分析法确定承载者生命周期内的最佳人力资本投资水平。该模型考虑的是在人的经济生命周期内投资收益净现值最大化。其中，经济生命周期包含了专门投资阶段、投资与收入混合阶段、专门收入生产阶段。生命周期模型考虑了折旧对人力资本存量的影响，符合实际人力资本存量变化规律。人力资本折旧率越高，最佳人力资本投资量越大。生命周期模型适合用来确定生命周期内的最佳投资量。

生命周期模型在投资决策中考虑了折旧的影响，包含了防范人力资本存量贬损的思想，这是本研究要继承的。本书的研究对象为劳动力人口，因此，所界定的经济生命周期与本·波拉斯等的不同，该周期仅包括从人力资本承载者进入市场到彻底退出市场的时段，不涉及承载者进入市场前的专门生产阶段，主要研究进入市场后退出市场前的投资与收入混合阶段、专门收入生产阶段，并将这两个阶段重新划分为前期、中期和后期。生命周期模型的任务是确定生命周期内的最佳投资量，本研究旨在分析在经济生命周期的前期、中期和后期，如何在既有人力资本投资决策中考虑人力资本存量贬损因素，通过补偿型与防范型投资以实现至少获得既有投资的预期收益。

第三节　研究对象和思路

一、研究对象

本书批判地继承前人的研究结果，在研究中采用人力资本存量贬损的概念修正了人力资本贬值，以囊括人力资本市场价值贬值、使用价值减少、收入减少、获得收入的能力以及拓展收入空间能力弱化等含义。本书对引致人力资本存量贬损的研究进行了全面剖析并加以归类，最后落脚在个人、企业应对人力资本存量贬损的策略选择上。

本书的研究对象为基于个人、企业的人力资本存量贬损及应对问题。与存量增值相对应，人力资本在投入使用过程中会因市场和非市场因素的干扰不断折旧，即人力资本存量可能发生贬损。人力资本存量贬损在宏观上意味着一个国家整体人力资本价值降低，在微观上意味着企业雇员生产率下降、个人收入能力下降。人力资本首先是一种个人资产，人力资本存量贬损中最大、最直接的受损者是个人。另外，就业是一种谋生手段，这意味着承载者人力资本存量的变化最终会影响企业的利润实现。本书重点关注直接利用人力资本获得收益的个人和企业两个主体，探讨二者在应对人力资本存量贬损中的策略选择。

应对人力资本存量贬损的策略包括应对可能贬损的防范型策略和应对已发生贬损的补偿型策略。个人和企业分别遵循效用最大化和利润最大化的理性行为原则，选择相应的策略应对人力资本存量贬损。另外，政府在人力资本市场运行中扮演着不可或缺的"守夜人"角色，防范人力资本存量贬损并不断促进人力资本增值是其政策的重点目标。

人力资本存量贬损是一个直接与就业（或失业）相关的概念，本研究中的个人指劳动力人口，主要探讨从人力资本承载者进入市场到彻底退出市场期间，其人力资本存量贬损的规律以及不同主体应对贬损的策略选择。故本书使用的经济生命周期概念不包括人力资本承载者进入市场前的专门投资阶段。另外，既然人力资本存量贬损与就业直接相关，全文对人力资本存量贬损的分析都以就业状态和收入状态为媒介，重点考察就业状态与人力资本存量贬损的关系、人力资本存量贬损与收入变动的关系以及不同就业状态所应选取的应对人力资本存量贬损之策。

二、研究思路

（一）研究的切入点和落脚点

本书从对人力资本存量贬损的分析入手，将人力资本存量贬损界定为人力资本承载者收入能力、拓展收入空间能力的下降，囊括市场价值贬值和使用价值减少两个层面。将人力资本存量贬损划分为可逆与不可逆贬损、无形与有形贬损。分市场性因素和非市场因素（包括自然因素和社会性因素）剖析了引致人力资本存量贬损的原因。并对中国的人力资本存量贬损进行了测量。

　　文章落脚在如何应对人力资本存量贬损。人力资本存量贬损会给个人、企业和社会带来负面影响，本研究的根本目的在于提出应对之策。人力资本首先是一种个人资产，个人会根据自身投资收益目标确定补偿与防范型人力资本投资策略。人力资本存量贬损在企业被称为人力资产减值，企业在利润最大化目标驱动下会选择解雇、低价使用、人力资本投资等策略。政府的作用体现为通过其系列政策影响市场主体的人力资本投资行为，或直接介入人力资本投资市场，旨在预防存量贬损并不断促进存量增值。

（二）研究的技术路线

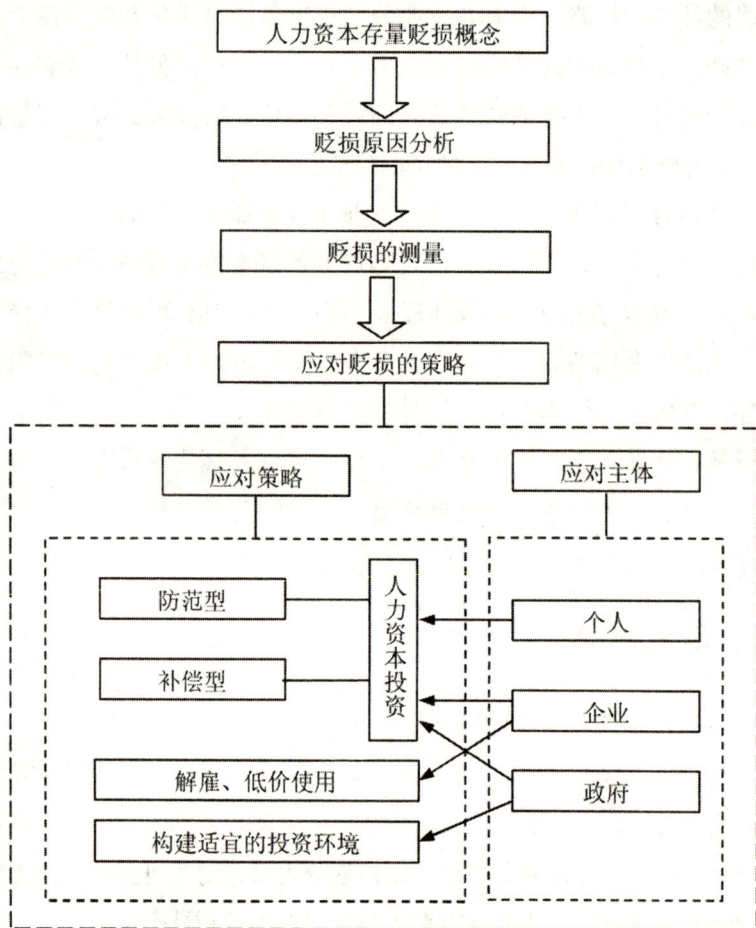

图1.4 本研究的技术路线

本研究遵循如下轨迹（如图1.4所示）：其一，界定人力资本存量贬损的概念，探讨贬损的形式，洞察贬损的特点；其二，分析人力资本存量贬损的原因，从市场性和非市场性因素两个角度展开论述；其三，测算中国的人力资本存量贬损程度，选用收入能力弱化、人力资本闲置、人力资本报废等指标表征人力资本存量贬损；其四，明确应对人力资本存量贬损的策略，提出防范型和补偿型策略，并从个人、企业和政府的角度分析不同主体应对贬损的策略选择。

（三）研究方法

1.经济学分析方法。其一，通过供求分析法阐释人力资本承载者收入的变动，以展示人力资本存量贬损。其二，理性经济人假设。基于理性人假设，个人追求人力资本投资收益最大化，企业追求利润最大化，政府追求社会收益最大化。不同主体在最优决策原则指导下选择不同的应对策略。其三，运用成本—收益分析法、现值法探讨应对人力资本存量贬损的投资决策。其四，选用均衡分析法和边际分析法考察企业应对人力资产减值的策略。

2.规范分析与实证分析相结合。对人力资本存量贬损的分析、应对人力资本存量贬损的投资模型选用规范分析法。对中国人力资本存量贬损的测量采用实证分析法，用数据表征贬损的程度。

3.比较分析法。人力资本存量贬损的研究是对照物质资产减值展开的，突出人力资本存量贬损及应对策略的特点。

4.案例分析法。从个人、企业的角度，通过案例阐明不同主体应对人力资本存量贬损的策略选择。

5.模型分析法。本研究在人力资本投资决策模型中加入减值因子，提出了应对人力资本存量贬损的防范与补偿模型。其一，本研究并非整个经济生命周期内最佳投资量的决策，故仅借鉴生命周期模型关于人力资本折旧的思想。其二，个人应对人力资本存量贬损的投资模型选用现值法，通过在单项投资中考虑到应对人力资本存量贬损的投资，计算出投资收益净现值。其三，企业应对人力资产减值的投资决策仍然选用贝克尔的在职培训模型，并分别从一般培训和特殊培训的角度阐述，加入减值因子对模型进行修正。

三、研究内容与本书结构

本书主体内容有两部分：第二、三、四章围绕人力资本存量贬损展开论述；第五、六、七章重点探讨如何应对人力资本存量贬损。

（一）人力资本存量贬损

第二章界定了人力资本存量贬损的概念、形式及其区别于物质资本存量贬损的特点。第三章重点探讨了引致人力资本存量贬损的市场性和非市场性因素。第四章从收入能力弱化、人力资本闲置、人力资本报废的角度测算了中国目前可能的人力资本存量贬损现状。

（二）应对人力资本存量贬损

第五章论述个人应对人力资本存量贬损的策略。人力资本首先是一种个人资产，人力资本存量贬损通过影响承载者的收入能力威胁到其生存，因此，个人面对可能的或已经发生的存量贬损会首先选择人力资本投资策略。个人的应对策略有防范型与补偿型两种，本书在模型中加入人力资本存量贬损因子修正了个人人力资本投资现值模型。

第六章阐述企业应对人力资产减值的策略选择。以利润最大化为目标的理性企业在面对人力资产减值时，并非像个人那样首选人力资本投资策略，而是考虑是否能够通过替代减值的承载者的方法维持企业的利润空间。在人力资本供给大于需求的市场状态下，市场为企业提供了充裕的替代空间。只有人力资本对企业而言比较紧俏，企业才会考虑继续留用。继续留用有两种处置方式：低价雇佣和提供人力资本投资。企业应对人力资产减值的人力资本投资策略选择也有防范型与补偿型两种。本书沿用了贝克尔的一般培训和特殊培训模型，并通过考虑到人力资产减值修正了培训模型。

第七章阐释了政府作为人力资本市场的"守夜人"，如何运用宏微观手段通过构建适宜的人力资本投资环境和直接投资行为防范人力资本存量贬损、促进人力资本存量升值。

第八章以中国大学毕业生的人力资本存量贬损为例，在前述理论分析的基础上，界定了大学毕业生人力资本存量贬损的概念，分析了贬损形态，探讨了贬损原因，并提出了基于个体层面、高校层面和包括企业、政府、非政府组织在内的社会层面共同构建的就业助推机制，以形成应对该群体人力资本存量贬损的三级联动体系。

本研究对人力资本存量贬损概念的界定、原因分析、类型划分、度量、不同主体的应对策略部分为理论分析、对策分析，关于中国人力资本存量贬损的现状为实证分析。

四、主要结论

（一）主要结论

1.与人力资本增值类似，人力资本存量贬损也是市场的常态。人力资本存量贬损影响个人生存、企业利润、社会经济发展，因此，是值得关注的重要经济现象。

2.人力资本存量贬损指人力资本承载者获得收入的能力、拓展收入空间的能力弱化或消失。其实质是人力资本承载者无法获得既有投资决策时点的预期投资收益。

3.按不同依据可以将人力资本存量贬损划分为不同类型。根据引致人力资本存量贬损的不同原因，将其划分为有形贬损和无形贬损；根据不同类型的人力资本投资决策能否逆转存量贬损的方向，将其划分为可逆贬损和不可逆贬损。人力资本存量贬损与物质资产减值既相似又相异。

4.引致人力资本存量贬损的原因可归为两类：市场性因素和非市场性因素。市场性因素包括市场供求关系、技术进步、相关资本等；非市场性因素包括自然因素和社会性因素。自然因素指生理和心理健康状态。引致人力资本存量贬损的原因最终归结为收入能力弱化、人力资本闲置、人力资本报废。其中，人力资本闲置将承载者的人力资本暴露于存量贬损的风险中，人力资本报废是一种特殊形式的闲置，因为承载者退出市场其人力资本存量贬损为零。

5.估算一个经济体的人力资本存量贬损是一项相当复杂的工程，涉及多个指标和多组数据，并且各个指标很难统一为一个完全相同的具体单位，因此，只能分门别类估算，故很难得到一个总量数据。可以选用收入、人力资本闲置和报废等指标测算可能的和实际的人力资本存量贬损程度。人力资本存量贬损表现为收入下降和获得收入的能力、拓展收入空间能力的下降。但在实际经济运行中，人力资本的货币收入具有增长惯性，因此，在实际操作中，很难通过收入数据估算人力资本存量贬损程度。不过，有大量的数据可以用来测算人力资本闲置和报废的程度。

6.目前中国存在人力资本存量贬损现象。中国的人力资本存量贬损风险主要以闲置为主，表现为大学生就业难、下岗失业、隐蔽性失业、人力资本失业等。中国技术进步、产业结构升级的发展背景引发了人力资本闲置，教育体制改革滞后使人力资本供给与市场需求错位，劳动力市场欠发达阻碍了人力资本承载者的顺畅迁移，后续教育供给不足使失业期延长，这是中国人力资本存量贬损的主要原因。

7.个人、企业和政府三个主体会分别对人力资本存量贬损采取不同的应对策略。人力资本首先是一种个人资产，故人力资本存量贬损首先影响到个人收入乃至生存状态。个人应对人力资本存量贬损有防范型和补偿型人力资本投资两种策略选择。企业通过投入人力资本获取收益，但是，其应对人力资本存量贬损的首选策略可能是替代减值员工；如果不选择替代策略，可以考虑低价使用；如果要继续在原岗位留用减值员工，才考虑选用人力资本投资策略。企业的人力资本投资策略并不仅限于补偿型策略，也有根据承载者既有在职培训所做的防范型策略。政府主要从防范的视角应对人力资本存量贬损，但是，一旦有特殊群体存在严重的失业问题，政府也会选择补偿型策略，比如，针对下岗职工再就业的培训、针对大学生上岗前的知识技能培训等。政府应对人力资本存量贬损的策略有构建适宜的投资环境和直接投资两种。

（二）对已有研究的深化和拓展

已有的研究中更多关注的是人力资本增值，关于人力资本存量贬损的研究相对较少，应对人力资本存量贬损的策略研究更是寥寥无几。然而，人力资本存量贬损会直接影响到个人的收入能力，影响到企业的利润空间，甚至影响到一个社会是否能可持续发展，因此，是一个值得给予更多关注的课题。本研究主要在以下几方面对已有研究进行了拓展和深化。

1.提出人力资本存量贬损的概念，深化对人力资本贬值的研究。先期的研究提出了人力资本贬值的概念，国外的研究区分了健康存量和价值存量的人力资本贬值，国内的研究则重点从微观企业层面和宏观的经济增长层面探讨人力资本贬值。本研究在继承前人关于人力资本贬值研究的基础上拓展了人力资本贬值的概念，将价值存量贬损界定为人力资本市场价值贬值，将健康存量贬损界定为人力资本使用价值减少（或损失），并用人力资本存量贬损的概念修正了人力资本贬值概念，以涵盖源自市场价值存量和使用价值存量两个层面的贬损，以及承载者单纯的收入下降。本书重点从直接通过投入人力资本获取收益的微观主体（个人和企业）的角度阐释人力资本存量贬损的原因、形式和应对策略。

2.在现有研究的基础上，深化对人力资本存量贬损原因的分析。现有的研究从健康、技术进步、环境、心理等方面分析人力资本贬值的原因，但忽略了相关物质资本和人力资本、市场供求、社会性因素等对人力资本存量贬损的影响。本研究完善了对人力资本存量贬损原因的分析，从市场性因素、自然因素和社会性因素等方面明确了导致人力资本存量贬损的原因。

3.在对人力资本存量进行规范分析的基础上，采用实证分析法度量中国实际的人力资本存量贬损。本研究选用收入能力弱化、人力资本闲置、人力资本报废作为度量指标。通过比较实际工资增长率上涨幅度与劳动生产率增长幅度考察人力资本承载者的收入能力变化；选用在职人员闲置的工时数、失业构成测算人力资本闲置程度；选用死亡率、伤残导致承载者彻底退出市场的数据、服刑役退出市场的数据测算人力资本报废量。

4.从个人、企业和政府的角度分别探讨了不同投资主体应对人力资本存量贬损的策略选择，阐释了基于先期防范与后期补偿的两种应对策略。人力资本存量贬损对个人、企业、政府的影响不同，因此他们应对人力资本存量贬损的策略选择也不同。防范型人力资本投资注重对可能发生的存量贬损进行先期预防，试图通过投资达到预防存量贬损、至少获得既有投资预期收益的目的。补偿型投资注重对已经发生的人力资本存量贬损进行后期补偿，达到至少获得既有投资预期收益的目的。考虑到对人力资本存量贬损的防范与补偿，在既有人力资本投资决策中需要增加防范型与补偿型投资部分。本研究认为，防范型投资与既有人力资本投资的决策时点可能相同，但补偿型投资的决策时点滞后于既有人力资本投资决策。如果假定基于存量贬损的人力资本投资只是确保获得既有投资的预期收益，那么既有人力资本投资的成本会增加。

5.改进了人力资本投资决策模型。在人力资本投资决策模型中加入人力资本存量贬损因子，修正了原有投资决策模型。从应对人力资本存量贬损的视角重新诠释了人力资本投资决策，将原有投资决策模型分解为防范型与补偿型两种。

五、需要进一步研究的问题

1.关于人力资本存量贬损的实证分析。在人力资本的相关研究中，测算人力资本存量的指标呈现出多样性和差异性特征，至今没有一个关于人力资本存量的统一的、整体数据。建立在这样的指标体系基础上，对人力资本存量贬损的测度是非常困难的，再加上引起人力资本存量贬损的原因不同，对人力资本存量贬损的测算只能通过多个指标实现，不能测算出统一的存量贬损加总数据，无法确切得知中国总体的人力资本存量贬损程度。后期的研究应继续挖掘相关指标和数据，试图给出能够量化人力资本存量贬损的整体数据。

用人力资本承载者收入下降数据表征人力资本存量贬损与本研究对人力资本存量贬损概念的界定极其吻合。但是，工资收入只升不降的惯性阻碍了本研究对中国人力资本存量贬损现状的实证分析。由于收入下降只是人力资本存量贬损的必要条件，通过对比实际收入增长率与劳动生产率增长幅度判定收入能力变化的方法，仍然需要排除引发收入增长缓慢的非人力资本存量贬损因素，但这种排除的可操作性较差。后续的研究应注重挖掘合适的数据，并探究合适的方法以度量人力资本收入能力弱化。

2.关于企业的应对策略。人力资本以人为载体，这意味着即便发生存量贬损，企业也不能像对待减值的物质资产那样轻易将其处置掉。换言之，企业替代发生存量贬损的员工并非像理论设想的那样简单，还要涉及到诸如社会保障等附带福利支出等一系列问题。即使企业决定继续留用人力资本存量贬损的员工，也并不意味着企业会对之进行人力资本投资，基于利润最大化的考虑，企业可能会对其低价使用。假定企业决定对发生存量贬损的员工进行人力资本投资，关于成本的承担和收益的分享又取决于培训的性质。可见，企业应对人力存量贬损的策略选择是多种多样的，并非单纯的人力资本投资对策。故企业如何应对人力资本存量贬损需要进一步深入研究。

第二章　人力资本存量贬损

人力资本首先是一种个人资产，故人力资本存量贬损首先影响到个人的人力资本投资收益。本章从人力资本承载者的视角界定人力资本存量贬损的涵义、剖析贬损原因并对贬损进行测量。

第一节　人力资本存量贬损的涵义

一、人力资本存量贬损的定义

（一）人力资本存量的定义

本·波拉斯（Yoram Ben—Porath，1967）[1]指出，人力资本存量相当于可见资本中的机器设备，它是具有生产性特征的资源。从静态角度研究，人力资本存量表明个人拥有的初始禀赋，即人力资本承载者个人在市场上获取收入的能力以及不断拓展、开辟新的收入空间的能力。就人力资本存量的测量而言，国内学者王金营（2001）[2]从测量的角度将人力资本存量定义为一个区域劳动力群体具有的人力资本整合，即劳动力数量乘以人力资本水平。这里人力资本水平是指一个区域劳动力群体具有的人力资本平均水平。高艳

[1]　Yoram Ben—Porath，*The Production of Human Capital and the Life Cycle of Earnings.* The Journal of Political Economy, V.75, N.4,Part 1(Aug., 1967):352—365.
[2]　王金营：《人力资本与经济增长：理论与实证》，财政经济出版社2001年版。

（2002）[1]认为，人力资本存量是指经资本投资形成的，凝结于劳动者身上的知识、技能和健康等，是存量概念。在一个较为完善的劳动力市场中，可以用人力价格或人力成本间接衡量人力资本存量。可见，由于各个学者研究问题的目的和数据、资料等的可获性存在迥异的差别，对人力资本存量的定义也不尽相同。

界定人力资本存量，要从人力资本的概念谈起。已有研究对人力资本的界定是从个体和群体两个层面展开的（李建民，1999）[2]。从个体层面出发，人力资本是指存在于人体之中、后天获得的具有经济价值的知识、技术、能力和健康等质量因素之和。从群体层面出发，人力资本是指存在于一个国家或地区人口群体每一个人体之中，后天获得的具有经济价值的知识、技术、能力及健康等质量因素之整合。

同理，人力资本存量的定义也要从两个层面界定：个体层面和群体层面。从个体层面出发，人力资本存量指个体所拥有的人力资本的价值，即其收入能力的现值，或未来净收入的现值，计算方法为

$$V(Y) = \sum_{j=0}^{n} \frac{Y_j}{(1+i)^{j+1}} \qquad (2.1)$$

其中，$V(Y)$为人力资本投资收益现值，Y_j为时期j的净收入，i为利率或贴现率，n为获得收益的年数。这是被普遍接受的杜布林（L.I.Dublin）和洛特卡(A.Lotka)的方法。从群体层面出发，人力资本存量指一个劳动力群体具有的人力资本价值，由于个体人力资本之间相互替代、互补、互动的整合效应——整合方向（包括正向整合和负向整合）和整合程度——不同，群体人力资本价值并非个人人力资本价值的简单加总，在不同环境下，群体人力资本存量可能不同。

综上所述，本·波拉斯对人力资本存量的界定是基于个体层面的，而王金营的界定则是基于群体层面的。无论是从个体层面还是从群体层面界定，人力资本存量都是一个静态概念。人力资本存量的具体测量方法将在第三章中详细阐述。

---

[1] 高艳：《企业如何变人力资源为人力资本》，《经济管理》2002年第13期。
[2] 李建民：《人力资本通论》，上海三联书店1999年版。

（二）人力资本存量贬损的定义

如前所述，人力资本及人力资本存量的含义均是从个体和群体两个层面分别阐述的。但是，人力资本首先是一种个人资产，人力资本存量贬损直接影响到承载者，然后才会波及到其所在的企业、部门等。故本书仅从直接用人力资本获取收益的主体——个体和企业的层面考察人力资本存量贬损，不再作群体层面的研究。本研究中人力资本存量贬损指人力资本承载者获得收入的能力、拓展收入空间能力的弱化或消失。其实质是人力资本承载者无法获得既有投资决策时点的预期投资收益。

在已有的文献中，human capital depreciation和human capital deterioration都表示人力资本贬值，两者经常混用。然而，两个词汇表达的人力资本贬值含义是有很大差异的。human capital depreciation表示源自人力资本价值下降的贬值，人力资本的市场价值变小。如果人力资本的市场价值并未发生改变，而是由于健康存量下降等其他原因引致承载者生产率下降，这种情况用human capital deterioration比较恰当，表示人力资本使用价值减少。当然，human capital depreciation和human capital deterioration也有共同之处，若从产出角度用收入度量人力资本存量变动，这两种情况都最终表现为人力资本承载者收入减少，获取收入的能力、拓展收入空间的能力弱化。因此，二者应该能够用同一个概念来表示。本研究认为，用人力资本存量贬损概念拓展人力资本贬值概念更为恰当，它能同时涵盖人力资本市场价值贬值、生产率下降（损失）引致的使用价值减少两重含义，同时能够表明人力资本承载者收入减少、收入能力弱化的特征。人力资本失业、人力资本生产率下降；或人力资本承载者失业、不充分就业、低价使用、退出人力资本市场都可能引致人力资本存量贬损。

综上所述，人力资本发生存量贬损时，既可能是其市场价值贬值，也可能是其生产率有损失而使用价值减少，还可能是市场价值贬值和使用价值减少同时发生。但是，实际经济运行中还存在一种特殊的人力资本存量贬损，即人力资本的市场价值和使用价值均未发生变化，但体制性、政策性、制度性因素人为地压低了人力资本价格，使承载者无法获得与自身价值匹配的收益；或者由于犯罪服刑暂时或永久性退出人力资本市场导致无法获得决策时点的预期投资收益。单纯由市场供求关系引致人力资本价格下降、犯罪服刑引致的失去收入来源、由政策性因素引致的承载者低工资（低于市场价值）等都被视为人力资本存量贬损。其中，犯罪服刑人员已经暂时或永久性退出市场，因而不在我们的研究范畴内。

（三）人力资本存量贬损的表现

任何形式的人力资本存量贬损都与一定的收入状态改变直接联系，比如承载者失去收入来源、收入能力以及拓展收入空间的能力弱化，这里的收入特指通过投入人力资本获得的收入。

（1）人力资本承载者失去收入来源。若非正常永久性退出劳动力市场，承载者彻底失去通过投入既有人力资本获得收入的来源。同理，失业期间，承载者暂时失去通过投入既有人力资本获得收入的来源。

（2）人力资本承载者收入能力弱化。收入能力弱化体现为承载者获得收入的机会减少和/或收入水平下降。其一，就获得收入机会而言，在人力资本市场上，与供给小于需求的状态相比较，供给大于需求的状态弱化了承载者获得高收入的谈判力量，过量的供给同时减少了其获得收入的机会。另外，技术进步不断淘汰旧有人力资本，这必定会弱化承载者的收入能力，因为既有人力资本不符合高收入机会的需求，而在既有人力资本适合的机会上又面临着激烈的竞争。其二，就收入水平而言，一方面，人力资本供给大于需求、人力资本价值基于技术进步等原因贬值都加剧了承载者失业的压力，在强烈的就业需求下，合意的收入水平会有所降低，导致收入量减少。另一方面，人力资本存量贬损还可能导致承载者无法获得与其人力资本存量匹配的最大化收入水平。不充分就业、人职不匹配会导致部分人力资本闲置、不能最大化利用既有人力资本，从而承载者无法获得最大化的收入量。

二、人力资本存量贬损的类型

对人力资本存量贬损进行分类的目的在于，能够使人力资本投资者明确应对不同类型人力资本存量贬损所应选取的形式和策略。根据不同的划分依据，人力资本存量贬损可以划分为不同类型。本研究从引致人力资本存量贬损的不同原因、能否逆转人力资本存量贬损方向两个视角，对其进行分类。

（一）有形贬损与无形贬损

引致人力资本存量贬损的因素有市场性因素和非市场性因素。市场性因素指人力资本市场供求关系、技术进步、相关资本等；非市场性因素指健康因素（包括生理和心理健康）和社会等因素。根据引致人力资本存量贬损的不同原因，将人力资本存量贬损划分为有形贬损和无形贬损，这与物质资产减值非常类似。

有形贬损指由非市场性因素引致的人力资本存量贬损，即由健康（包括生理和心理）因素、社会性因素引致的生产能力（生产率）下降和/或丧失，是既有人力资本使用价值的减少。比如，疾病、工伤和生育等导致既有人力资本再次投入生产时生产能力（生产率）有所下降，因而在就业竞争中处于劣势（包括失意人口），收入能力下降；甚至承载者的生产能力可能丧失殆尽，导致其愈后无法再投入生产中，不得不永久性退出劳动力市场，从而彻底丧失收入能力。有形贬损发生时，人力资本的生产能力低于贬损前，为承载者带来的收入量和收入机会减少。人力资本存量的有形贬损类似于物质资产实体损耗。

无形贬损指由市场性因素引致的人力资本存量贬损，即由非健康、非社会性因素引致的人力资本市场价值贬值。这种人力资本存量贬损是由人力资本市场供求、技术进步、相关资本等市场性因素引致承载者的既有人力资本市场价值减少、获得收入的机会减少，或因被市场淘汰而彻底报废，比如，失业、不充分就业、人力资本价格下降、退休、退出劳动力市场成为非劳动力人口（包括因为长期找不到工作而成为失意人口退出劳动力市场、因为偏好闲暇自愿退出劳动力市场）等。除市场性因素外，还有少量人力资本承载者因为犯罪服刑等其他原因暂时或永久性退出人力资本市场，由于承载者的市场价值和使用价值均未减少，故将其视为特殊形式的无形贬损。人力资本存量无形贬损类似于物质资产在资产实体没有损坏、使用价值完好的前提下，因陈旧过时、经营环境改变等因素而引发的减值。

应对有形贬损与无形贬损的人力资本投资选择是不同的：应对有形贬损，更多强调医疗、卫生、保健等健康投资，这里的健康投资包括生理健康投资和心理健康投资；应对无形贬损，更多会选择正规教育、在职培训、迁

移与流动等典型人力资本投资形式。

（二）可逆贬损与不可逆贬损

和物质资本一样，面对人力资本存量贬损，要思考应对之策。个人应对人力资本存量贬损的策略指通过后续的人力资本投资抑制贬损的发生。根据不同类型的人力资本投资决策能否逆转存量贬损的方向，将人力资本存量贬损划分为可逆贬损和不可逆贬损。

不可逆贬损指通过后续的人力资本投资不能恢复承载者生产能力的贬损形态，比如，由于健康状况失去劳动能力、死亡，因为犯罪入狱判处终身服刑役、退休等，其共同特征是承载者必须退出劳动力市场或人力资本载体消失。在人力资本载体死亡、因健康原因丧失劳动能力、达到退休年龄后退出人力资本市场时，已经丧失或基本丧失了追加人力资本投资的意义，此时，人力资本存量贬损与物质资产减值相似，都具有不可逆性，因为这种贬损无法通过人力资本投资得到补偿。

可逆贬损指通过后续的人力资本投资可以逆转人力资本存量贬损的趋势，在经过人力资本投资后，能够改善承载者的生产能力和/或提高其生产能力。对于健康的、或通过健康投资可以恢复健康体魄的劳动力人口，其人力资本存量贬损是可逆的，即通过后续的人力资本投资是可以动态地实现保值和/或增值的。

应对可逆贬损与不可逆贬损的人力资本投资选择是不同的，不可逆贬损一旦发生，事后无法补救，因此，事前的防范型投资策略是有效的；应对可逆贬损，起到亡羊补牢作用的事后补偿型投资策略是可行的，事前的防范型投资策略也对预防和抑制存量贬损的发生起着关键作用。

尽管做了上述划分，实际发生的人力资本存量贬损往往并不能简单归为上述任一种贬损类型，很可能同时兼具两类特征，故应对贬损的投资策略选择也是多样的。例如，有形贬损具有不可逆性，可以同时采取防范型策略和健康投资形式；无形贬损具有可逆性，可以同时采取补偿型和防范型策略以及典型的人力资本投资形式。

三、人力资本存量贬损的特点

（一）引致人力资本存量贬损的就业状态呈现出差异性特征

人力资本存量贬损与承载者的就业状态密切相关，故本研究以就业状态作为各种因素引起人力资本存量贬损的中介变量。需要特别指出的是，并非只有失业状态可能引发人力资本存量贬损，就业者的人力资本也可能遭遇存量贬损。因此，人力资本存量发生贬损时，其承载者或者处于就业状态或者处于非就业状态。

1.非就业状态的人力资本存量贬损。相对于发生在就业状态的人力资本存量贬损，因承载者处于非就业状态而引发的存量贬损更容易理解。非就业状态不仅包括失业状态，也包括人力资本承载者非正常永久性退出劳动力市场。（1）失业。承载者失业时，既有人力资本或供求过剩、或行将或正在或已经被淘汰、或因为信息不充分等因素导致人力资本闲置，闲置期间人力资本不能为其承载者获得收入，同时暴露于存量贬损风险中。（2）非正常永久性退出劳动力市场。这种情况包括因工伤、疾病等原因致残而彻底失去劳动能力或死亡的劳动力，失意人口[1]，自愿性失业人口。这是一种彻底切断人力资本与市场联系的非就业状态，该人力资本不能再通过继续投入使用为其承载者创造收入，其人力资本报废，人力资本存量贬损为零。实际上，与工伤、疾病致残彻底失去劳动能力而不得不退出人力资本市场不同，当某些承载者永久性退出人力资本市场时，比如终生服刑役、失意人口、自愿性失业人口，其人力资本仍具有一定市场价值，但是，由于永久性退出人力资本市场，无法继续创造生产力，其人力资本报废。人力资本报废是人力资本闲置的一种特殊形式，报废时人力资本存量贬损为零。

2.就业状态的人力资本存量贬损。与非就业状态的人力资本类似，有些处于就业状态的人力资本同样会暴露在存量贬损的风险中。（1）不充分就

---

[1] 澳大利亚的Current Population Survey（CPS）将那些需要工作，曾经在过去的12个月中努力寻找工作，但因为黯淡的就业前景而放弃继续寻找工作从而退出劳动力市场的劳动年龄人口，称作失意人口。

业，或称隐蔽性失业[1]。承载者处于不充分就业状态时，其部分人力资本被闲置，人力资本未能得到最大化利用。（2）人力资本失业。具有多种技能的人力资本承载者会对其技能给出供给序列，该供给序列由市场价格或收益率确定，先供给价格高或收益率高的人力资本，当这种人力资本价值实现比较困难时，转而选择供给次优的人力资本。因此，虽然承载者处于就业状态，很可能并未使用能够给其带来最大收益的人力资本，此时，最优的人力资本处于失业状态。人职不匹配、人力资本低价使用都可能导致最优人力资本闲置，将最优人力资本暴露在存量贬损的风险中。

（二）引致人力资本存量贬损的原因呈现出多样性特征

人力资本获得收入的能力和拓展收入空间能力的弱化甚至消失可能由技术进步、供求关系、相关资本、人力资本闲置与报废等多种因素导致。

1.技术进步引起人力资本存量贬损。由技术进步引起的人力资本存量贬损是价值存量贬损。技术进步不断以新的人力资本替代既有人力资本，技术进步同时可能替代与其互补的人力资本和物质资本，这意味着既有人力资本市场价值贬值。

2.供求关系引起人力资本存量贬损。人力资本市场的供求关系和产品市场的供求关系会影响人力资本存量。如果供求关系变动是长期现象，那么供给大于需求会带来人力资本存量贬损。人力资本市场供大于求引起的人力资本存量贬损既非市场价值贬值、也非使用价值减少，是一种特殊形式的人力资本存量贬损。对人力资本的需求具有派生需求特征，是由人们对人力资本所生产出的产品和服务的需求派生出对该人力资本的需求。产品市场供大于求则引起人力资本市场价值贬值。

3.相关资本引起人力资本存量贬损。相关资本对既有人力资本存量的影响主要体现为人力资本市场价值贬值。

4.人力资本闲置和报废影响人力资本存量。如前所述，人力资本在闲置期间不能为承载者带来收入，闲置本身加大了人力资本存量贬损的风险。人

---

[1] 指表面上有工作、实际上对生产没有任何贡献的就业状态。通俗得讲是指，大家在一起吃大锅饭，一个人干的活由两个甚至更多的人来干，如果把多余的人去掉，社会的总产量水平也不会下降，这些人虽然有工作，但实际上被称为隐蔽性失业。

力资本报废表明既有人力资本已经失去了市场价值和/或使用价值，其承载者彻底失去了依赖该人力资本获得收入的能力，或承载者放弃继续使用该人力资本获取收入。

（三）相对于物质资产减值的特征

1.人力资本存量贬损与物质资产减值在形式上非常类似。（1）根据引致存量贬损的原因，非市场性因素引起的人力资本存量有形贬损类似于物质资产的实体损耗，市场性因素引起的人力资本存量无形贬损类似于物质资产在资产实体没有损坏、使用价值完好前提下，因陈旧过时、经营环境改变等因素而引发的减值。（2）根据贬损与减值的表现，人力资本存量贬损表现为收入减少，物质资产减值表现为企业利润受损失。（3）根据应对的策略选择，可逆的人力资本存量贬损可以通过资本化和费用化的后续支出达到延长人力资产使用寿命的目的，物质资产减值也有类似特点，不可逆的人力资本存量贬损形式类似于等待直接报废的已经减值的物质资产，但二者的应对策略并不相同。

2.人力资本存量贬损与物质资产减值也具有很多差异。与物质资本不同，人力资本以人为载体，这决定了人力资本存量贬损的特殊性。

（1）从引致人力资本存量贬损的原因看，人是社会人，非市场性因素中的社会性因素会影响人力资本存量。但没有社会属性的物质资产显然不会受该因素的影响。

（2）从人力资本存量贬损的后果看，人力资本存量贬损首先影响承载者个人，而后波及到其所属企业和社会。但物质资产减值首先影响企业，而后可能对个人、经济体、社会产生影响。

（3）从对发生贬损的人力资本的处置看，人力资本存量贬损与物质资产减值有诸多不同之处。

其一，从处置主体构成上看，不同主体在处置中的行为选择不同。承载者作为人力资本第一所有人，要做出是否进行人力资本投资、投资内容选择、投资策略选择等一系列决策。然而，追求利润最大化的理性企业，在人力资本存量贬损危及企业利润时的首要选择可能是替代既有人力资本承载者。政府作为宏观经济调控者，从社会公平和社会稳定的视角出发，要对发

生人力资本存量贬损的承载者制定一系列的政策和措施，旨在维护承载者基本的生存权利。比较起来，物质资产的减值处置比较简单，直接的处置主体就是企业，与个人和政府无关。

其二，从资产报废的内容上看，对发生减值的物质资产，直接报废物质资产本身及其依附形态即可。与物质资产报废不同，除非承载者死亡，人力资本报废的只是人力资本，并不是将人力资本承载者同时报废。即使因为人力资本报废导致承载者不得不退出市场，也仍然需要通过社会保障等制度环境维持承载者良好的生命存续状态。

其三，从后续支出上看，无论人力资本存量贬损以任何形式出现，后续的人力资本投资都是必需的（除非承载者死亡）。但物质资产减值并不必然意味着企业要进行资本化或费用化的后续支出，因为效益的硬约束，企业要通过成本收益分析评估后续支出的必要性。

第二节　人力资本存量贬损的原因

引致人力资本存量贬损的因素有市场性因素和非市场性因素。市场性因素包括市场供求关系、技术进步、相关资本等。非市场性因素指人力资本承载者生理、心理健康状态和社会性因素等。无论人力资本存量贬损由市场性因素还是由非市场性因素引致，最终都必然归为人力资本的收入能力、拓展收入空间的能力弱化，人力资本闲置，人力资本报废三种一般性原因上。

一、市场性因素

（一）市场供求关系

本部分仅讨论单纯供求关系的变动，不涉及引起供求变动的具体原因。人力资本市场的供求关系和产品市场的供求关系均会带来人力资本存量变动。人力资本市场供大于求导致人力资本承载者的收入下降；产品市场供大于求会引致人力资本的市场价值贬值。

1. 人力资本市场供求关系

人力资本是一种重要的生产要素，与其他生产要素一样，也有自己的交易市场，也存在供给和需求问题。人力资本市场的运行遵循着供给和需求规律，人力资本的价格由供给和需求共同决定并随供给和需求变动不断调整。

（1）人力资本供给

人力资本供给是人力资本所有者按照某一市场价格愿意并且能够向市场提供的人力资本量，这些人力资本量之和构成在该市场价格水平上的人力资本的市场总供给。人力资本相对于普通劳动力是一种稀缺性更大的经济资源；其供给注重长期赢利性，要求获得相应的投资收益；人力资本的形成具有时间密集型特征，是知识的不断积累。

人力资本供给曲线描述的是人力资本供给量和人力资本价格之间的关系。人力资本供给量与人力资本价格之间呈正相关关系：人力资本供给量随着人力资本市场价格的提高而增加，随着市场价格的下跌而减少，因此，人力资本供给曲线自左下方向右上方倾斜，如图2.1中的曲线S，S_1，S_2所示。人力资本价格的涨跌意味着人力资本存量增值或贬损，如果价格上升，人力资本存量自然增值；如果人力资本价格下跌，则人力资本存量发生贬损。

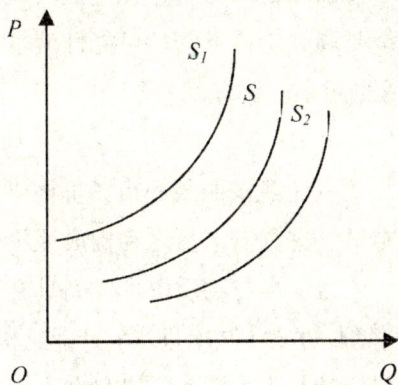

图2.1 人力资本供给曲线

人力资本供给曲线的变化包括在空间位置上和曲线形态上的两种变化。人力资本供给曲线空间位置的变化指图2.1中曲线S向左上平行移动，比如移动至S_1；或向右下平行移动，比如移动至S_2。如果人力资本供给增加，供给曲线向右下方平移；如果人力资本供给减少，供给曲线向左上方平移。影响人力资本供给变动的因素主要有人力资本投资成本、人力资本生产技术、人力资本投资机会与非市场条件、社会歧视等，具体影响机制如下：（1）人力资本投资成本变化是影响人力资本供给变动的最直接因素，与其他产品和服务的供给一样，保持其他条件不变，如果人力资本投资成本高，则人力资本供给减少；如果人力资本投资成本低，则人力资本供给增加。（2）与其他产品和服务的供给一样，人力资本的生产技术[1]进步或降低人力资本生产成本、或提高人力资本生产效率，最终带来人力资本供给增加。（3）与其他产品和服务的供给不同，即使在完全竞争的市场上，人力资本投资机会也会受到非市场条件的制约，比如，教育机会的不平等影响人力资本供给。一个社会越落后，非市场条件对人力资本供给的限制越大，人力资本供给越短缺。（4）与其他产品和服务的供给不同，社会歧视等社会性因素通过职业进入障碍影响人力资本供给。比如，性别歧视导致女性难以进入男性从事的传统职业，因此，女性不得不调整人力资本供给方向；另外，社会等级制约着人力资本由低等级向高等级的升迁，从而限制了不同等级劳动者的人力资本投资方向。人力资本投资机会与非市场条件、社会歧视等因素往往导致人力资本供给的差异，因此，不同投资个体面临的人力资本存量贬损风险不同。就人力资本存量而言，人力资本等级越高，价格下降的可能性就越小，那么由供给价格下降引致存量贬损的风险也越小。

（2）人力资本需求

人力资本需求是指厂商或企业按照某一市场价格愿意且能够购买（准确地说是租用）的人力资本量。这些需求量之和构成该价格水平上市场人力资本需求总量。在生产中，人力资本与物质资本之间具有极强的互补性和替代性。人力资本需求受经济增长方式、技术进步、产业结构的影响。

人力资本需求曲线描述的是人力资本需求量和人力资本价格之间的负相关关系：人力资本需求量随着人力资本市场价格的提高而下降，随着市场价格的下跌而增加，因此，人力资本供给曲线自左上方向右下方倾斜，如图2.2

---

[1] 人力资本生产技术指用于各种形式人力资本品生产的技术，包括消费技术、教育与训练技术、医疗卫生保健技术等。

中的曲线D，D_1，D_2。如果人力资本存量贬损仅由价格下跌引致，若仍根据人力资本价格的上涨/下跌判定人力资本存量增值/贬损，人力资本价格与需求量之间的负相关关系可以表述如下：人力资本需求量随该人力资本价格下跌而增加，但人力资本存量表现为贬损；人力资本需求量随该人力资本价格上升而减少，但人力资本存量表现为升值。

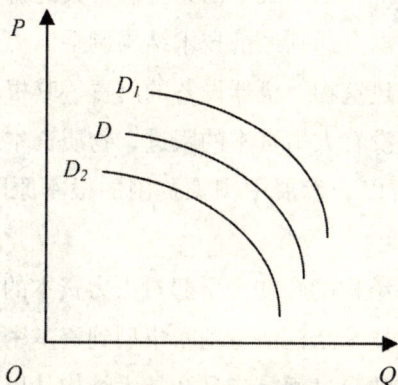

图2.2 人力资本需求曲线

　　人力资本需求曲线的变化包括空间位置和曲线形态的变化。人力资本需求曲线空间位置的变化指图2.2中曲线D向右上方平行移动，比如移动至D_1；或向左下平行移动，比如移动至D_2。生产投资增加会带动人力资本需求增加，从而使人力资本需求曲线向右上方移动。在其他条件不变时，人力资本价格提高导致需求曲线向左下方移动。引起人力资本需求变动的因素及作用途径如下：

　　其一，不同经济增长方式（粗放型和集约型）的选择引起人力资本需求差异。粗放型增长方式的前提条件是技术不变或投入—产出系数不变，强调通过增加生产要素投入量获得经济增长。集约型增长方式的前提是技术条件变化，强调通过提高生产要素的生产效率实现经济增长，是现代经济增长的主流模式，其中，人力资本是集约型经济增长方式实现的先决条件。综上所述，向集约型经济增长方式的转变必然带来对人力资本需求的增加。

　　其二，技术进步是保持对人力资本需求持续增长的关键因素。技术进步对人力资本需求具有向前连锁效应，因为人力资本本身就是技术进步的源泉。技术进步对人力资本需求还具有向后连锁效应，每项新技术的应用与传播都离不开人力资本。

其三，产业结构现代化提出了对人力资本的需求。舒尔茨（1981）指出："改变穷人福利的决定性生产要素不是空间、能源和耕地，而是人口质量的改善和知识的进步。"产业结构现代化意味着经济技术结构的调整与转变，其中关键是人力资本。以发展中国家为例，其经济发展中面临着资本短缺，然而引进的外资并没有达到经济技术结构调整以促进经济发展的目的，新投资反而形成了大量建筑物、机器设备的闲置。其根本原因在于，在投入大量物质资本的同时，没有人力资本的跟进，物质资本的吸收率很低，故增长与发展速度缓慢。所以，发展中国家贫困的根本原因不在于物质资本落后，而在于人力资本匮乏。

其四，产品和技术结构的转变会引起对人力资本的需求。经济结构现代化的表现之一即产品和技术结构由劳动密集型到资本密集型、进而再到人力资本密集型的转变，该转变过程是产品和技术结构从以劳动力投入为主到以物质资本投入为主，再到以人力资本投入为主的演绎，也表明经济结构现代化发展目标的实现会不断提出对人力资本的需求。任何事物都同时具有双重属性，当集约型经济增长方式、技术进步、产业结构现代化、产品和技术结构向人力资本密集型转变等因素带来对一部分人力资本，尤其是一部分崭新的、高级化人力资本的需求时，与这些进步因素不相匹配的既有人力资本正经历着市场需求不旺甚至最终被市场淘汰的厄运，其人力资本暴露于存量贬损的风险中。

人力资本需求曲线的形态及变化取决于人力资本需求价格弹性[1]、人力资本需求收入弹性[2]。与普通劳动力相比，人力资本具有较高的价格下降弹性和较低的价格上升弹性。由于人力资本是高产出生产要素，并与物质资本和技术具有极强的互补性，价格下降会引起对人力资本需求的更大增长；当人力资本价格提高时，由于其他生产要素对人力资本的替代性较差、甚至

---

[1] 人力资本需求价格弹性，指人力资本市场价格变化百分之一所引起的对人力资本需求变化的百分比。

[2] 人力资本需求收入弹性，指厂商投资额增减变化对人力资本需求的影响，即投资量变化百分之一所引起的人力资本需求变化的百分比，人力资本需求具有较高的收入弹性。

无法替代，对人力资本的需求下降幅度较小、或保持不变。人力资本等级越高，稀缺性越大，其需求弹性特征表现得越明显。就人力资本存量而言，人力资本等级越高，发生存量贬损的可能越小。

人力资本需求收入弹性很高，当厂商投资增加或整个社会投资总额增加时，对人力资本需求会增长，甚至超过物质资本的增长。企业对人力资本的需求具有联合需求的特性，即在生产中既要投入物质资本也要投入与之互补的人力资本。因此，厂商投资增加或整个社会投资增加引致对物质资本需求增加的同时，也会引致人力资本需求增加。人力资本需求的高收入弹性是厂商投资或社会投资总额增加条件下人力资本存量保值、增值的促进因素；而厂商投资或社会总投资减少是引致人力资本存量贬损的导火索。上述作用机制将在相关物质资本变化引致人力资本存量贬损中详细阐述。

（3）人力资本供给与需求的均衡

人力资本供给与需求的均衡是指人力资本市场上人力资本供给力量和需求力量平衡，即人力资本需求量和供给量相等时的稳定状态。如图2.3所示，人力资本供给曲线和需求曲线交点E_1所确定的人力资本价格P_1和数量Q_1是市场均衡状态（市场出清）的价格和数量。

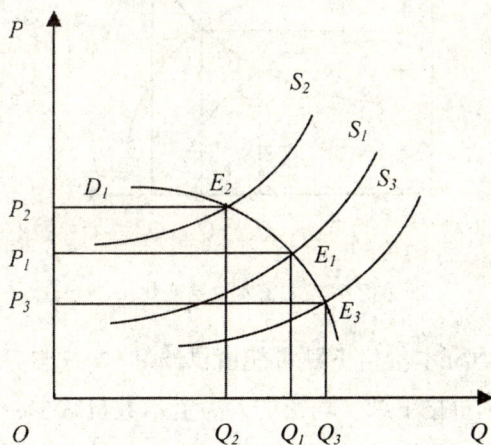

图2.3 人力资本供给变化

人力资本市场和其他要素市场有着相同的供求规律。人力资本供给和需求的变动会引起均衡的改变，进而带来人力资本均衡价格和/或数量的变动。

如果人力资本需求不变，人力资本供给减少导致在原有价格水平上该人力资本的市场短缺，人力资本价格有上升压力，人力资本供给者居于强势，因此，承载者面对的就业竞争压力小、就业机会多，人力资本创造收入的能力强，从而人力资本存量得以保值甚至增值。如图2.3所示，E_2点确定的均衡价格为P_2（$<P_1$）。反之，在人力资本需求不变时，人力资本供给增加表现为原有价格水平上人力资本供给过剩，人力资本价格有下降压力，人力资本需求者居于强势，人力资本供给者在就业中面临着激烈的竞争，就业机会少、人力资本创造收入的能力弱、人力资本价格下跌为P_3（$<P_1$），人力资本发生存量贬损。

假定人力资本供给不变，人力资本需求增加，在原有均衡价格水平上会出现需求短缺，承载者居于就业强势，人力资本价格上升为P_4（$>P_1$）（如图2.4所示），人力资本存量得以保值甚至增值。如果人力资本需求减少，承载者居于就业弱势，人力资本价格下跌为P_5（$<P_1$），人力资本发生存量贬损。

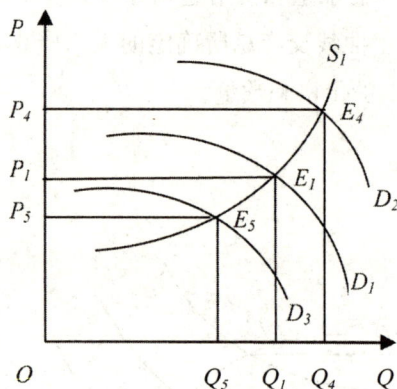

图2.4　人力资本供给变化

如前所述，人力资本价格下跌可能由供给和/或需求变化引致。需求减少，均衡的人力资本价格下跌、均衡的人力资本数量减少；供给增加，均衡的人力资本价格下降、均衡的人力资本数量增加。就整个社会发展而言，需求减少不仅影响个人收入实现，而且影响到整个经济发展之基础；供给增加带来人力资本供给量增加，有利于整个社会的经济发展，短期内则不利于个人收入实现。

供给大于需求对人力资本的影响表现在如下两方面。其一，供给大于需求时，人力资本的市场价格面临下调的压力，即使承载者仍然在业，也可能面临着享受较低人力资本价格的风险。工资是有刚性的，通常货币工资是不会下降的，但在通货膨胀、经济增长的情况，货币工资的长时间不增长意味着实际工资的购买力下降。这里的人力资本价格下降是指实际工资的下降。其二，供给大于需求时，如果承载者不随市场供求状态调低保留工资水平则会面临失业，导致人力资本闲置，人力资本暴露于存量贬损的风险中。如果承载者面对低于保留工资的市场价格选择退出市场，在重新进入市场之前其人力资本闲置。

总之，无论是来自人力资本供给还是来自需求的原因，只要供需力量对比导致人力资本供给大于需求，人力资本的价格就会下降，表现为人力资本承载者收入能力下降，就可判定人力资本存量发生了贬损。

人力资本市场供给大于需求导致价格下降，是单纯由供求关系导致的承载者收入能力、拓展收入空间能力的弱化，这是人力资本价格围绕价值的短期波动，人力资本的使用价值（生产率）和市场价值均未发生任何改变，本研究将其视为市场价值贬值和使用价值损失之外的一种特殊人力资本存量贬损，是与上述定义中阐述的贬损相区别的暂时贬损，一旦市场条件改变，人力资本市场供给小于需求，承载者不需要付出任何投资，即可享受存量增值带来的投资收益。对企业和社会而言，人力资本市场供大于求引致人力资本价格下降，企业和社会在保持原有生产率的前提下享受了低成本生产，是人力资本存量增值的表现。但对承载者个人而言，却意味着实实在在的收入下降，其既有投资决策时点上的预期投资收益无法全部收回，因而可以判定个人人力资本发生了存量贬损，这是一种仅对承载者而言的人力资本存量贬损。

2.产品市场供求关系

产品市场需求下降或供大于求会减少市场对人力资本的需求，引发人力资本市场价值贬值。对人力资本需求的变化根源于对该人力资本所能生产出的产品和服务的需求变化。在劳动力市场上，对劳动力的需求是派生需求，即人们对劳动力所生产的产品和服务的需求，派生出企业对劳动力的需求。同理，对人力资本的需求也是基于市场对投入这些人力资本而生产出的产品

和服务的需求所派生出的需求。在产品市场上，当承载者投入人力资本生产出的产品或服务供过于求时，产品价格有下降的压力，厂商的利润空间变小，因而会考虑缩减生产规模或放弃该生产项目，导致对该种人力资本需求下降，在人力资本市场上表现为既有人力资本供过于求，引发人力资本存量贬损。与单纯的人力资本市场供过于求引致的人力资本存量贬损不同，由单纯的产品供过于求引发的人力资本存量贬损是基于人力资本市场价值贬值的。产品市场供过于求意味着人力资本承载者就业不足、人力资本闲置或报废。

（二）技术进步

技术进步通过影响人力资本价值和人力资本生命周期两个途径影响人力资本投资决策。无论是技术进步引发的人力资本价值贬损，还是人力资本生命周期缩短，它们的共同点是影响个人的收入能力和就业状况，进而影响到个人的人力资本投资决策。

1. 技术进步对就业的影响

一定产出所需要的生产要素之间存在特定的内在比例关系，即生产要素配置。人力资本作为一种重要的生产要素，和生产中的其他要素之间也存在这种内在比例关系，技术水平是决定这种要素配置的重要因素。技术进步是改变生产结构以及生产要素配置关系的关键手段，因为技术进步一方面改变现有生产领域中各种生产要素间的内在比例关系，另一方面，还可以开辟出新的生产领域，不断拓宽、加深人类生产活动的范围（张国初，2003）[1]。可见，技术进步会对人力资本就业产生直接或间接影响。本书假定，以就业为媒介的分析可折射出技术进步对人力资本存量的影响。

技术进步对就业的直接影响体现为，技术进步使生产手段更加现代化，管理技术进步使生产组织更加合理，人员配置更精干，从而对就业产生直接的排斥效应。马克思在其著作中提到失业问题时指出，在社会生产力发展过程中，由于科学技术进步和劳动生产率提高，资本有机构成也在提高，导致社会化大生产对劳动力需求绝对或相对减少。希克斯将技术进步划分为劳动节约型、资本节约型和中性三种，其中劳动节约型技术进步会引致失业。技

---

[1] 张国初：《技术进步对就业水平的影响》，《管理评论》2003年第1期。

术进步对就业的这种直接影响机制被称为技术进步的就业负效应。

下面用经济模型表示技术进步的就业负效应。在既定就业水平下，产出为Y，就业人数为L，每一就业者年平均劳动时间为T，每一就业者单位时间内创造的增加值（即劳动生产率）按不变价格计算为H，则

$$Y = L \times T \times H \qquad (2.2)$$

各变量的增长率为

$$\Delta Y / Y = \Delta L / L \times \Delta T / T \times \Delta H / H \qquad (2.3)$$

整理公式2.3有

$$\Delta L / L = \Delta Y / Y \div \Delta T / T \div \Delta H / H \qquad (2.4)$$

如果将公式2.2变换为

$$Y + \Delta Y = (L + \Delta L)(T + \Delta T)(H + \Delta H) \qquad (2.5)$$

整理公式2.5得近似关系式

$$\Delta Y / Y = \Delta L / L + \Delta T / T + \Delta H / H \qquad (2.6)$$

或

$$\Delta L / L = \Delta Y / Y - \Delta T / T - \Delta H / H \qquad (2.7)$$

由公式2.4和2.7可知，劳动就业增长率与劳动生产率增长率呈负相关关系，可近似理解为劳动就业增长率与科技进步之间呈负相关关系(张智勇，2004)[1]。

利用索洛增长方程也可以推导出技术进步的就业负效应（张国初，2003）[2]。技术进步对经济增长的作用可以表示为

$$Y' = A' + \alpha K' + \beta L' \qquad (2.8)$$

其中，Y'为经济增长率，A'为技术进步增长率，K'、L'分别为资本、劳动投入增长率，α、β分别为资本、劳动的产出弹性。整理公式2.8有

$$\beta L' = Y' - A' - \alpha K' \qquad (2.9)$$

公式2.9表明，劳动要素投入的增长率与经济增长呈正相关关系，与技术

---

[1] 张智勇：《技术进步的就业效应》，《科技进步与对策》2004年第1期。
[2] 张国初：《技术进步对就业水平的影响》，《管理评论》2003年第1期。

进步增长率及资本投入增长率呈负相关关系。

技术进步对劳动者的绝对排斥表现为以下几种类型[1]：（1）技术性失业。主要出现在传统工业部门中的钢铁业、汽车业、造船业、化学工业等。20世纪后期，随着知识经济的到来和高新技术产业的发展，美国1982年汽车工业中蓝领工人的19%（近21万人）失业，钢铁工业开工率仅42%。美国钢铁、汽车等工业的劳动力占总就业人数的比重从20世纪80年代的20%下降到90年代的8%。（2）结构性失业。技术进步对劳动者的素质提出了更高要求，由于新技术水平所需要的知识要经过一段时间培训才能获得，劳动者会因为缺乏技能而被淘汰。（3）摩擦性失业。各部门和企业的技术状况、资本有机构成是不同的，因而对劳动力的需求也有差异，劳动者可以通过迁移降低被彻底淘汰出市场的风险。然而，现实的市场是不完全的，信息不充分并不能保证被一个部门或企业淘汰的劳动者肯定能够在其他部门或企业获得就业机会，即使是接受了新知识和技能培训的劳动者，也可能不能立即找到匹配的工作岗位，从而暂时处于失业状态。（4）周期性失业。熊彼特认为，经济增长动力来自于创新，创新的周期性决定了经济增长的周期性，因此，技术进步对劳动力的吸纳也呈现周期性。可见，技术进步会通过就业负效应引发人力资本存量贬损。

需要特别指出的是，真正引起人力资本存量贬损的技术进步的就业负效应仅指技术性失业和结构性失业，不包括摩擦性失业和周期性失业。技术性失业和结构性失业是相对长期的市场现象，这两种失业直接由人力资本市场价值贬值引致，承载者既有人力资本的生产率（使用价值）并未下降。人力资本承载者实现再就业需要后续的人力投资，否则会陷入非正规的、不稳定的就业状态或持续保持失业状态。然而，摩擦性失业和周期性失业只是相对短期的市场现象，几乎不需要任何关于知识和技能的人力资本投资，只要经过短期的工作搜寻和短期的市场调整，承载者就能够重新实现就业，其人力资本存量自动实现保值增值。这两种失业发生时，承载者既有人力资本的市场价值和使用价值均未发生变化，只是人力资本相对短期的低风险闲置。

技术进步对就业的间接影响体现为，技术进步通过促进经济增长、产业

[1] 张智勇：《技术进步的就业效应》，《科技进步与对策》2004年第1期。

发展和产业结构变动、提高人民收入水平、增加教育投资等途径创造出新的就业需求。马克思指出，"虽然机器在应用它的劳动部门必然排挤工人，但是它能引起其他部门就业增加"，技术进步是一柄"双刃剑"，它既毁掉就业者原来的工作岗位，也创造新工作岗位，乃至新行业。"积累的增进虽然使可变资本的相对量减少，但是，决不因此排斥其绝对量增加"，"就业工人人数的相对减少和绝对量增加是并行不悖的"，只要积累规模的增长速度高于不变资本排斥劳动力的速度，就能增加就业。技术进步对就业的这种间接影响机制被称为技术进步的就业正效应。

技术进步的就业正效应主要通过两个途径实现：其一，通过创造出新产品、新机器、新产业部门直接促进就业增长。其二，通过工艺创新提高生产率、降低单位产品生产成本。在完全竞争市场上，产品成本下降导致产品价格下降、工人收入提高，由此促进需求增长，进而带动产出和就业增加；在垄断市场上，产品价格和工人收入不会增加，因而产品成本下降表现为企业垄断利润增加，通过企业再投资促进产出和就业增加。日本通过"技术立国"，在1956—1973年间经济年均增长率在10%以上，失业率最低时仅为0.8%，就业率从1955—1970年间共增加了32%。20世纪90年代以来，美国大力发展高新技术产业，经济年均增长率为3%—4%，失业率平均水平为5.5%左右，低于6%的自然失业率水平；增长最快的产业部门是高新技术产业中的信息产业，1993年以来创造的1100万个就业机会中，有2/3属于高工资的就业机会；80年代以后，仅电子技术进步所创造的就业岗位就大约等于80年代由于技术进步而减少的就业人数的三倍[1]。

总体来看，在新技术应用初期，技术进步、资本投入增长较快，生产率提高，产生就业负效应。但是，经过技术扩散后，产业结构发生变化，产业规模扩大，新产业和新就业机会出现，总需求扩大，劳动投入时间随之增加，长期内表现为技术进步的就业正效应。

本书重点关注的是技术进步对既有人力资本的影响，旨在通过论述技术进步引发人力资本存量贬损的论题，以引起相关人力资本投资主体在技术进步的时代对盘活既有人力资本存量给予高度重视，从而重新配置人力资本投

---

[1] 张国初：《技术进步对就业水平的影响》，《管理评论》2003年第1期。

资资源，探讨后续人力资本投资在扭转承载者就业劣势、保持和创造就业优势，以补偿和防范人力资本存量贬损中的作用，重点关注盘活既有人力资本存量，从而达到最大化利用人力资本投资资源的目的。因此对技术进步的就业正效应不予详述。

2.技术进步对人力资本存量的影响

张红芳、郭亚军（2003）[1]指出，当发生主导性的技术革命时，技术进步将会引起产业结构和就业结构的变革，导致生产率和经济增长率下降等经济体系中的结构失衡，这是技术进步的结构效应。他们用一个含有技术进步的两部门模型表示上述增长规则，这里的两部门指以物质资本为代表的正在趋于衰落的旧技术部门和以知识资本为代表的正在兴起的新技术部门。本书借鉴该模型以阐述技术进步可能引起人力资本收入能力弱化、人力资本闲置的现象，论证技术进步引起人力资本存量贬损的论题。

（1）构建两部门模型

张红芳、郭亚军（2003）[2]的模型假设条件如下。

假设一：经济中存在着分别采用不同技术方式的两个生产部门：采取物质资本和人力资本相结合的技术方式的旧部门和采取知识资本与人力资本相结合的技术方式的新部门。两部门都采用柯布—道格拉斯生产技术，生产函数分别为：

$$Y_1 = A(vK_1)^a (uH_1)^{1-a} \qquad 0 < \alpha < 1 \qquad (2.10)$$

$$Y_2 = B[(1-v)K_2]^{\eta} [(1-u)H_2]^{1-\eta} \qquad 0 < \eta < 1 \qquad (2.11)$$

其中，K_1为物质资本，H_1为与物质资本相适应的人力资本，K_2为知识资本，H_2为与知识资本相适应的人力资本。

假设二：假定经济中所有的劳动力都是接受过教育和培训的人力资本，即$L=H_1+H_2$，但H_1与H_2不同质且不能相互替代，H_1与H_2质上的差异源自于两种技术方式的不同。

假设三：假定技术进步在增加了知识资本以及与之相适应的人力资本的

---

[1] 张红芳、郭亚军：《技术进步、结构变革与经济增长》，《人文杂志》2003年第2期。
[2] 张红芳、郭亚军：《技术进步、结构变革与经济增长》，《人文杂志》2003年第2期。

同时，也加速了物质资本以及与之相适应的人力资本的报废，并假定旧的物质资本与人力资本的报废率是关于全部投资率和部门Y_2增长率的递增函数，用公式表示为

$$\dot{K}_2 = I_K - \delta(K_1, H_1)K_1 \qquad (2.12)$$

$$\dot{H}_2 = I_H - \delta(K_1, H_1)H_1 \qquad (2.13)$$

$$\dot{K}_1 = I_{K1} - \delta K_1 \qquad (2.14)$$

$$\dot{H}_1 = I_{H1} - \delta H_1 \qquad (2.15)$$

其中，$\delta > 0$，是以物质资本和人力资本为代表的旧的传统技术的报废率。

假设四：用GNP定义增长，GNP包括了消费以及在物质资本、知识资本与两种类型的人力资本四个方面的投资，可得如下模型

$$Y = Y_1 + Y_2 = C + IK_1 + IK_2 + IH_1 + IH_2 \qquad (2.16)$$

（2）技术进步引起人力资本收入能力弱化

利用模型2.16可以证明源自技术进步的人力资本承载者收入下降和收入能力弱化。

将公式2.10和公式2.11置于标准的家庭优化模型中，联立上述方程，得到汉密尔顿方程

$$J = u(c)\,e^{-rl} + \lambda_1(IK_1 - \delta K_1) + \lambda_2(IH_1 - \delta H_1) + \lambda_3(IK - \delta K_1) + \lambda_4(IH - \delta H_1)$$
$$+ \omega\{A(vK_1)^{\alpha}(uH_1)^{1-\alpha} + B[(1-v)K_2]^{\eta}[(1-u)H_2]^{1-\eta}$$
$$- C - IK_1 - IK_2 - IH_1 - IH_2\}$$
$$\qquad (2.17)$$

其中，

$$u(c) = (c^{1-\theta} - 1)/(1-\theta) \qquad \theta > 0 \qquad (2.18)$$

对公式2.17汉密尔顿函数求最优条件，得到最优的消费增长率，即当且仅当$\dfrac{K_2}{H_2} = \dfrac{\eta}{1-\eta}$时

$$g\overset{*}{c} = \frac{1}{\theta}\{[B(1-v)\eta]^{\eta}\frac{(1-u)^{1-\eta}}{1-\eta}-P\} \tag{2.19}$$

可见，如果知识资本与人力资本同比例增加，经济的均衡增长率并不依赖于传统技术部门增长，而是依赖于先进技术部门增长。先进技术部门增长意味着传统部门的衰落，这一过程伴随着传统部门人力资本存量的贬损。若令P为以产品单位表示的人力资本的影子价格，则P等于先进技术部门中人力资本H_2的边际产品（工资率）与传统技术部门中人力资本H_1的边际产品（工资率）的比率，即

$$P = \frac{Av^{\alpha}(1-\xi)u^{1-\alpha}(\frac{K_1}{H_1})^{\alpha}}{B(1-v)^{\eta}(1-\eta)(1-u)^{1-\mu}(\frac{K_2}{H_2})^{\eta}} \tag{2.20}$$

对公式2.20两边求导，得到关于P的动态方程

$$\dot{P} = \frac{Av^{\alpha}(1-\alpha)u^{1-\alpha}}{B(1-v)^{\eta}(1-\eta)(1-u)^{1-\alpha\mu}}[(\frac{K_1}{H_1})^{\alpha}(\frac{K_2}{H_2})^{-\eta}]$$

$$= \frac{Av^{\alpha}(1-\alpha)u^{1-\alpha}}{B(1-v)^{\eta}(1-\eta)(1-u)^{1-\mu}} \times \tag{2.21}$$

$$[\alpha(\frac{K_1}{H_1})^{\alpha-1}(\frac{K_2}{H_2})^{-\eta}\dot{K_1}\dot{H_1}-\eta(\frac{K_2}{H_2})^{-(\eta+1)}(\frac{K_1}{H_1})^{\alpha}\dot{K_2}\dot{H_2}]$$

由于$\dot{K_1}=I_{k1}-\delta K_1$，其中$K_1$不断被报废，$\delta$为递增，所以$\dot{K_1}<0$，同理，$\dot{H_1}<0$。反之，$\delta$随$K_2$、$H_2$的增加而增加，则$\dot{K_2}>0$、$\dot{H_2}>0$。由此推断公式2.21中方括号一项的值为负，即$\dot{P}<0$，是递减的。该递减的规律也可以通过公式2.20中分子的不断减少和分母的不断增加实现。分子的不断减少意味着传统部门中人力资本的边际产品即人力资本的工资率愈来愈低，当其边际产品减少到零时，则$P=0$不再变动，为稳态值，此时，所有的增长都依赖于先进技术部门中知识资本与相应的人力资本H_2的正的边际产品。

张红芳、郭亚军（2003）研究表明，技术进步引致传统部门中人力资本边际产品即人力资本工资率降低，该观点恰恰佐证了本研究中关于技术进

步引致人力资本承载者收入能力弱化的思想，表明技术进步是引发传统部门人力资本存量贬损的重要因素之一。技术进步引发人力资本存量贬损的路径为：先进技术部门的增长意味着传统部门的衰落，经济体对传统部门产品和服务需求的减少导致传统部门利润实现困难，基于人力资本需求的派生特性，传统部门对既有人力资本的需求随之下降，既有人力资本承载者因而暴露于存量贬损的风险中——或者被直接淘汰陷入失业状态，或者虽未被淘汰但必须承受工资率下降的事实，总之，无论是失业还是工资率下降，都表明人力资本承载者的收入能力下降或者收入下降。

（3）技术进步引起人力资本闲置

利用张红芳、郭亚军（2003）的上述模型，可以证明技术进步会引致人力资本闲置。

假如把物质资本K_1和知识资本K_2看作区别于人力资本的广义的资本K，令q为其相应的影子价格，则q等于物质资本K_1与知识资本K_2边际产品之比。与人力资本的影子价格相同，q的动态值$\dot{q}_1<0$，是递减的，递减的趋势一直延伸到$\dot{q}_1=0$，即物质资本的收益率大于零为止。在达到稳态之前，可以将总产出写成资本K与其影子价格q的乘积、人力资本H和影子价格P的乘积之和，即

$$Y = qK + PH \qquad (2.22)$$

其中，K代表总资本量，H代表总人力资本量，由于K_1、H_1的减少同时意味着K_2、H_2的增加，所以可以假设K、H总量不变，则

$$\dot{Y} = \dot{q}K + \dot{P}H \qquad (2.23)$$

由于$\dot{P}<0$、$\dot{q}_1<0$，则$\dot{Y}<0$，那么，在达到稳态之前，经济增长率持续下降。

如前所述，由于假设H_1与H_2具有异质性，故H_1以δ的速度减少并不等于H_2以δ的速度递增。当H_1不能顺利转化为H_2时，经济中会存在闲置劳动力，H_1减少的部分就是前面提及的技术性失业和结构性失业群体。可见，技术进步确实引致传统部门人力资本闲置。此时，$H_1+H_2<L$，总人力资本H相对较少，由此加剧了经济增长率的下降以及失业的增加。只有借助后续的人力资本投资才能实现从H_1向H_2的转化以减少经济体中的失业量，否则传统部门的

既有人力资本只能持续处于收入能力弱化的贬损状态。

技术进步引致人力资本闲置的路径为：其一，技术进步导致人力资本的市场价值贬值，短期内，承载者所拥有的人力资本在提供产品和服务方面处于劣势——或者是其所提供的产品和服务过时了，或者是其所拥有的人力资本在竞争中处于劣势而行将被淘汰，此时人力资本为其承载者创造收入的能力弱化甚至为零、获得收入的机会减少甚至为零；长期中，如果承载者因此退出生产领域，既有人力资本失去了继续创造收入的能力，人力资本报废。其二，一方面，技术进步引致人力资本的市场价值贬值从而导致人力资本闲置；另一方面，人力资本闲置进一步加深市场价值贬值的程度。可见，人力资本闲置或者是由人力资本存量贬损引致，或者是已经发生的贬损，或者将人力资本暴露于存量贬损的风险中，但总是表现为承载者收入减少、收入能力弱化，符合本研究关于人力资本存量贬损的定义。

3.技术进步对人力资本投资的影响

从新技术应用初期技术进步的就业负效应到技术扩散后的就业正效应的转变表明，技术进步往往需要承载者通过新的人力资本投资获得与技术进步所创造出的新的就业岗位相匹配的人力资本，或迁移到有工作机会的地域，否则，既有人力资本可能因被市场淘汰而发生存量贬损。但对新的人力资本的需求则引致人力资本投资增长。可见，技术进步可能降低既有人力资本的市场价值，引发人力资本存量减少和人力资本生命周期缩短。

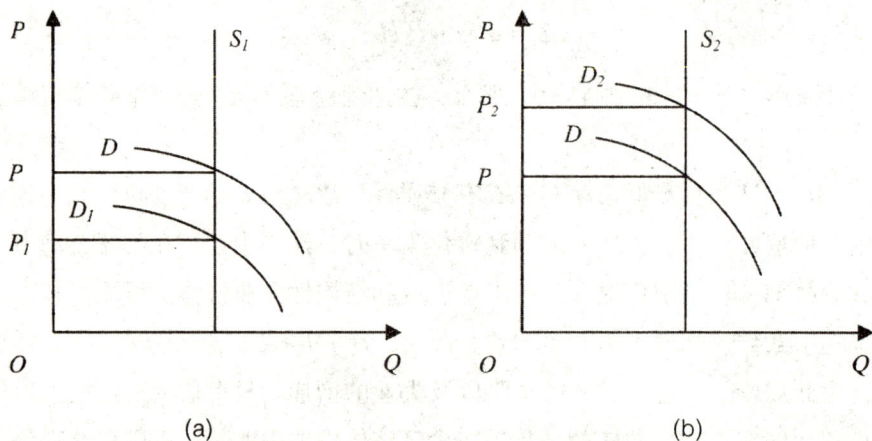

(a)   (b)

图2.5 技术进步对不同人力资本的影响

如图2.5所示，假定人力资本供给不变，技术进步的就业负效应导致对一部分人力资本的需求减少。如图2.5（a）中所示，需求曲线由D向左移动到D_1，人力资本价格由P下降到P_1，可判定该种人力资本因为技术进步发生了存量贬损；技术进步的就业正效应导致对另一部分人力资本需求增加，如图2.5（b）所示，需求曲线由D向右移动到D_2，人力资本价格由P上升到P_2。若技术进步引起对全新的人力资本的需求，因为没有供给或供给非常少，则该人力资本价格会相对较高。

技术进步对既有人力资本的淘汰和对新人力资本的需求同时发生，在职业上或地域上改变人力资本的需求结构，必然导致人力资本在产业、部门间以及内部的流动，这一人力资本的再配置就表现为承载者的迁移和其他人力资本投资活动以及经济体就业结构的变化。比如，工业的迁移通常导致就业机会随之移动；城市外围或郊区工业园区的建立也会导致就业机会从市中心向城郊转移。就业机会转移意味着失业，因为承载者的地理位置可能与工作的地理位置不相匹配。

技术进步不断创造出全新的岗位，其引致的摩擦性失业是短期市场现象，可以通过承载者的迁移继续发挥既有人力资本的作用得到解决；而其引致的结构性失业、技术性失业等具有长期性和不可逆性（龚益，2001）[1]，承载者必须进行相应的培训、进修等基于知识和技能的人力资本投资活动才可能实现再次就业。无论是传统产业技术进步带来的大批量下岗，还是新兴行业技术进步创造的新工作机会，都意味着既有人力资本的优势已经不复存在，胜任新的岗位需要进行新的人力资本投资以创造出就业优势。

4.技术进步影响人力资本配置的内在机制

毕先萍和赵坚毅等以技术进步的速度和类型为研究视角，讨论了技术进步对人力资本配置的影响。

（1）技术进步的速度对人力资本配置的影响

Mortensen 和 Pissarides(1998)应用搜寻/匹配理论分析了技术进步对劳动力再配置强度的影响。他们认为，各部门技术进步速度是有差异的，技术进步快的部门可能创造出更多新的就业机会，即技术进步的就业正效应，而技

---

[1] 龚益：《技术进步对就业状态的影响》，《数量经济技术经济研究》2001年第9期。

术进步停滞部门则有可能表现为技术进步的就业负效应。技术进步的正负效应同时存在，导致失业和岗位空缺均增加，必然加剧劳动力资源的再配置[1]。

（2）技术进步的类型对人力资本配置的影响

根据技术进步是否体现在资本设备上，将技术进步划分为物化型（embodied）和非物化型（disembodied）技术进步。Pissarides(1990)以非物化技术进步为研究对象，认为技术进步促进就业创造和失业率下降。Aghion 和 Howitt（1994）注重物化技术进步对就业的影响，认为技术进步将导致失业率上升。Mortensen（1998）指出，技术进步意味着企业的一定执行成本，即更新技术设备所需的成本、再培训工人以适应新技术要求所需的费用。当更新技术的执行成本很低时，企业将选择在职更新技术，而非破坏现有工作，此时，技术进步表现为非物化形式，技术进步对就业的影响体现为"资本化效应"，就业增加，失业率下降。随着技术的执行成本不断上升，技术进步的"磨损效应"不断增强。磨损效应（obsolescence）是指，最新的技术进步水平只体现于最新创造出的机器设备等资本品上，导致原先生产中资本品的生产率相对下降，对应的生产岗位创造的价值相对下降、岗位存续期缩短，企业出于利润最大化目的将提前终止该工作岗位。基于磨损效应，企业会选择物化技术进步。在物化技术进步下，就业负效应大于就业正效应，总体失业率上升。

从技术进步的技能偏好角度，将技术进步划分为技能偏好型和技能退化型。技能退化型技术进步将增加对低技能劳动力的需求；技能偏好型技术进步将增加对熟练技能劳动力的需求、相对降低对低技能劳动力的需求，从而导致低技能劳动力的失业率上升。选择哪种类型的技术进步，是企业基于利润最大化目标在现有资源禀赋约束下做出的理性选择，技术进步技能取向的演变过程，实质上是企业所面临的约束不断发生变化的结果，其中，最主要的约束是劳动力供给质量。反之，对人力资本承载者而言，企业和社会技术进步的类型选择决定着其人力资本投资的形式和内容。

---

[1]　毕先萍、赵坚毅等：《技术进步对就业的总量及结构的影响：理论与实证研究》。

（三）相关资本

人力资本的相关资本指相关人力资本和相关物质资本。在投入使用中，人力资本存量的变动受相关人力资本和相关物质资本的影响。在实际的市场运行中，相关人力资本和相关物质资本的价格变化以及需求变动会同时作用于既有人力资本，既有人力资本存量最终是增值还是贬损取决于相关资本对既有人力资本存量影响的净结果。相关资本对既有人力资本存量的影响主要体现为人力资本市场价值贬值。

1.相关人力资本

与人力资本相关的其他人力资本价格（即工资率）或存量的变化可能引起该种人力资本存量的变化，此处的相关人力资本指互补性人力资本和替代性人力资本。为说明不同人力资本之间的联动效应，首先引入互补性生产要素和替代性生产要素的概念。

根据增加或减少一种生产要素是否使另一种生产要素的生产率增加或减少的关系，将不同生产要素划分为互补性生产要素和替代性生产要素。给定两种生产要素A和B，如果生产要素A数量的增加引起生产要素B边际生产率上升，则生产要素A和B是互补的；反之，若生产要素A数量的增加导致生产要素B的边际生产率下降，则生产要素A和B是替代的；如果生产要素A的增加对生产要素B的边际生产率没有影响，则生产要素A和B是相互独立的[1]。当一种生产要素的价格发生变化时，互补性生产要素和替代性生产要素的需求量及价格的变化规律如下：（1）若为互补性生产要素，当生产要素A的价格下降时，会增加对A的需求，生产要素A的增加，会提高生产要素B的边际生产率，从而促使企业增加对B的需求。可见，给定其他条件不变，生产要素A价格的下降促使互补性生产要素B的需求增加和价格上升。（2）若为替代性生产要素，生产要素A的价格下降将会导致生产要素B的边际生产率下降，从而导致企业减少对生产要素B的需求，进而引致生产要素B的价格下降。可见，给定其他条件不变，生产要素A价格的下降促使替代性生产要素B的需求减少和价格下降。

作为投入的生产要素，不同种类的人力资本之间同样存在替代或互补关

---

[1] 曾湘泉：《劳动经济学》，中国劳动社会保障出版社、复旦大学出版社2005年版，第61—62页。

系，此处借用劳动经济学中劳动力需求的交叉工资弹性概念引入人力资本需求的交叉工资弹性概念，用以说明一种人力资本对其他人力资本价格变化的反应。将人力资本j对k的价格需求弹性定义为人力资本k价格百分之一的变化所引起的对j的需求的百分比变化。人力资本需求的交叉工资弹性公式为

$$\eta_{jk} = \frac{\%\Delta E_j}{\%\Delta W_k} \quad \text{和} \quad \eta_{kj} = \frac{\%\Delta E_k}{\%\Delta W_j} \qquad (2.24)$$

其中η代表弹性。如果人力资本k的价格上升引起对另一种人力资本j的需求增加，则交叉弹性值为正，称两者为总替代关系；如果人力资本k的价格上升引起对另一种人力资本j的需求下降，则交叉弹性值为负，称两者为总互补关系。

给定生产中的两种人力资本A和B，假定人力资本B为研究主体，人力资本A为B的相关人力资本，人力资本A的工资率变化会带来人力资本B的存量的不同反应。（1）假定人力资本A和B为总互补关系时，人力资本A工资率的上升会引起对A的需求下降，一部分人力资本A发生存量贬损，由于A和B为互补性人力资本，因此引起对B的需求下降，从而引发人力资本B的存量贬损。（2）假定人力资本A和B为总替代关系，人力资本A工资率的上升会引起对A的需求下降，人力资本A发生存量贬损，由于A和B为替代性人力资本，给定B的工资率不变，那么相对于A，B的工资率相对降低，对人力资本B需求会增加，此时，人力资本A的工资率上升使人力资本B增值。

人力资本A和B互为互补性生产要素时二者之间为总互补关系，但A和B之间互为替代性生产要素时，二者既可能是总替代关系，也可能是总互补关系，到底是总替代还是总互补，取决于替代效应和规模效应两种力量的对比关系[1]。规模效应指，人力资本A的工资率下降，减少了雇佣人力资本A的企业的生产成本，产品市场的激烈竞争引致企业在成本降低后调低产品价格，促使产品需求和产量增加，产出增长势必引致各种人力资本（包括人力资本B）就业量增加。替代效应指，人力资本A工资率下降后，企业有改变生产技术的动机，以便更多地雇佣人力资本A，如果人力资本A和B在生产中为互补

---

[1] [美]伊兰伯格、史密斯著，潘功胜、刘昕译：《现代劳动经济学：理论与公共政策》（第六版），中国人民大学出版社1999年版，第104—106页。

性生产要素，那么生产技术变化将进一步强化规模效应，毫无疑问地增加对人力资本B的需求；但是，如果人力资本A和B互为替代性生产要素，生产技术的变化将导致人力资本A的雇佣比例提高，而对人力资本B需求下降，描述因为人力资本A工资率下降导致对人力资本B需求减少的过程就是人力资本A工资率下降的替代效应。

综上所述，假定人力资本A和B在生产中可以相互替代，那么人力资本A工资率的下降对人力资本B的就业有双重影响：（1）替代效应。产出不变，雇主希望用人力资本A替代B，减少人力资本B的雇佣量，人力资本B面临贬损风险。（2）规模效应。人力资本A的工资率降低可能促使雇主增加使用所有投入，包括人力资本B，因此也存在人力资本B工资率增加的因素。

人力资本A的工资率下降到底引起对人力资本B需求增加还是减少，取决于规模效应与替代效应力量的对比：如果规模效应小于替代效应，即企业对人力资本B需求量的增加小于对人力资本B需求量的减少，则人力资本B因人力资本A工资率下降而发生存量贬损，人力资本A与B之间为总替代关系；反之，如果规模效应大于替代效应，则企业对人力资本B需求量的增加大于对人力资本B需求量的减少，则人力资本B的存量不会因为人力资本A工资率下降而发生贬损，人力资本A和B之间为总互补关系。

给定两种人力资本A和B，根据不同人力资本之间的总替代和总互补关系推知：人力资本A和B为总互补关系时，A存量贬损将会引致B存量贬损；人力资本A和B为总替代关系时，人力资本A存量贬损可能会导致B增值。

2.相关物质资本

在生产过程中，人力资本与物质资本之间也可能表现出互为替代性生产要素或互补性生产要素的关系。当物质资本的价格发生变化或技术进步引致物质资本需求变动时，人力资本存量可能随之发生改变。为说明相关物质资本对人力资本存量的影响，此处仍然假定生产中的投入要素有A和B两种，其中A为人力资本，B为物质资本。

假定A和B在生产中为互补性生产要素，二者之间为总互补关系。物质资本B通过如下两个途径影响人力资本A的存量：（1）如果物质资本B的价格上升，那么生产中对B的需求会下降，基于A和B的总互补关系，生产中对A的需求也随之下降，一部分人力资本A可能会因被解雇而失业，人力资本闲置起来。（2）如果物质资本B被其他生产要素所替代，基于A与B的互补关系，人力资本A不再为生产所需，因而人力资本A被闲置，暴露于存量贬损的风险中。这里此处暂不考虑替代B的生产要素与人力资本A的关系。

假定A和B在生产中互为替代性生产要素，二者之间到底是总互补关系还是总替代关系并不确定，即如果物质资本B的价格下降，A的人力资本存量变化不确定是贬损还是增值，其内在的作用机制如下：（1）替代效应。A和B互为替代性生产要素，随着B的价格下降，企业在生产中倾向于用物质资本B替代人力资本A，一部分或全部人力资本A闲置，A暴露于存量贬损的风险中。（2）规模效应。物质资本B的价格下降意味着企业投入使用B的成本相对变低，企业可以据此做出扩大生产规模的决策，在生产中更多地投入B，同时带动对人力资本A的需求增加，那么，A的人力资本存量不会随着物质资本B价格的下降而贬损。

综上所述，人力资本与物质资本在生产中互为替代性生产要素时，物质资本的价格下降既可能导致人力资本存量贬损，也可能带来人力资本存量增值，最终的净结果取决于替代效应与规模效应的力量对比：如果替代效应大于规模效应，物质资本价格下降会将人力资本置于存量贬损的风险中，二者表现为总替代关系；如果规模效应大于替代效应，物质资本价格下降不会引致人力资本存量贬损，二者表现为总互补关系。

给定人力资本A和物质资本B，根据相互间的总替代和总互补关系推知：人力资本A和物质资本B为总互补关系时，物质资本B价格下降不会引致人力资本A的存量贬损；人力资本A和物质资本B为总替代关系时，物质资本B价格下降可能会将人力资本A暴露于存量贬损风险中。

相关物质资本和相关人力资本可能同时对既有人力资本存量产生影响，最终结果是不确定的，净结果取决于引起既有人力资本存量贬损与增值的幅度大小的对比：如果人力资本存量贬损幅度大于增值幅度，则既有人力资本存量贬损；如果人力资本存量贬损幅度小于增值幅度，则既有人力资本存量增值。

二、非市场性因素

引起人力资本存量贬损的非市场性因素有自然（健康）因素和社会性因素。自然因素指人力资本承载者的健康状态。身体健康且劳动能力能够稳定持续是劳动力的基本特征之一，人力资本承载者能够在市场上使用自己的人力资本，必须首先是一个拥有健康体魄的合格劳动力。反之，健康存量贬损则会削弱、延迟人力资本效能的发挥，甚至迫使其承载者不得不退出市场。此处的健康状态包括承载者的生理和心理健康状态。

社会性因素是非市场的、非自然的因素，包括政治性、制度性、体制性、政策性等因素。比如，承载者在有期徒刑服刑期间人力资本被闲置，其人力资本面临存量贬损风险；承载者被判无期徒刑则人力资本被彻底报废，其人力资本存量贬损为零；服兵役期间也可能导致既有人力资本的暂时闲置；政策性因素人为压低承载者的工资水平等等。由社会性因素引发的人力资本存量贬损不是本书的研究重点，故在非市场性因素中重点研究自然因素。

（一）生理健康状态

引致人力资本存量贬损的生理因素包括健康存量贬损和生育。健康存量贬损可能导致人力资本承载者获得收入的能力下降，暂时甚至永久性退出人力资本市场。生育会使女性暂时退出人力资本市场从而使自身的人力资本闲置。

1. 健康存量贬损

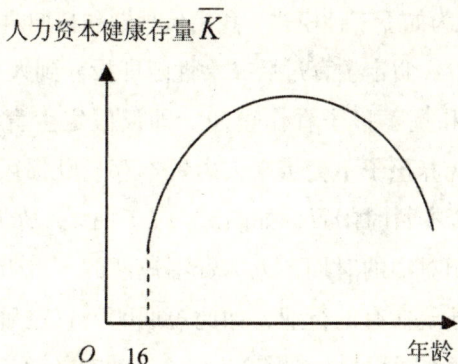

图2.6 生命周期内人力资本健康存量变化规律

在生命周期内，个体的记忆力、精力和体力随着年龄的增长呈现出先上升继而下降的趋势，相应地，既有人力资本存量与个体健康状况有着极为相似的变化趋势。既有人力资本存量是承载者健康状况的函数。若仅做一个静态分析，即假定没有其他后续的人力资本投资，假定既有人力资本在使用中不增值，仅考虑个体健康状况变化对人力资本存量的影响，人力资本健康存量的变动规律如图2.6所示。图中纵轴代表人力资本存量，横轴代表年龄，曲线代表生命周期内个体人力资本健康存量的变化趋势。显然，在某一时点以前，伴随着个体良好的记忆力、精力和体力，人力资本承载者获得收入的能力和机会不断增强，人力资本健康存量不断增加，处于增值期；然而，过了该时点，伴随着个体记忆力、精力和体力的下降，人力资本健康存量不断下降，进入贬损期。

2. 生育

女性所承担的生育角色，使得生命周期内女性的人力资本存量变化规律与男性和不生育的女性有所不同。而生育过后女性面临进入或推迟进入人力资本市场、或进入人力资本市场但减少人力资本投入、或退出人力资本市场的不同选择，这使得女性在生命周期内人力资本存量变动的轨迹呈现出差异性特征。女性生育期间有人力资本闲置，闲置将既有人力资本暴露于市场价值贬值和/或使用价值减少的风险中。在生育期间，女性人力资本的市场价值不变，生产率可能因生育而减少，故其人力资本也可能正经历着贬损。

（1）假定女性的生育决策伴随着重返劳动力市场决策

如果女性在生育过后会重新进入劳动力市场，在生命周期内其人力资本存量变动轨迹大致呈现为如下三种模式，我们从短期和长期两个层面进行分析。

第一，短期分析：假定生育过后，女性随即投入到人力资本市场中。

此处是将生育和抚养孩子看作短期，即仅假定生育和哺乳期内人力资本有闲置，而后期抚养孩子不会带来人力资本存量贬损风险。生育和哺乳期内，女性既有人力资本暂时闲置，如图2.7（a）曲线ABCDE所示。生育和哺乳期实际上是一个相对短的时期，人力资本短期的闲置带来的人力资本存量贬损风险非常小，甚至在有的行业，如此短期的闲置过后，人力资本存量会继续以闲置前的速度不断积累，如图2.7（a）中曲线ABCDE，CD代表生育和哺乳期过后人力资本存量的增加，可能与生育和哺乳期前的*AB*段人力资本存量增加的速度相同。故这种情况下人力资本的暂时闲置对人力资本存量的影响可以忽略不计。

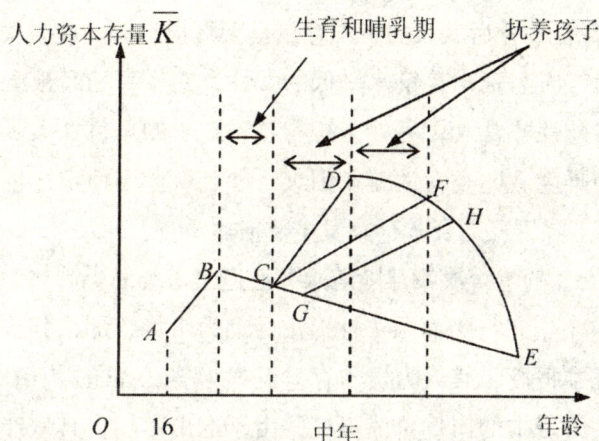

图2.7（a） 生育女性生命周期内人力资本存量变化规律：重返劳动力市场

第二，长期分析：假定生育过后，女性推迟进入市场，或虽未推迟进入市场，但因为抚养孩子牵扯精力，投入的人力资本少于生育前。

此处是将生育和抚养孩子看作一个长期。在生育和抚养孩子期间，女性人力资本的市场价值不变，但生产率下降，长期闲置降低了其收入能力，人力资本发生存量贬损。从长期来看，在孩子长大离开家之前，女性抚养孩子的家庭角色会继续制约其人力资本效能的发挥，其人力资本存量增加的速度趋缓，所以，新的人力资本存量峰值可能出现在中年以后，此时，女性生命周期内的人力资本存量变动趋势如图2.7(a)曲线*ABCFE*和*ABGHE*所示。

曲线*ABCFE*表示生育后随即进入人力资本市场，但因为抚养孩子影响人力资本发挥的人力资本存量变动轨迹，其中*CF*段代表的人力资本存量增加速度小于*AB*段，而且新的人力资本存量峰值出现在中年以后，即*F*点居于*D*点右下方。

曲线*ABGHE*代表生育后推迟进入人力资本市场的女性的人力资本存量变动轨迹。因为推迟进入人力资本市场，由于生育和抚养孩子带来的人力资本存量贬损时间和程度都大于未推迟者，即*G*点居于*C*点右下方；其人力资本存量的峰值出现地更晚而且峰值较低，即*H*点居于*F*点右下方。

第三，长期分析：假定生育过后，女性人力资本存量一直呈现贬损趋势。

此处也是一个长期分析。对于人力资本存量水平低的女性而言，生育可能成为其人力资本存量变化的转折点，即人力资本存量由增加逆变为贬损，该类女性生命周期内人力资本存量变动趋势如图2.7(a)中曲线ABCGE所示，BCGE段表明生育及生育后其人力资本存量呈现贬损态势。此时女性人力资本存量贬损是因为，人力资本存量水平低的女性，在生育期间被雇主用其他人力资本替代的可能性非常大；另外，抚养照料孩子的角色加大了其再次进入人力资本市场的难度。此类女性就业困难，并且就业不稳定，生育后和抚养孩子期间生产率下降，人力资本存量发生贬损。

（2）假定女性的生育决策伴随着永久性退出市场的决策

如果女性由于生育行为而永久性退出劳动力市场，那么其人力资本永久性闲置，人力资本报废，其人力资本存量贬损为零。如图2.7(b)曲线ABIJ所示。虽然女性人力资本的市场价值不变，由于退出市场，其生产率在生育及抚养孩子期间下降为零，人力资本发生存量贬损。

在整个生命周期内，女性在生育和哺育孩子期间闲置人力资本的选择，无论是从随着年龄增长自身健康状况变化的角度、还是从技术进步的背景下看，既有人力资本未来的收入能力都具有很大的不确定性。可见，生育和抚养孩子在短期内直接导致人力资本闲置、其承载者收入下降或收入为零，在长期内则加大人力资本存量贬损的风险。

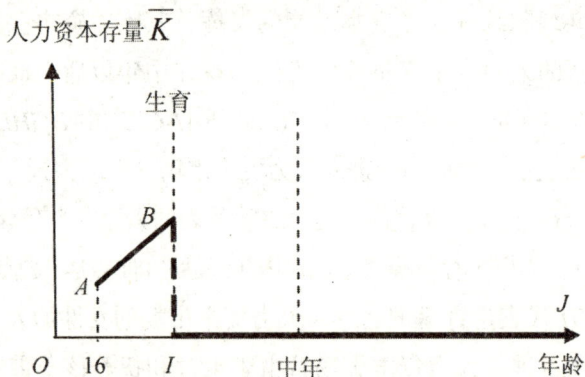

图2.7（b） 生育女性生命周期内人力资本存量变化规律：退出市场

生育是家庭生命周期的最重要阶段之一，生育以及由此产生的照顾幼年子女的需求往往导致已婚妇女退出劳动力市场（许叶萍，石秀印；2009）[1]。国内外的研究表明，从单身到结婚的过程，提升了原本有工作的女性退出劳动力市场的机率（Felmlee, D. H.,1984）[2],已婚女性退出劳动力市场的机率是未婚女性的2.15倍(Drobnic, S., H. P. Blossfeld, and G. Rohwer.,1999)[3]。一个国家或地区的生育率越高，女性的劳动力参与率越低（张素梅，1988）[4]；一个家庭的子女数量越多、年龄越小，女性所花费在他们身上的时间越多，退出劳动力市场的几率越高（Wait, L, J.,1980; Felmlee, D.H.,1995）[5]。

在中国，如果单位没有产假待遇，女性在生育期间会离职而失去工作，从而导致职业生涯的暂时甚至永久终断（许叶萍，石秀印；2009）[6]。根据2000年全国人口普查数据，1999年11月1日到2000年10月31日期间生育孩子的城镇女性，在普查的标准时点（2000年12月31日）上，仅58.1%"有工作"，而此间未生育的女性则66.7%"有工作"。

特别需要指出一点，生育引致的人力资本存量贬损不仅仅源于生育女性自身基于生育行为而对进入或退出市场以及人力资本投入的选择，还源于雇主基于雇佣生育女性而产生的额外成本（如表2.1所示）产生的"歧视"使之被低价使用、甚至迫使生育女性主动提出辞职。综上所述，"女性优先"的企业裁员政策已经成为一个世界性的普遍现象（许叶萍，石秀印；2009）[7]。20世

---

[1] 许叶萍、石秀印：《在"社会"上贡献，于"市场"中受损》，《江苏社会科学》2009年第3期，第17—25页。

[2] Felmlee, D. H., *A Dynamic Analysis of Women's Employment Exit.* Demography, V.21,N.2（May, 1984）: 171—183.

[3] Drobnic, S., H. P. Blossfeld, and G. Rohwer., *Dynamics of Women's Employment Patterns over the Family Life Course:A Comparison of the United States and Germany.* Journal of Marriage and the Family, V.61,N.1(1984):133—146.

[4] 张素梅：《妇女劳动参与率的研究——联立模型分析》，（台北）《经济论文丛刊》1988年第2期，第175—195页。

[5] Wait, L, J., *Working Wives and the Family Life Cycle.* American Journal of Sociology, V.88,N2(1980): 272—294.
Felmlee, D.H., *Causes and Consequences of Women's Employment Discontinuity,1967—1973.* Work and Occu—pations,V.22,N2(1995):167—187.

注释：来自中国2000年全国人口普查的数据显示，在21—55岁的城镇女性中，未生育的女姓就业率为68.5%，生育一个孩子的就业率为65.9%，生育二个孩子的就业率为52.3%，生育三个孩子的就业率则下降为41.1%；农业户籍的打工妹一旦生育甚至一旦怀孕即会离职退出市场。

[6] 许叶萍、石秀印：《在"社会"上贡献，于"市场"中受损》，《江苏社会科学》2009年第3期，第17—25页。

[7] 许叶萍、石秀印：《在"社会"上贡献，于"市场"中受损》，《江苏社会科学》2009年第3期，第17—25页。

纪80年代至21世纪初中国国有企业下岗工人中，女性工人的下岗比例大大高于男性。另据2000年人口普查数据，在全部下岗工人中，女性占53.9%，男性占46.1%；而在留任工人中，女性只占33.5%，男性则占66.5%。

表2.1 雇主所认为的雇佣生育女性所付出的额外成本

生育支付	单位报销接生费、手术费、住院费、药费等生育医疗费用
生育照顾	带薪产假；替班者的招聘、培训费用和工作损失；哺乳室建设；哺乳时间津贴，不加班加点，不上夜班等；发给生育津贴，育儿津贴
返岗培训	产假后返岗，需要对本岗位工作再熟悉，影响生产率；重新培训，用人单位付出培训成本。重返者的工资不能低于退出时的水平
家事耗时	相夫教子，家务劳动，体能与精力分散，对工作和学习投入率降低；不能较长时间连续离家从事工作，不能参加持续时间长的再教育和培训
家庭限制	工作流动性不能太大，不适宜远距离出差、外派
身体隐患	生病概率高，更年期反应

资料来源：许叶萍，石秀印：《在"社会"上贡献，于"市场"中受损》，《江苏社会科学》2009年第3期。

（二）心理健康状态

人力资本是具有能动性的资本，平和、愉悦的心理状态是人力资本效能得以正常乃至超常发挥的前提。人力资本需求方的激励制度和手段直接影响承载者的心理状态。美国哈佛大学管理学院詹姆斯教授对人力资本能动性的研究结果表明，在没有激励的条件下，个人的能力只能发挥出20%—30%，在得到激励的条件下，个人的能力可以发挥到80%—90%。因为，在人力资本承载者受到激励时，心理会被调试到愉悦状态，因而人力资本的效能能够得到充分发挥；反之，人力资本承载者在受到挫折时，心理状态会被调试到谷底，一部分人力资本被关闭，这会制约人力资本效能发挥，闲置的人力资本面临存量贬损风险。

三、需要进一步说明的几个问题

无论是市场性因素还是非市场性因素引起人力资本存量贬损，最终都可以归结为三个一般性原因：人力资本市场价值或使用价值改变导致其为承载者获得收入的能力、拓展收入空间的能力下降，人力资本闲置和人力资本报废。人力资本获得收入的能力、拓展收入空间的能力下降在前面已经详细阐述过，本部分重点阐述人力资本闲置和人力资本报废。

（一）人力资本闲置

如果人力资本承载者由于各种原因暂时或永久性退出劳动力市场，其人力资本暴露于存量贬损的风险中。但是，即使市场上的在业劳动力人口，在多种因素作用下其人力资本也可能被闲置，面临存量贬损的风险。因各种原因导致人力资本不被使用从而未发挥创造收入能力的状态，被判定为人力资本闲置。劳动力市场上的失业、不充分就业，退出劳动力市场的失意人口，暂时退出劳动力市场的服兵役、非终生服刑役人口，无就业意愿的非劳动力人口，劳动力市场活动中不被使用的人力资本，都是人力资本闲置的典型形态。本研究重点探讨人力资本市场上在业人口的人力资本闲置。

人力资本闲置表明，短期内，承载者所拥有的人力资本在提供产品和服务方面已经处于劣势——或者是其所提供的产品和服务过时了，或者是其所拥有的人力资本在竞争中处于劣势而行将被淘汰。此时，人力资本为其承载者创造收入的能力短时期内下降甚至为零、获得收入的机会短时期内减少甚至为零。如前所述，在长期内，随着时间的推移，技术进步等因素会导致闲置的人力资本逐渐被市场淘汰，其创造收入的能力逐渐弱化，获得收入的机会逐渐减少。总之，人力资本闲置将人力资本置于存量贬损风险中。（1）人力资本处于闲置状态则不能为其承载者带来收入，符合人力资本存量贬损特征。（2）人力资本闲置表明承载者面临着继续创造收入、拓展收入空间能力逐渐降低甚至消失的风险。技术进步会导致闲置的人力资本的市场价值贬值，如果承载者因此退出生产领域，既有人力资本失去了继续创造收入的能力。（3）随着人的生命周期的推进，由于人的健康存量贬损，闲置的人力资本创造收入的能力会逐渐减弱，从而导致其使用价值减小。

一方面，人力资本的市场价值贬值和/或使用价值减少导致人力资本闲置；另一方面，人力资本闲置进一步加深市场价值贬值和/或使用价值减少的程度。比如，技术进步引起人力资本闲置，是因为技术进步使既有人力资本市场价值贬值，承载者既有人力资本的使用价值可能并未发生改变。健康因

素引起人力资本闲置，是在既有人力资本市场价值不变前提下使用价值的减少，但是，在闲置期间，既有人力资本的市场价值面临贬值的风险。社会制度因素引起人力资本闲置，比如服兵役、刑役，承载者既有人力资本的市场价值和使用价值都未发生改变，但因为承载者退出人力资本市场，因此不在本书存量贬损的研究范围之内。不过，这种闲置将既有人力资本暴露于市场价值贬值和/或使用价值减少的风险中。在生育期间女性人力资本闲置，闲置将既有人力资本暴露于市场价值贬值和/或使用价值减少的风险中。女性人力资本的市场价值不变，生产率会因生育而下降，故在人力资本闲置期间，女性的人力资本可能正经历着贬损；综上所述，人力资本闲置或者由人力资本存量贬损引致，或者是已经发生的贬损，或者将人力资本暴露于存量贬损风险中，但总是表现为承载者收入减少、收入能力弱化，符合本研究关于人力资本存量贬损的定义，因此，被视为引起人力资本存量贬损的原因。

此外，还有两点需要特别注意：第一，如果人力资本虽被使用但却没有充分发挥效能，即人职不匹配，此时人力资本面临存量贬损风险。尽管其人力资本已被使用，且能够通过投入生产获得收入，但能最大化其收入的人力资本却并未得到利用，承载者没能在最大化发挥其效能的岗位上使用人力资本，也就没能在现有人力资本基础上最大化其收入。因此，人职不匹配时，承载者的最优人力资本失业，处于闲置状态，暴露于存量贬损风险中。第二，暂时服刑役、服兵役的承载者，在服役期间如果接受知识和技能培训，其人力资本存量有升值的可能。由于这些人群不属于劳动力范畴，且服役不是本研究所探讨的人力资本存量贬损的重点形式，以后的研究将不再对之详细阐述。

（二）人力资本报废

人力资本永久性退出劳动力市场是人力资本闲置的一种特殊形式，此时，承载者成为非劳动力人口，人力资本脱离了实现价值的环境，在失去收入来源的同时，也就等于放弃了继续创造收入的机会和/或失去了继续创造收入的能力，因此人力资本存量贬损为零，本研究将这种情形称为人力资本报废。当人力资本承载者因达到退休年龄而退出劳动力市场、因健康存量贬损而丧失劳动能力、因死亡或终生服刑役等永久性退出劳动力市场时，可以判定其人力资本存量发生了贬损。脱离人力资本价值实现的环境所引致的人力资本存量贬损是程度最深的存量贬损。

人力资本报废表明既有人力资本已经失去了市场价值和/或使用价值，其承载者彻底失去了依赖该人力资本获得收入的能力，或承载者放弃继续使用该人力资本获取收入机会。人力资本承载者在生命周期内由于伤残失去劳动能力彻底退出市场时，其人力资本市场价值不变，但其使用价值减少为零，人力资本被报废。如果既有人力资本已经失去市场价值，承载者由于缺乏新的人力资本投资而不得不退出市场（比如，失意人口），人力资本报废。死亡和自愿性失业等则直接将既有人力资本报废。

因健康存量贬损失去劳动能力、退休、死亡是任何人力资本承载者在生命周期内都不可避免的，由此引发的人力资本存量贬损是不可逆转的。本研究试图通过先期的人力资本投资，起到减少健康受损、减少提前退休、减少非正常死亡、甚至减少人力资本承载者因犯罪退出劳动力市场的作用，通过以事前控制替代事后控制的指导思想，达到预防、延缓由人力资本承载者永久性退出劳动力市场而引发的人力资本存量贬损。

第三章 人力资本存量
贬损的测量

除定性分析外，还需要通过定量研究表征出人力资本存量贬损的程度。人力资本存量是截止到某一时点的数据，是一个静态概念，人力资本存量贬损则涉及两个时点上静态人力资本存量数据的比较，或者某一时点上人力资本存量相对于前一时点有所减少、或者人力资本存量的预期值比该时点有所减少。对人力资本存量贬损测量的探讨首先从人力资本存量的测量谈起，故本章主要关注人力资本存量的测量和人力资本存量贬损的测量。

第一节 人力资本存量的测量

关于人力资本存量的计量方法很多（钱雪亚，2005）[1]，主要有：诸建芳（1995）[2]从受教育年数和工龄长短考察人力资本承载者之间的人力资本差异；李宝元（2000）[3]用教育投资、卫生投资的数量表示人力资本的高低；张帆（2000）[4]按教育资金、文艺支出、卫生支出每年净投资累计加总的方法估计人力资本数量；王金营（2001）[5]用劳动者受教育的"人·年"数表示人力

[1] 钱雪亚：《人力资本存量计量的合理视角》，《浙江社会科学》2005年第5期。
[2] 恩斯特·使君多福著，诸建芳、王伯庆译《中国人力资本投资的个人收益率研究》，《经济研究》1995年第12期。
[3] 李宝元：《人力资本与经济发展》，北京师范大学出版社2000年版。
[4] 张帆：《中国的物质资本和人力资本估算经济研究》，《经济研究》2000年第8期。
[5] 王金营：《人力资本与经济增长理论与实证》，中国财政经济出版社2001年版。

资本多少；蔡昉用成人识字率（2000）[1]和劳动力受教育年限（2002）[2]度量人力资本存量；等等。人力资本存量计量方法繁多，但大体可以归为三类：从产出角度度量，从投入角度度量，以及*PQLI*综合指数法。

一、从产出角度测量

从产出角度度量人力资本存量的方法为未来收益法。如前所述，人力资本存量表明个人拥有的初始禀赋，代表的是人力资本承载者个人在市场上获取收入的能力以及不断拓展、开辟新的收入空间的能力。从个体层面看，人力资本存量指人力资本承载者个人所拥有的人力资本的价值，即其收入能力的现值（或未来净收入的现值）。这是从产出角度利用货币价值衡量人力资本存量，其前提假设为：人们的未来收益取决于目前拥有的人力资本存量水平。未来收益法的核心是运用保险原理，通过未来收益的折现估计人力资本存量水平。

提出并发展了未来收益法的有W. Pretty, L. I. Dubli与A. Lotka，以及C. Dagum与D. J. Slottjie等等[3]。该方法最早源于W. Pretty（1960），后来L. I. Dublin与A. Lotka（1930）[4]针对个人的货币价值提出了年龄为*a*的人力资本承载者的人力资本价值估计方程

$$HC(a) = \sum_{x=a}^{\infty} V^{x-a} Y(x) E(x) P(a,x) \qquad （3.1）$$

其中，$V^{x-a} = （1+r）^{-（x-a）}$ 为 $x-a$ 年后一货币单位的现值，r 为贴现率，$Y(x)$ 为 x 岁人的年收入，$E(x)$ 为 x 岁人的就业率，$P(a,x)$ 为 x 岁人活到 $(a+x)$ 岁的概率。公式3.1和公式2.1[5]都是将预期收益现值作为衡量人力资本价值的指标，公式2.1更为直观；公式3.1考虑到了就业概率和平均预期寿命，比公式2.1更为精确。

---

[1] 蔡昉：《中国地区经济增长的趋同与差异》，《经济研究》2000年第10期。
[2] 蔡昉、王德文：《比较优势差异、变化及其对地区差距的影响》，《中国社会科学》2002年第5期。
[3] 钱雪亚：《度量人力资本水平的三类统计方法》，《统计与决策》2003年第10期。
[4] L.I. Dublin and A. Lotka, *The Money Value of Man.Ronald*, New York,1930.
[5] $V(Y) = \sum_{j=0}^{n} \dfrac{Y_j}{(1+i)^{j+1}}$

Dagum与Slottjie(2000)[1]则认为未来收益法缺乏足够的信息，Dublin与Lotka的方法是存在缺陷的，因此，他们在将人力资本视为潜在变量进行微观估计的同时，还对作为经济主体的居民的平均人力资本进行宏观估计，并将二者有机地加以结合。

用未来收益法估算人力资本存量，要求未来收益能客观地反映人力资本现值，其前提假设为：劳动力市场收入高低直接取决于人力资本存量，劳动力收入分配反映了个人自愿、自利的人力资本投资决策及基本的先天能力分配，劳动力市场的收入分配是公正而有效率的。使用该方法，要确定合理的折现率、具备每一级教育水平上的年龄—收入数据和每一级教育的成本数据、能准确及时地获得人口死亡率资料和不同年龄人的失业率及受教育程度等资料。

二、从投入角度测量

从投入角度度量人力资本存量的方法有累计投入法和教育存量法。

（一）累计投入法

累计投入法是从支出角度用货币价值衡量人力资本存量水平，它依据人力资本积累过程中累计投入量的多少确定人力资本的当前价值水平[2]。该方法的基本思想为：人力资本存量等于为获得这些人力资本所花费的相关支出的总和。其基本假设为：人们拥有的人力资本量完全取决于后天为获得这些人力资本所花费的投资量。

提出并发展了累计投入法的有E. Engle, F. Machlup, Kendrick J. W.[3]和R. Eisner等。其中Engle（1883）第一个提出并运用该方法估算人力资本价值。他认为未来收益法在估算杰出人物人力资本价值时并不适用，但却可以大致估算出花费在他们身上的抚养费。他主张将全体人口划分为若干个不同的阶层（比如高、中、低三个阶层），假定每个阶层的人在出生时的成本

[1]　C. Dagum, D. Slottje, A New Method to *Estimate the Leve l and Distribution of Household Human Capital with Application*. Structural Change and Economic Dynamics, 11(1—2) (2000):67—94.
[2]　钱雪亚：《人力资本存量计量的合理视角》，《浙江社会科学》2005年第5期。
[3]　J. W.Kendrick, *The Formation and Stocks of Total Cap ital*. Columbia University Press, New York, 1976.
　J. W.Kendrick, *Total Cap ital and EconomicGrowth*, Atlantic Economic Journal, Vol. 22, N.1 (March, 1994):1—18.

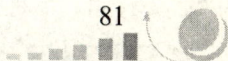

为c_i，每个阶层的人每年新增的成本为c_iq_i，并假定一个人到26岁时就已经被完全生产出来了，则一个年龄为x的人的人力资本存量为

$$C_i(X) = c_i(1 + x + \frac{q_i x(1+x)}{2}) \qquad (x < 26) \qquad (3.2)$$

Engle的方法因为忽略了公共教育健康服务、卫生设施建设等社会成本而显得过于简单；因忽略了个人的资质禀赋、家庭背景和环境对个人人力资本存量的影响而可能得出错误的结论，比如，"一个天生相对愚笨的人的人力资本存量大于一个天生更为聪明的人的人力资本存量"[1]。

虽然累计投入法存在上述缺陷，但是，将一个孩子从出生到工作所花费的抚养成本作为人力资本存量估算依据的思维方法，还是在一定程度上为后来学者的研究提供了相当有益的参考。在Engle的基础上，成本法不断被F. Machlup，W. D. Nordhaus，J. Tobin，Kendrick J. W.和R. Eisner改进和发展。国内学者沈利生、朱运法（1997）[2]用国家对劳动者所受教育的教育经费支出度量一个劳动者所内含的人力资本数量；李宝元（2000）[3]提出了估算人力资本存量的计算公式，认为人力资本总投资=教育投资+健康投资，其中教育投资=直接成本（教育支出总额）+间接成本（学生因接受教育而放弃的收入），健康投资=卫生固定资产投资+卫生事业费+医疗费，并据该公式估算了中国1978—1996年的人力资本存量规模；张帆（2000）[4]提出了人力资本投资 I 和 II，其中人力资本投资 I 包括教育资金、文艺支出和卫生支出等，人力资本投资 II 指把儿童抚养到15岁所花费的消费支出，采用每年真实投资额减去折旧后加总的方法估算中国人力资本存量和流量。

累计投入法从人力资本核算的角度测算培养人力资本的教育和培训成本，其所需要的数据相对容易获得。但是，由于人力资本投资主体的多元性和投资成本构成的多样性，这种方法往往在数据的获取上存在一定困难，尤其是个人投资成本数据更难获取，再加上各种成本统计存在统计口径差异，因而数据有时缺乏准确性，导致这种方法缺乏可操作性。

[1] 钱雪亚：《度量人力资本水平的三类统计方法》，《统计与决策》2003年第10期。
[2] 沈利生、朱运法：《人力资源开发与经济增长关系的定量研究》，《数量经济技术经济研究》1997年第12期。
[3] 李宝元：《人力资本与经济发展》，北京师范大学出版社2000年版。
[4] 张帆：《中国的物质资本和人力资本估算经济研究》，《经济研究》2000年第8期。

（二）教育存量法

未来收益法和累计成本法都是用货币价值直接估算人力资本存量，教育存量法则是用教育的成就或国民的受教育程度间接估算人力资本存量[1]。教育存量法的基本思想为：教育形成的知识是人力资本的核心内容，教育的成就越大，人力资本的投入通常也越多；国民的受教育程度越高，人力资本的存量也越大。该方法的理论依据为：其一，劳动力受教育程度或年限与劳动力在"干中学"的人力资本积累正相关，受教育程度越高（年限越长），劳动力在劳动中积累经验的能力越高，接受新技术、新知识越容易（Yoram Ben—Porath,1967）[2]；其二，劳动力的受教育年限越长，越注意保持自身的健康，健康投资不断增加；其三，劳动力的受教育年限越长，用于选择合适职业的信息搜集和迁移成本越高。

在实际操作中，可以从多个不同的角度度量教育存量。就国外学者而言，G. Psacharopoulos和A. M. Arriagada (1986)采用劳动大军平均受教育年限标准；R. J. Barro(1991)采用学校入学率标准；M. Laroche和M. Merette (1999)采用一个基于学习年限和工作经验的指数值，该指数以一个效率参数为权数，效率参数等于受过S年教育并有x年工作经验的劳动者的工资收入在全体劳动者总工资收入中所占的比例。国内学者运用教育存量法估算人力资本存量时选取的角度也是多种多样的，比如，诸建芳等（1995）[3]以受教育年数和工龄长短代表人力资本存量水平，典型方法有受教育年限法、学历指数法、技术等级法或职称等级法、人才与非技术劳动分解法。

1.受教育年限法

王金营（2001）[4]用特定时点的受教育年数总和估算人力资本存量

$$HC_t = \sum_{i=1}^{6} HE_{it} \bullet h_i \qquad (3.3)$$

其中，HE_{it}为t年第i学历层次从业者人数，h_i为第i学历水平的受教育年

---

[1] 钱雪亚：《度量人力资本水平的三类统计方法》，《统计与决策》2003年第10期。
[2] Yoram Ben—Porath，*The Production of Human Capital and the Life Cycle of Earnings.* The Journal of Political Economy, V.75, N.4,Part 1(Aug., 1967):352—365.
[3] 诸建芳、王伯庆，恩斯特•使君多福：《中国人力资本投资的个人收益率研究》，《经济研究》1995年第12期。
[4] 王金营：《人力资本与经济增长理论与实证》，中国财政经济出版社2001年版。

限，$i=1，2，\cdots，6$分别代表文盲半文盲、小学、初中、高中、大专、本科及以上6个受教育程度。这种方法在度量人力资本存量中具有一定的代表性。为了度量不同人力资本之间所含人力资本存量的差异性，需将不同的人力资本进行分类，然后按照不同人力资本特质进行加权求和，可得人力资本存量值。

相对于上述测算方法，用人力资本的受教育程度或年限代表人力资本存量简明扼要、数据准确且容易获得，并且能避免用货币计算人力资本投资成本的价格因素影响，人力资本受教育程度或年限与人力资本投资成本成正比，同时排除了学历指数法、技术等级或职称等级法的人为主观因素的影响，排除了劳动报酬法中的工资等分配政策和制度影响。当然这种方法也有不足，它忽略了知识的累积效应，将各级教育的教育时间在单位上视为等同，劳动者的人力资本存量呈算术级数增长；也不能区分专业教育和基础教育；不能反映影响人力资本质量的年龄结构和性别结构。

2.学历指数法

选用学历指数标准表示教育存量大小，即对不同层次的劳动力赋予不同的学历指数，将学历指数作为权数对劳动力数量（或实际从业人数）加权求和

$$HC_t = \sum_{i=1}^{s} HE_{it} \bullet W_i \qquad (3.4)$$

其中，W_i为各级受教育程度的指数。因为知识具有累积效应，在定义学历指数时通常会选取几何增长或指数增长序列，比如，对应于小学、初中、$\cdots\cdots$，将学历指数W_i设定为2^0，2^1，2^2，$\cdots\cdots$，或设定为e^0，e^1，e^2，$\cdots\cdots$等。这种方法考虑了知识的累积效应，将学历指数序列确定为几何增长或指数增长。缺点是主观性太大，学历指数序列的确定完全凭主观认识以及序列选取计算上的方便，缺少客观依据。

3.技术等级法或职称等级法

按照劳动者技术等级或职称加权。这种方法比学历指数法更能反映不同劳动者的人力资本对产出的实际贡献，但在实际中往往因为数据的可得性和可靠性较差而无法很好地应用。

4.人才与非技术劳动分解法

西方学者对劳动投入的分解，最初的方法是将其分解为人力资本和普通人力资本，或人才和非技术人力资本，从而分别度量它们对产出的贡献。人才与人力资本之间有着较强的联系，人力资本是人所具有的知识、能力和才干，人才是具有较高人力资本存量的人。但人才从来都是一个很难界定和度量的概念。而且人才投入不能涵盖生产中的全部人力资本投入，因而往往会低估人力资本总投入。

总之，教育存量法估算人力资本存量是比较直观简便的方法。但因为表示教育存量的指标选取存在很大的随意性，受教育年限、工龄、工作经验、学历层次、技术等级等均可被选用，对同一人力资本存量的估算结果往往会存在很大差异。

三、*PQLI*指数法

PQLI（The Physical Quality of Life Index）指数法是反映穷国生活质量的综合指数，也称为生命质量指数或人口质量指数，是由时任美国海外开发委员会主席的詹姆斯·格蒙特和客座研究员大卫·莫里斯（M. D. Morris）于1997年作为衡量穷国贫困居民生活质量的测量方法而提出的[1]。*PQLI*由婴儿死亡率、平均预期寿命和识字率三个指标组成，其中，婴儿死亡率和平均预期寿命能反映一个国家人口的健康状况，识字率能反映出一个国家人口的受教育程度，这些都是人口素质、人力资本的衡量指标。

一般将婴儿死亡率、平均预期寿命和识字率这三个指标换算成指数，再用这三个指数的平均值表示*PQLI*，其公式为

$$PQLI=（婴儿死亡率指数+平均寿命指数+成人识字率）/3 \quad （3.5）$$

也可以用受教育程度综合均值代替上式中的成人识字率，但国际通用的是选用成人识字率，这样计算出的*PQLI*数值可以与世界各国直接进行比较。

*PQLI*的数值在0—100之间，数值越高表示一个国家或地区的人口质量越高。国际上通常把*PQLI*值定为65，并将其分为高、中、低三个等级，其中*PQLI*指数在0—60之间为低生活质量级，在60—80之间为中生活质量级，在

---

[1] 《跨世纪的中国人口》编委会：《跨世纪的中国人口》［北京卷］，中国统计出版社1994年版。

80—100之间为高生活质量级。研究表明，发达国家的*PQLI*指数平均为92，其中西欧、北美接近95；最低的为非洲，平均值仅为33；亚洲的平均值为58[1]。

用*PQLI*指数测算人力资本存量的公式为

人力资本存量=一个国家（或地区）总人口数×*PQLI*指数（％）（3.6）

*PQLI*指数法存在一定的局限性。其一，它对表征人口质量的指标构成的选择过于简单，仅选择了三大指标。目前世界上对人口质量的测量中通常选用的直接指标有平均预期寿命、残疾人所占的比重、青少年身体发育指标、教育水平指标和死因指标等五项，常用的间接指标或物质指标也有八大类，所以*PQLI*对人口质量的测算是不全面的（李松柏，2006）[2]。其二，不同国家或地区的人口构成存在差异，而这种差异会影响到人口质量，显然，*PQLI*指数法没能考虑到这个因素。其三，*PQLI*指数法过多地考虑了人身体方面的质量因素。

第二节　人力资本存量贬损的测量

与测量人力资本存量不同，测量人力资本存量贬损涉及到两个时点的状态比较，因此，用于测量人力资本存量的诸多方法并不一定都适合于测量人力资本存量贬损。

1.从产出角度度量人力资本存量的方法可以用来测算人力资本存量贬损，只要用两个时点上承载者收入的变化就可以表征人力资本存量贬损的程度。

2.从投入角度度量人力资本存量的方法不适合于度量人力资本存量贬损。其一，经济社会发展展示给人们的事实是，教育投入和教育存量都在不断增加，而不是贬损。其二，无论所考察的时期是短期还是长期，教育存量可能根本没有发生变化，掩盖了人力资本存量贬损的事实。

3.*PQLI*指数法不适合用于测量人力资本存量贬损。其一，该方法更多地

---

[1] 中国少数民族人口问题研究详细内容.绿色论文网. http://www.yout.cn/Lunwen/Lvsee_7017783/

[2] 李松柏：《用人口质量指数分析人口质量的缺陷》，《西北农林科技大学学报》（社会科学版）2006年第1期。

反映的是一个国家或地区总人口的质量，而本研究关注的主要是劳动适龄人口的人力资本存量贬损。其二，该方法选用的对象是一个国家或地区的总人口，并没有对人力资本进行分层研究，只是笼统地测算人力资本存量，缺乏准确性。其三，随着经济社会的不断进步，该方法选用的婴儿死亡率、平均预期寿命和识字率三个指标都表征人口质量在不断提高，并未涉及到人力资本存量贬损问题，而事实上，人口质量的提高和人力资本存量的贬损是并行不悖的。其四，该方法不能测量个体的人力资本存量，因此不适合于分析个体人力资本存量贬损。

人力资本存量贬损由多种因素引发，且对存量贬损的测量需要借助多种方法，故测量人力资本存量贬损比测量人力资本存量更复杂。

人力资本存量指人力资本承载者个体所拥有的人力资本的价值，代表承载者个人在市场上获取收入的能力以及不断拓展、开辟新收入空间的能力。度量人力资本存量贬损，主要目的是能够表征承载者人力资本市场价值贬值、使用价值损失，从而获取收入能力的下降、拓展和开辟新收入空间的能力下降。鉴于引发人力资本存量贬损原因的多样性，本研究为度量人力资本存量贬损选用了多个指标。本研究选用的度量指标为：用收入数据度量人力资本承载者收入能力弱化；用闲置的工时、失业人数（或失业率）度量人力资本闲置；用永久性退出劳动力市场的人数度量人力资本报废。

上述方法在人力资本存量贬损测量中各具优势，各自选用的指标不尽相同，这些方法并不能简单加总测算出人力资本存量贬损的总量数据。由于测算人力资本存量指标的多样性，以及引致人力资本存量贬损原因的复杂性，估算人力资本存量贬损选用的指标呈现出多样性特征。另外，每个指标测算的是不同人力资本承载者，期间有交叉、重叠，很难加总得到一个关于某经济体人力资本存量贬损的总量数据，故本研究将对人力资本存量贬损分项进行测算。

一、度量人力资本承载者收入能力弱化

人力资本市场价值贬值和使用价值减少最终都反映为承载者收入下降，获取收入的能力和拓展收入空间的能力弱化，因此，可以用收入变动作为度量承载者既有人力资本存量贬损的指标。由人力资本承载者获取收入、拓展

收入空间能力弱化引发的人力资本存量贬损可以用人力资本价格变动来表示，故通过对比不同时点上该类人力资本的收入数据来测算人力资本存量贬损程度。此方法选用的收入指标为实际平均工资或实际平均工资指数，观察不同受教育程度、职业、行业的人力资本承载者在一个时间序列中该指标的变化趋势，若在任意两个时点间该指标呈现下降趋势，基本判定人力资本存量发生了贬损。

从理论上讲，用收入下降可以直观地表示出承载者的存量贬损情况，这与人力资本存量贬损的定义完全吻合。其一，从行业、职业、受教育程度等视角能够测算出人力资本存量贬损的大致趋势。其二，对个人而言，通过比较两个时点上的收入数据可以判定其人力资本存量是否发生了贬损。

但是，用收入指标测算人力资本存量贬损存在一定局限性。其一，按职业和行业测算的实际工资指数是可以获得的，但职业、行业的实际工资数据往往呈不断上升趋势，根本无法反映人力资本存量贬损。另外，按受教育程度测算的实际工资指数可获性较差。其二，用行业、职业、受教育程度测算的是行业整体的人力资本存量贬损情况。实际上，行业内、职业内的人力资本水平参差不齐，不同受教育程度的承载者的人力资本存量变动规律也呈现出差异性特征，笼统测算无法反映个体类别的情况。因此，选用收入指标要求同时从行业、职业等整体视角、人力资本类别、甚至个体角度同时进行测算，以立体地反映出人力资本存量贬损情况。其三，由于收入下降、收入能力弱化是人力资本存量贬损的必要而非充分条件，故借助收入的绝对或相对下降度量人力资本存量贬损的方法存在一定局限性，因为导致实际工资下降的因素非常复杂，单凭实际工资下降的趋势判定人力资本存量贬损有些武断。因此，必须将其他因素的影响剥离出去，但这种剥离在技术上不好操作。

综上所述，用单纯的收入数据测算人力资本存量贬损不太适合，可以考虑通过比较收入变动幅度和劳动生产率变动幅度度量收入能力变化。在经济发展过程中，劳动生产率增长应该带动实际工资同步增长，如果实际工资率增长幅度小于劳动生产率增长幅度，则可判定该人力资本发生了存量贬损；如果实际工资率增长幅度超过生产率增长幅度，则该人力资本存量贬损风险比较小。

二、度量人力资本闲置

就业状态和非就业状态都可能有人力资本闲置，因此，度量人力资本闲置需要从就业状态和非就业状态同时着手，并选用不同的指标。

（一）就业状态的人力资本闲置

就业状态的人力资本闲置（隐蔽性失业）可以用闲置的工时直接测算。从人力资本承载者受教育程度、行业、职业和年龄的角度考察人力资本闲置程度。在测量中，按《国务院关于职工工作时间的规定》中"职工每日工作8小时、每周工作40小时"的标准测算闲置的工时数，工作时间为1—4天的、或工作时间≤39小时的人力资本承载者被判定为就业不充分，其部分人力资本被闲置。人力资本闲置的工时数可以根据人力资本市场上该种人力资本的价格转化为收入形式，因此，用闲置的工时数表示存量贬损实质上也是用收入数据测算存量贬损。

用闲置的工时能很好地量化在业人口人力资本闲置的基本状况，不但方法简便而且数据可获，《中国人口和就业统计年鉴》和《中国劳动统计年鉴》分别载有关于在业人口周工作时间的绝对量和相对比例的统计数据。该方法优点在于：它仅表明了人力资本闲置的情况，不去探讨闲置对人力资本再次投入使用后的存量影响，即只研究人力资本闲置下的人力资本存量贬损。

不过，闲置工时法存在理论上的局限性。其一，理论上，闲置的工时可以通过市场上人力资本的价格转化为收入，这符合人力资本存量贬损定义中描述的以收入能力和/或收入下降反映人力资本存量贬损的规律。但是，根据不同行业、职业、受教育程度、年龄换算出的收入数据显然是不同的，不同行业、职业、受教育程度、年龄的人力资本承载者的平均工资率有很大差异，导致对在业人口人力资本闲置进行估算时可能出现较大偏差，故将闲置的工时换算为收入数据以测算人力资本存量贬损的方法缺乏说服力。其二，人力资本闲置将既有人力资本暴露于贬损的风险中，选用闲置的工时测算出的仅是可能的人力资本存量贬损。

（二）非就业状态的人力资本闲置

非就业状态的人力资本闲置可以用失业率或失业量进行测算。对不同受

教育程度的承载者分行业、职业、年龄和失业原因测算人力资本闲置程度。

基本可以通过承载者的失业状态判定其人力资本存量发生了一定程度的贬损，因为在失业期间人力资本失去了为其承载者获得收入的功能，再就业也往往意味着获得低于先前就业收入的报酬水平。但有四种失业类型不能被简单判定为人力资本存量贬损。其一，摩擦性失业。在由工作搜寻导致的摩擦性失业期间，人力资本承载者损失的收入可以视为人力资本配置成本，即人力资本投资成本，不能由此简单判定承载者的人力资本存量一定发生了贬损。其二，周期性失业。周期性失业又称为总需求不足的失业，是指由于总需求不足而引起的短期失业。这种失业是暂时的，既有人力资本市场价值并未贬值，承载者的生产率也没有变化，周期过后总需求增加，人力资本能自然恢复原来的存量。其三，自愿性失业。自愿性失业是指，劳动者不愿意按照现行货币工资水平和工作条件就业而引起的失业，实际上，如果想工作，他们是可以找到工作的。可见，与非自愿性失业或需求不足型失业不同，它不是真正的失业。自愿性失业者的人力资本存量到底是发生了存量贬损还是直接报废要视具体情况而定。如果自愿性失业者只是短期失业，在对现行市场工资率和自身劳动力价值进行适当修正后会重返劳动力市场，则其人力资本并未报废，在失业期间人力资本只是暂时闲置；一旦重返劳动力市场，则意味着人力资本存量贬损，因为承载者就业的实际收益低于其人力资本投资决策时点上的预期收益水平。如果自愿性失业者因此彻底退出市场不再返回，则其人力资本报废。2001年教育部组织的"首届大学生就业首选企业调查"结果显示，约5%的大学生选择不就业[1]，按2001年全国117万高校毕业生人数计算，约有5.85万选择不就业。八年以后，这个数字有增无减：来自中国大学生就业研究课题组撰写的2009年就业蓝皮书《中国大学毕业生就业报告（2009）》的数据显示，在2008届大学毕业生中，有16.51万人既无工作无学业，也没有求职求学行为，成为"待定族"，变成了时下时髦的"啃老族"，约占2008年559万应届毕业生人数的3%[2]。其四，失意人口。失意人口的人力资本存量变化有两种情况：如果失意人口在合适的市场机会出现时重

---

[1]　《文汇报》2001年12月14日。
[2]　王伯庆：《中国大学毕业生就业报告（2009）》，社会科学文献出版社2009年版。

返劳动力市场，则其人力资本只是暂时闲置；如果失意人口灰心到极点，因此彻底退出劳动力市场，则其人力资本彻底报废。

总之，失业率能在一定程度上表示人力资本存量贬损。如果能同时剥离出摩擦性失业、周期性失业、自愿性失业和失意人口中的人力资本被报废的部分，其所估算的人力资本存量贬损程度是比较精确的。

三、度量人力资本报废

人力资本报废引发的存量贬损可以直接通过永久性退出人力资本市场的人数进行测算。这里主要选用劳动年龄人口中因疾病、工伤死亡的数据，或虽未死亡但失去劳动能力的人口数据，终身服刑役的人口数据，失意人口数据，自愿性失业数据等作为主要的度量指标。只要数据可获，该方法能比较准确地量化人力资本报废情况。

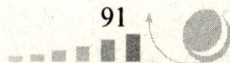

第四章 中国人力资本存量贬损现状分析

如前所述，不同原因引致的人力资本存量贬损需要选用不同的指标进行测算。本章用这些指标估测中国实际的人力资本存量贬损情况。因为指标的多样性和人力资本存量贬损原因的多样性，并不能得到关于中国人力资本存量贬损的总量数据。

第一节 用收入和劳动生产率测算

一、用平均实际工资指数度量收入能力弱化

实际货币工资指数能更为准确、具体地反映收入变动的实际状况。如图4.1所示，各行业平均实际工资指数在1994—2002年间一直呈上升趋势。可见，从理论上讲，收入数据能够用来度量承载者收入能力弱化，但在现有统计数据中，各行业、产业在职劳动者的实际工资指数都呈持续上升态势，故不能反映出人力资本存量贬损的情况。事实上，在同一行业、产业内部，不同承载者的人力资本存量变化趋势有很大不同。其一，不同承载者的人力资本水平往往不同，这意味着各自所承载的人力资本的存量变化方向以及变化程度不同。其二，不同承载者各自所在的岗位对人力资本水平的要求和对人力资本存量的影响不同。其三，不同承载者在其经济生命周期不同时点表现出的人力资本存量变动与各自承载的人力资本水平、类

型有关，存量变动规律也可能因之不同。其四，要剥离出引致收入下降的其他因素对承载者收入下降的影响才能准确测量出人力资本存量贬损程度。

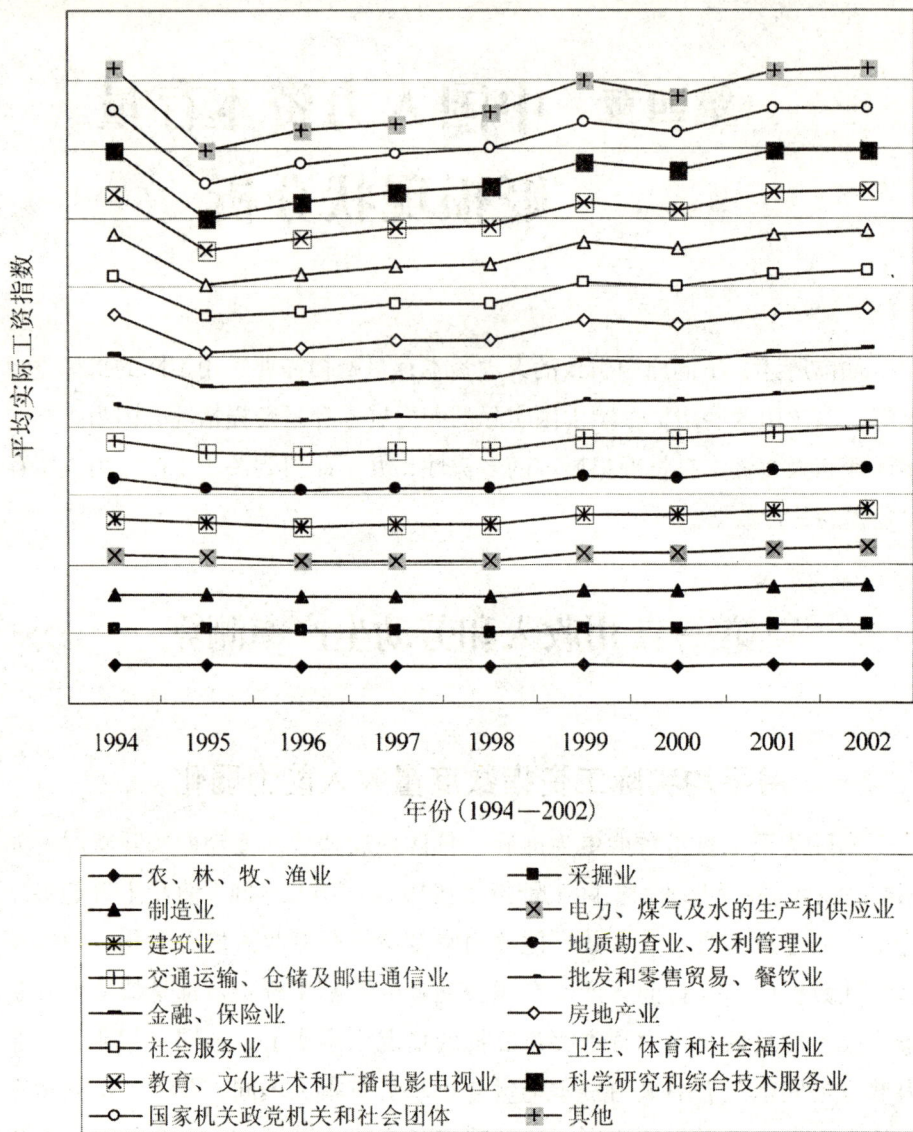

图4.1 1994—2002年中国分行业职工平均实际工资指数（国有单位）（上年=100）

数据来源：国家统计局人口和就业统计司、劳动和社会保障部规划财务司：《中国劳动统计年鉴（2008）》，中国统计出版社2009年版。

实际工资上涨可能由多种因素引致。其一，企业可以通过技术进步吸收劳动生产率上升带来的劳动力成本增加，但与技术进步及农村剩余劳动力关系不大的行业，比如，房地产业、教育、医疗、能源及原材料行业，无法通过技术进步吸收增加的成本，其面临的通货膨胀压力越来越大，这是中国实际工资指数不断上升的原因之一。其二，随着各级教育的普及，新生代劳动力的人力资本水平普遍高于上一代，他们就业于人力资本水平比较高的行业，推动了中国实际工资不断上涨。总之，引起工资变动的因素很多，尤其是工资水平只升不降的刚性特征限制了其在人力资本存量贬损测量中的应用。

二、比较劳动生产率与平均实际工资的增长幅度度量收入能力弱化

虽然从理论上讲，选用收入指标能最直接地反映出人力资本存量贬损程度，但缺乏更合适的数据，并且要剥离诸多引致工资率变动的其他因素的影响。下面通过比较劳动生产率与实际工资指数的相对增长幅度考察中国人力资本存量贬损情况。选用人均GDP代表劳动生产率，用人均GDP指数考察劳动生产率增长情况，用职工实际工资指数考察收入增长情况，具体结果如图4.2所示。

1995—1998年是中国由计划向市场体制转轨的初期，自由竞争的引入释放了私人经济体的巨大生产能力，人均GDP快速增长。由于长期以来的低工资政策，工资体制改革相对滞后，故这期间职工的工资增长慢于劳动生产率增长，体制的原因导致人力资本存量贬损。1999—2003年间，随体制转轨的进一步推进，劳动生产率增长逐渐变得相对平稳，工资体制改革成效开始显现，故该时期表现为职工实际工资指数高于人均GDP指数，人力资本增值。2003年，人均GDP指数再次超过实际工资指数，人力资本存量发生贬损。这主要是由于，其一，中国制造业快速的劳动生产率增长并未引致更高的平均工资增长；其二，企业通过技术进步可以吸收生产成本的上升，故企业产品的价格可以不上升，甚至可以下降，这也使工资上升的压力减小；其三，中国农村庞大的剩余劳动力导致特殊的工资结构：农民工的最低工资过去二十多年基本维持在每月100美金不变，而其他技术或知识型人才的工资却迅速上升，

导致社会收入差距迅速扩大，但实际工资指数比较小[1]。

1995—2007年中国人均GDP指数和职工平均实际工资指数

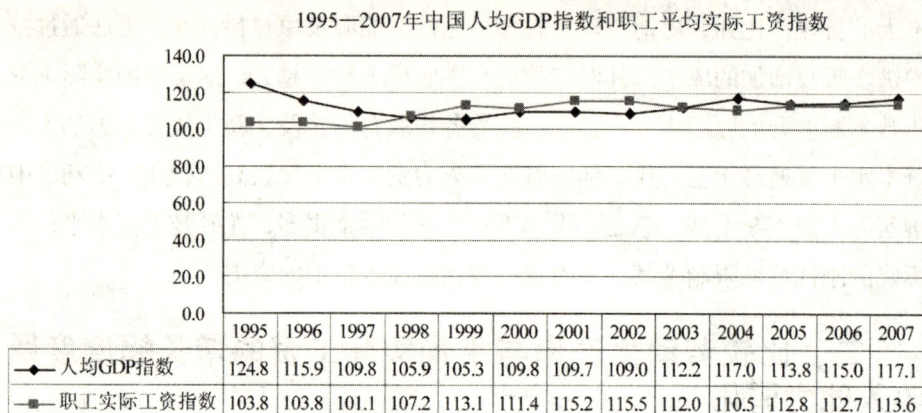

	1995	1996	1997	1998	1999	2000	2001	2002	2003	2004	2005	2006	2007
人均GDP指数	124.8	115.9	109.8	105.9	105.3	109.8	109.7	109.0	112.2	117.0	113.8	115.0	117.1
职工实际工资指数	103.8	103.8	101.1	107.2	113.1	111.4	115.2	115.5	112.0	110.5	112.8	112.7	113.6

图4.2 1995—2007年中国人均GDP指数和职工平均实际工资指数（上年=100）

数据来源：中国统计年鉴编写组：《中国统计年鉴》（2008），中国统计出版社2008年版。

说明：人均GDP指数=本年度人均GDP/上年度人均GDP.

表4.1展示了制造业、建筑业、交通运输仓储和邮政业、批发与零售业的人均GDP指数和职工平均实际工资指数。在1994—1998年中国体制转轨初期，这些行业的人均GDP指数一直高于平均实际工资指数，如前所述，这与中国长期以来的低工资政策有关。如果在剥离了该政策因素后，劳动生产率增长幅度仍然高于实际工资增长幅度，可以判定人力资本存量发生了贬损。1999年以后，这些行业均不同程度地出现了平均实际工资指数大于人均GDP指数的情况，这既是工资体制改革使人力资本价格与实际价值相符合的表现，也是基于技术进步和产业结构调整使行业所内化的人力资本水平提高，故新生代就业者的工资水平比较高。以2002年为例，这四个行业的平均实际工资增长均超过劳动生产率增长，其中两个指数差值最大的是批发与零售业。这表明类似的行业无法通过技术进步消化劳动生产率提高带来的劳动力成本上升。

---

[1] 人大经济论坛. http://www.pinggu.org/bbs/

表4.1 1995—2002年中国一些行业的人均GDP指数和平均实际工资指数

年份	制造业			建筑业			交通运输仓储和邮政业			批发与零售业		
	人均GDP指数	平均实际工资指数	人均GDP指数—平均实际工资指数	人均GDP指数	平均实际工资指数	人均GDP指数—平均实际工资指数	人均GDP指数	平均实际工资指数	人均GDP指数—平均实际工资指数	人均GDP指数	平均实际工资指数	人均GDP指数—平均实际工资指数
1995	125.6	103.3	22.3	120.7	101.4	19.3	113.4	104.4	9.0	115.1	101.4	13.7
1996	118.5	100.3	18.2	114.7	98.7	16.0	114.6	103.7	10.9	111.0	99.4	11.6
1997	113.6	102.0	11.6	104.1	102.5	1.6	110.2	105.6	4.6	107.9	100.8	7.1
1998	119.4	105.1	14.3	111.8	100.9	10.9	116.2	106.2	10.0	114.1	103.2	10.9
1999	108.1	111.8	—3.7	101.2	108.3	—7.1	111.2	111.6	—0.4	106.3	110.0	—3.7
2000	112.6	111.4	1.2	102.6	108.0	—5.4	125.5	110.3	15.2	111.1	110.1	1.0
2001	108.3	110.9	—2.6	104.0	107.5	—3.5	114.2	112.7	1.5	110.8	110.1	0.7
2002	105.9	113.7	—7.8	102.7	110.2	—7.5	109.2	113.1	—3.9	105.6	116.1	—10.5

数据来源：国家统计局人口和就业统计司、劳动和社会保障部规划财务司：《中国劳动统计年鉴（2008）》，中国统计出版社2009年版；《中国统计年鉴（2008）》，中国统计出版社2008年版。

说明：人均GDP指数的计算方法为：（该行业本年度GDP/该年末就业人数）/（该行业上年度GDP/上年末从业人数）

在上述四个行业中，制造业的劳动生产率增长幅度最大。1999年以后，虽然制造业的劳动生产率增长幅度小于实际工资增长幅度，但在这四个行业中，制造业的劳动生产率增长幅度与实际工资率的增长幅度最接近。这表明在技术进步影响下，制造业内部的人力资本存量贬损风险大于其他行业，由于能够通过技术进步消化劳动力成本上升因素，其行业内工资率上涨幅度比较小。在交通运输仓储和邮政业中，大多数年份劳动生产率增长快于实际工资增长，这与这些行业的低技术含量有关，也表明在这些行业就业的人力资本承载者由于知识和技能水平比较低，其面临的人力资本存量贬损风险比较大。1999年后，建筑业的劳动生产率增长均小于实际工资增长，但这并不一定表明建筑业没有人力资本存量贬损。实际上，建筑业从业人员尤其是低技能人员几乎都在超时工作，相对于实际工作时间而言，其实际工资水平增长并没有统计数据显示得那么多。

三、结论

收入数据测算结果表明，计划体制向市场体制转轨初期存在人力资本存量贬损现象。体制因素人为地扭曲了人力资本价格，在人力资本市场价值和使用价值并未减少的基础上政策性地降低了人力资本价格。这对承载者而言是人力资本存量贬损，但对企业而言则是能够降低生产成本的有利因素。这种人力资本存量贬损只能通过体制改革予以补偿，与人力资本投资策略无关。

随着市场体制逐步建立和不断完善，政策性因素的影响逐渐变小，资本、技术密集型的制造业，交通运输仓储和邮政业等人力资本水平低的行业的人力资本存量贬损风险比较大；从表面上看，建筑业的实际工资增长超过了人均GDP增长，但该行业从业者普遍超时工作，其单位时间的人力资本价格实际上比较低，这也根源于该行业较低的人力资本水平，故这些行业的人力资本存量贬损风险实际上比较大。现代服务业是为高技术部门服务的行业，较高的劳动生产率带来较快的工资增长，由于不能通过技术进步吸收高工资成本，这些行业的工资水平较高，工资增长幅度较大，其人力资本存量贬损风险较小。

第二节　用闲置的工时测算

本节分别从职业、行业、受教育程度、年龄、就业的单位或经营活动类型五个角度测算就业人口工时的闲置状况，大致估算就业人口中可能的人力资本存量贬损。基于第一产业的人力资本水平较低，本研究以第二和第三产业为主要研究对象。

一、按职业统计的闲置工时

按照国际规定，周工作时间少于35小时的劳动者，其就业状态可以被判定为就业不充分。按中国《国务院关于职工工作时间的规定》中"职工每日工作8小时、每周工作40小时"计算，就业充分状态要求劳动者平均一周工作时间在4.375天。为简化分析，将判定就业充分的工作时间从4.375天调整为4天，那么，2000年，中国的就业不充分人口大约占就业人口的13.51%[1]，意味着一周内有133，346，952个闲置工时[2]。

如表4.2所示，不同职业内部就业不充分的比例农、林、牧、渔、水利业最高（18.57%），其次是生产、运输设备操作人员及有关人员（6.86%），国家机关、党群组织、企事业单位负责人最低（1.46%）[3]。各职业闲置的工时占总闲置工时的比例也是农、林、牧、渔、水利业最高，其次是生产、运输设备操作人员及有关人员，国家机关、党群组织、企事业单位负责人最低。

---

[1]　根据《中国人口和就业统计年鉴（2005）》的数据，（工作时间分别为一天、二天、三天和四天的就业人口数量之和）/就业总人口，可得该数据。

[2]　该闲置工时的计算方法：根据《中国人口和就业统计年鉴（2005）》的数据，工作时间为一天、二天、三天和四天的人数分别为623469、1416433、3251147、3422900。按《国务院关于职工工作时间的规定》中"职工每日工作8小时、每周工作40小时"计算，工作时间为一天的劳动者一周闲置的工时数为8*4=32小时，同理，一周工作时间为二天的劳动者一周闲置的工时数为24小时，一周工作时间为三天的劳动者一周闲置的工时数为16小时，一周工作为四天的劳动者一周闲置的工时数为8小时。那么，一周内，就业不充分的劳动者闲置的工时总量为：623469*32+1416433*24+3251147*16+3422900*8=133346952（小时）。

[3]　根据《中国人口和就业统计年鉴（2008）》的数据，（工作时间分别为一天、二天、三天和四天的就业人口数量之和）/该职业就业人口，可得该数据。

表4.2 2000年中国按职业统计的就业人口闲置的工时及相关比例

职业大类	工作一天的人口（人）	工作两天的人口（人）	工作三天的人口（人）	工作四天的人口（人）	各职业闲置的工时（小时）	工作1—7天的人数合计（人）	就业不充分者占该职业就业人口的比例
国家机关、党群组织、企事业单位负责人	1014	1823	5467	7892	226808	1108159	0.0146
专业技术人员	4382	7502	19032	28405	852024	3775148	0.0157
办事人员和有关人员	1483	2831	10359	17294	419496	2053026	0.0156
商业、服务业人员	14173	33849	95788	123224	3784312	6074264	0.0440
农、林、牧、渔、水利业生产人员	569759	1283814	2865727	2901000	118103456	41029765	0.1857
生产、运输设备操作人员及有关人员	32372	85910	253190	343449	9896376	10421810	0.0686
其他劳动者	286	704	1584	1636	64480	43219	0.0974
合计	623469	1416433	3251147	3422900	133346952	64505391	—

数据来源：国家统计局人口和就业统计司：《中国人口和就业统计年鉴（2008）》，中国统计出版社2008年版。

基于农、林、牧、渔、水利业的低人力资本现状，本研究暂不考虑该行业的人力资本存量贬损。那么，无论是从行业内部就业不充分的比例看，还是从行业闲置工时的比例看，生产、运输设备操作人员及有关人员的就业不充分程度都是最高的。这可以用技术进步引致的制造业内的技术失业和结构性失业来解释。另外，在商业服务业等人力资本要求水平低的行业，就业不充分的比例也比较高，而专业技术人员、办事人员、国家机关及企事业单位负责人等人力资本要求水平高的职业就业不充分的比例相对较低。综上所述，人力资本水平要求低的职业、受技术进步影响大的职业，工时闲置量大；反之，工时闲置量相对较小。

单就城镇就业人员而言（如表4.3和表4.4所示），2007年，有15.6%的就业人员一周内工作时间少于等于39小时，处于就业不充分状态。其中，农、林、牧、渔、水利生产人员中就业不充分的比例最高，这恰与中国农业大量剩余劳动力资源的现实吻合。其次，商务服务人员和生产运输设备操作人员及有关人员的就业不充分比例也相对较高。这里有一个有趣的矛盾现象：商务服务人员和生产运输设备操作人员及有关人员的就业不充分比例相对较高，但是这两个职业的就业人员中周工作时间在40小时以上的比例也名列前茅，如表4.4所示，在所调查的城镇就业人员的平均工作时间中，这两个行业高居榜首。本研究认为，就这两个职业而言，无论是较高的就业不充分比例，还是较高的超时工作比例，都与行业的人力资本闲置不矛盾。如前所述，其一，人力资本水平要求低的职业、受技术进步影响大的职业，工时闲置量大，这两个职业中的部分岗位具有该特征；其二，在既定的工资水平下，超时工作或超负荷工作意味较低水平的实际工资率，因此，尽管这两个职业的人力资本闲置水平表面看来比较低，仍然可以做出这样的推测：这两个职业实际上存在人力资本存量贬损现象。

表4.3　2007年中国按职业统计的城镇就业人员工作时间构成（%）

职业大类	合计	1—8小时	9—19小时	20—39小时	40小时	40—48小时	48小时以上	≤39小时合计
合计	100	0.6	2.2	12.8	33.0	17.1	34.4	15.6
单位负责人	100	0.1	0.3	3.5	47.2	13.1	35.8	3.9
专业技术人员	100	0.2	0.3	4.2	64.5	14.8	16.1	4.7
办事人员和有关人员	100	0.1	0.2	4.0	65.2	14.3	16.3	4.3
商务服务人员	100	0.3	0.6	7.3	25.9	17.0	48.9	8.2
农林牧渔水利业生产人员	100	1.9	7.0	32.7	18.6	16.7	23.1	41.6
生产运输设备操作人员及有关人员	100	0.2	0.4	5.5	28.1	19.8	46.1	6.1
其他	100	0.5	1.7	10.6	43.3	11.3	37.0	8.4

数据来源：国家统计局人口和就业统计司：《中国人口与就业统计年鉴（2008）》，中国统计出版社2008年版。

2007年城镇就业人员工作时间构成显示的规律并非偶然现象。如表4.4所示，2003—2007年间，商务服务人员、生产运输设备操作人员及有关人员的周工作时间不但名列前茅，且几乎均处于周工作时间在48小时以上的超时工作状态。

表4.4　2003—2007年中国按职业统计的城镇就业人员调查周平均工作时间（小时）

职业大类	2003年11月	2004年11月	2005年11月	2006年11月	2007年11月
单位负责人	44.3	44.0	47.2	47.3	47.7
专业技术人员	42.8	43.4	43.2	44.1	43.4
办事人员和有关人员	41.8	42.4	44.4	44.4	43.8
商务服务人员	49.4	49.3	52.0	52.0	50.3
农林牧渔水利业生产人员	44.2	42.9	43.0	41.9	38.2
生产运输设备操作人员及有关人员	47.5	48.1	51.4	50.8	49.8
其他	46.7	46.8	48.9	48.4	46.7

数据来源：国家统计局人口和就业统计司：《中国人口与就业统计年鉴（2008）》，中国统计出版社2008年版。

二、按行业统计的闲置工时

如表4.5所示，就业不充分人口占就业总人口的比重仍然在13.51%左右，与按职业测算的结果相同。不同行业内部就业不充分的比例最高的是农、林、牧、渔业，其次是建筑业，科学研究和综合技术服务业最低。按不同行业测算的13.51%的就业不充分比例意味着一周内有133，346，952个闲置工时，这也与按职业测算的结果相同。其中，各行业闲置的工时数占总闲置工时数的比例农、林、牧、渔业最高，其次是制造业，科学研究和综合技术服务业最低。

表4.5　2000年中国按行业统计的就业人口闲置的工时数及相关比例

行业大类	工作一天的人口（人）	工作两天的人口（人）	工作三天的人口（人）	工作四天的人口（人）	各行业闲置的工时（小时）	就业不充分者占该行业就业人口的比例	各行业闲置的工时占总闲置工时的比例
农、林、牧、渔业	568744	1280349	2857652	2892380	117789656	0.1855	0.8833
采掘业	1989	4426	12772	18301	520632	0.0548	0.0039
制造业	20719	53360	151291	202146	5981472	0.0521	0.0449
电力、煤气及水的生产和供应业	511	1395	4162	6228	166248	0.0297	0.0012
建筑业	7046	20777	61183	84674	2380440	0.0985	0.0179
地质勘查业、水利管理业	131	233	594	794	25640	0.0212	0.0002
交通运输、仓储及邮电通信业	5696	14779	49307	68624	1874872	0.0813	0.0141
批发和零售贸易、餐饮业	9932	23516	65270	82753	2588552	0.0409	0.0194
金融、保险业	237	389	1438	3352	66744	0.0138	0.0005
房地产业	103	185	686	1110	27592	0.0136	0.0002
社会服务业	3547	8396	25199	32503	978216	0.0489	0.0073
卫生、体育和社会福利事业	938	1770	4875	7142	207632	0.0209	0.0016
教育、文化艺术及广播电影电视业	1759	2763	6112	8710	290072	0.0114	0.0022
科学研究和综合技术服务业	126	184	414	514	19184	0.0083	0.0001
国家机关、政党机关和社会团体	1535	2922	7977	11123	335864	0.0151	0.0025
其他行业	456	989	2215	2546	94136	0.0384	0.0007
合计	623469	1416433	3251147	3422900	133346952	—	1

数据来源：国家统计局人口和就业统计司：《中国人口和就业统计年鉴（2005）》，中国统计出版社2005年版。

说明：本表计算方法与表4.2相同。

就城镇就业人员而言（如表4.6所示），就业不充分人员占总就业人员的比例为15.6%。其中，周工作时间小于等于39小时的人员比例最高的是农、林、牧、渔业，居民服务业和其他服务业等，最低的是房地产业，卫生、社会保障和社会福利业，信息传输、计算机服务和软件业等。

表4.6　2007年中国按行业统计的城镇就业人员工作时间构成（%）

行业大类	合计	1—8小时	9—19小时	20—39小时	40小时	41—48小时	48小时以上	≤39小时合计
合计	100	0.6	2.2	12.8	33.0	17.1	34.4	15.6
农林牧渔业	100	1.9	7.1	32.8	18.7	16.5	22.9	41.8
采矿业	100	0.1	0.5	5.3	44.6	17.9	31.5	5.9
制造业	100	0.1	0.3	4.6	29.7	22.7	42.6	5
电力、燃气及水的生产和供应业	100	0.1	0.3	4.8	68.2	11.3	15.3	5.2
建筑业	100	0.2	0.4	5.5	28.2	16.0	49.7	6.1
交通运输、仓储和邮政业	100	0.2	0.5	6.2	34.4	15.7	43.1	6.9
信息传输、计算机服务和软件	100		0.3	3.6	58.2	15.9	22.0	3.9
批发和零售业	100	0.3	0.6	7.1	23.8	16.8	51.5	8
住宿和餐饮业	100	0.2	0.4	6.5	21.5	17.1	54.3	7.1
金融业	100	0.1	0.1	4.3	71.4	12.4	11.6	4.5
房地产业	100		0.1	3.3	52.7	18.6	25.3	3.4
租赁和商务服务业	100	0.2	0.7	4.2	53.7	17.5	23.8	5.1
科学研究、技术服务和地质勘察业	100		0.6	3.8	74.3	9.4	11.9	4.4
水利、环境和公共设施管理业	100	0.1	0.2	5.5	58.9	13.7	21.7	5.8
居民服务和其他服务业	100	0.8	1.1	9.5	23.0	14.2	51.4	11.4
教育	100	0.3	0.5	5.0	73.7	11.2	9.4	5.8
卫生、社会保障和社会福利业	100		0.2	3.4	60.4	17.1	18.8	3.7
文化体育和娱乐业	100	0.1	1.0	7.5	52.6	12.9	25.9	8.6
公共管理和社会组织	100	0.1	0.1	5.4	75.6	10.0	8.7	5.6
国际组织	100				100.0			0.0

数据来源：国家统计局人口和就业统计司：《中国人口与就业统计年鉴（2008）》，中国统计出版社2008年版。

综上所述，属于第一、第二产业和第三产业中的传统服务业等人力资本水平低的行业，人力资本闲置的比率较高；而在人力资本水平高的属于现代第三产业的行业以及科研教育等行业，人力资本闲置的比率相对较低。本研究以第二和第三产业为主要研究对象，不对第一产业着墨太多。

三、按受教育程度统计的闲置工时

单就城镇就业人员而言，周工作时间小于等于39小时的就业人员占就业人口的15.6%（见表4.7）。其中，不同受教育程度类别内部，就业不充分（周就业时间小于等于39小时）比例最高的是未上过学类，随着受教育程度不断提高，就业不充分的比例不断下降，其中研究生及以上类别的就业不充分比例最低，为3.9%。另外，在不同的周就业时间段上，就业不充分的比例也是未上过学类最高，该比例随着受教育程度的不断提高而逐渐下降，并在研究生类分别达到最低。可见，劳动者受教育程度越低，人力资本闲置的可能性和闲置量越大。

表4.7 2007年中国按受教育程度统计的城镇就业人员工作时间构成（％）

受教育程度	合计	1—8小时	9—19小时	20—39小时	40小时	41—48小时	48小时以上	≤39小时合计
合计	100	0.6	2.2	12.8	33.0	17.1	34.4	15.6
未上过学	100	2.1	10.2	33.9	16.0	14.2	23.5	46.3
小学	100	1.1	4.9	24.2	17.3	16.4	36.1	30.2
初中	100	0.7	2.1	13.8	22.1	18.2	43.1	16.6
高中	100	0.3	0.7	6.1	41.8	18.5	32.6	7.1
大学专科	100	0.1	0.2	3.9	68.6	14.2	13.0	4.2
大学本科	100	0.5	0.3	3.5	76.3	10.9	8.5	4.3
研究生及以上	100	0.7	0.3	2.9	80.5	6.9	8.7	3.9

数据来源：国家统计局人口和就业统计司：《中国人口与就业统计年鉴（2008）》，中国统计出版社2008年版。

四、按年龄统计的闲置工时

如表4.8所示，年龄在49岁以上工作时间小于等于39小时的比例不断增加；工作时间等于40小时的人群在各年龄段的比例都是非常高的；工作时间在41—48小时的人群中，44以下人群的比例最高，16—19岁刚入市场的青年劳动者工作时间在48小时以上的比例最高。在工作时间大于等于40小时的范围内，年龄越小就业比例相对越高。由此推知，人力资本承载者的年龄越大，人力资本闲置程度也相对较高。

表4.8　2007年中国按年龄统计的城镇就业人员工作时间构成（％）

年龄	合计	1—8小时	9—19小时	20—39小时	40小时	41—48小时	48小时以上	≤39小时合计
总计	100	0.6	2.2	12.8	33.0	17.1	34.4	15.6
16—19	100	0.6	2.3	14.0	17.1	19.9	46.0	16.9
20—24	100	0.8	1.7	10.2	27.7	21.7	37.9	12.7
25—29	100	0.4	1.4	9.0	35.3	19.1	34.8	10.7
30—34	100	0.5	1.3	9.2	35.5	17.0	36.5	10.9
35—39	100	0.4	1.4	10.0	34.9	16.9	36.3	11.8
40—44	100	0.5	1.5	11.3	35.3	16.4	34.9	13.4
45—49	100	0.7	1.8	12.3	36.5	16.1	32.6	14.8
50—54	100	0.7	2.8	16.4	33.9	15.2	31.0	20.0
55—59	100	1.3	4.5	22.3	29.1	14.6	28.1	28.1
60—64	100	1.3	8.0	33.2	20.3	13.6	23.5	42.5
65+	100	2.5	13.5	41.4	16.0	9.8	16.8	57.4

数据来源：国家统计局人口和就业统计司：《中国人口与就业统计年鉴（2008）》，中国统计出版社2008年版。

五、按单位或经营活动类型统计的闲置工时

如表4.9所示，从总量上看，2005年正在工作人口中就业不充分的比例为19.4%。按单位或经营活动类型划分的就业不充分的比例由低到高的顺序为：国有及国有控股企业（3.7%）、私营企业（4.0%）、集体企业（4.4%）、机关团体事业单位（5.4%）、个体工商户（8.4%）、土地承包者（29.1%）。其中，土地承包者的高就业不充分比例与中国农业从业人员隐性失业的现实吻合。而国有及国有控股企业较低的就业不充分比例，表明国有企业经过下岗分流和成功建立现代企业制度后，冗员、人浮于事的局面得以缓解；同时国有及国有控股企业的就业稳定性和高福利水平对人力资本水平高的承载者有着较强的吸引力，因此国有及国有控股企业的低就业不充分比例既源自于

现代企业制度的改革成效，也归因于该类企业就业人员较高的人力资本存量水平。总之，在国有及国有控股企业就业时人力资本存量贬损的风险相对较小。

表4.9 2005年中国按单位或经营活动类型和调查前一周工作时间分的正在工作人口（人）

单位或工作类型	正在工作人口	一周内工作时间								就业不充分的比例（%）
		1—8小时	9—19小时	20—39小时	40小时	41—47小时	48小时	48小时以上	≤39小时合计	
总计	9,077,711	40,471	197,271	1,525,791	2,390,367	452,458	541,254	3,930,099	1,763,533	19.4
土地承包者	5,099,225	34,175	174,306	1,275,904	1,049,709	331,376	202,092	2,031,662	1,484,385	29.1
机关团体事业单位	552,999	655	1,124	28,076	400,637	13,455	29,235	79,816	29,855	5.4
国有及国有控股企业	530,314	511	921	18,157	331,115	13,107	49,498	117,006	19,589	3.7
集体企业	183,426	261	602	7,141	71,031	4,761	21,076	78,554	8,004	4.4
个体工商户	1,146,399	1,877	7,960	86,527	184,696	38,085	60,898	766,357	96,364	8.4
私营企业	902,004	963	2,753	32,138	195,744	25,223	116,523	528,660	35,854	4.0
其他类型单位	218,173	191	620	7,034	71,768	6,926	37,379	94,255	7,845	3.6
其他	445,172	1,838	8,985	70,814	85,667	19,525	24,554	233,789	81,637	18.3

数据来源：国务院全国1%人口抽样调查领导办公室、国家统计局人口和就业统计司：《2005年全国1%人口抽样调查资料》，中国统计出版社2007年版。

六、结论

通过上述从职业、行业、受教育程度、年龄、单位或经营活动类型五个视角对在业人员人力资本闲置的分析可知，人力资本闲置问题的关键是人力资本水平。其一，职业、行业或就业单位所内化的人力资本水平越低，该职业、行业内人力资本闲置的比例越高，人力资本存量贬损的可能性越大；反之，亦反然。其二，受教育程度低的承载者人力资本闲置的比例较高，人力资本闲置的可能性较大。其三，年龄是影响就业人口人力资本闲置的因素，年龄大的承载者的人力资本闲置程度较深。

上述关于人力资本闲置的判断主要基于如下考虑：其一，职业和行业的人力资本水平要求低，市场结构接近于完全竞争，人力资本承载者进出该职业和行业相对自由，雇佣关系变动的成本相对较低，雇佣关系因而变动比较频繁。其二，稀缺性小的人力资本价格向下的需求弹性也小，即使低端人力资本价格下降，也不会引起市场对该种人力资本需求的大量增加，因此，既有闲置资本继续闲置的概率仍然很大。受教育程度越低，人力资本的稀缺性越小，人力资本向下的需求价格弹性越小。其三，在目前中国劳动力人力资本水平较低、劳动力供给特别是低端劳动力供给大于需求的条件下，低端人力资本承载者选择进入人力资本水平低的职业，并集聚在相关职业中，雇主面临的劳动力选择机会相当充分，在利润最大化的驱动下，不稳定就业、灵活就业、非正规就业形式层出不穷，导致人力资本水平要求低的职业人力资本闲置量大。其四，健康资本是人力资本的互补资本，随着年龄的增长，人力资本承载者健康存量不断贬损，源自健康状况的人力资本存量贬损风险日益增加，人力资本逐渐闲置，故年龄较大的人力资本闲置程度较深。就中国而言，年龄较大的承载者的人力资本闲置可能与其早年的受教育程度较低有关。

第三节 用失业数据测算

基于数据获取的局限性，本部分以失业构成数据作为测算非就业状态下的人力资本存量贬损指标，分别从职业、行业、失业原因和失业者年龄四个视角对不同受教育程度劳动者的失业构成进行分析。

一、按职业统计的失业构成

如表4.10所示，在诸多职业中，失业构成比例最高的前两类职业分别是商务服务人员和生产运输设备操作人员及有关人员，最低的是单位负责人。其一，商业服务人员的失业构成比例最高，因为该职业的人力资本含量较低，从业者很容易被其他人力资本承载者所替代。其二，生产运输设备操作人员及有关人员的失业构成比例居第二位，因为生产中资本与劳动者有固定的比例，失业一般以显性形式体现，故其失业构成比例高于存在隐蔽性失业的农林牧渔水利业生产人员。另外，技术进步引起的人力资本的供需不匹配会直接导致从事该职业的人力资本承载者被其他人力资本承载者替代。其三，农林牧渔水利业生产人员4.10%的低失业构成比例主要是因为没有考虑到就业人口的人力资本闲置，从而未将隐蔽性失业显性化所致。

表4.10 2007年中国按受教育程度统计的城镇失业人员职业构成（%）

受教育程度	合计	单位负责人	专业技术人员	办事人员和有关人员	商业服务人员	农林牧渔水利业生产人员	生产运输设备操作人员及有关人员	其他
合计	100	1.2	8.7	6.9	37.7	4.9	31.5	9.2
不识字或识字很少	100			20.8	29.2	12.5	29.2	8.3
小学	100	1.7	3.9	3.9	33.1	11.5	33.6	12.3
初中	100	0.8	5.6	4.5	38.9	5.5	34.9	9.8
高中	100	1.3	8.6	8.5	38.9	3.6	30.5	8.6
大专	100	2.4	22.5	13.2	33.6	1.2	20.6	6.6
大学本科	100	6.5	40.7	18.5	25.0	2.8	3.7	2.8
研究生	100		55.6	22.2			22.2	

数据来源：国家统计局人口和就业统计司、劳动和社会保障部规划财务司：《中国劳动统计年鉴（2008）》，中国统计出版社2009年版。

二、按行业统计的失业构成

如表4.11所示，无论人力资本承载者受教育程度如何，制造业在各个行业中几乎都是失业构成比例最高的。可以推断，技术进步引发的传统行业衰落直接导致人力资本存量贬损。批发零售业、住宿餐饮业等传统服务业的失业构成比例也相对较高。在各个行业内部，受教育程度低的劳动者在农林牧渔业、采矿业、制造业、居民服务和其他服务业表现出很高的失业构成比例。

三、按失业原因统计的失业构成

中国劳动统计年鉴对2004年和2007年分别做的按接受教育程度统计的城镇失业人员失业原因统计时，使用了不同的失业原因类别。

表4.12显示了中国在2004年基于失业原因的失业规律。其一，在导致失业的诸多原因中，下岗或内退导致的失业比例最高，其中受教育程度为高中和高中以下的劳动者的失业构成比例，略高于受教育程度为大专和大专以上的。其二，毕业后未参加工作的居于其次，而后是原单位破产、辞职和合同期满。其三，被辞退和承包土地被征用导致的失业构成比例比较小，遵循的规律是：低端人力资本承载者的失业构成比例高于高端人力资本承载者。其四，从不同受教育程度看，大专、大学本科、研究生毕业后未工作和辞职导致的失业构成比例在各自类别内的比例分别为45.6%（37.1%+8.5%）、66%（52%+14%）、71.5%（42.9+28.6%）。可见，高端人力资本承载者在就业中的自主权较大、面对的机会较多，因实现人力资本价值的工作搜寻导致的人力资本存量暂时闲置的可能性大于低端人力资本承载者。

表4.11　2007年中国按受教育程度统计的城镇失业人员行业构成（%）

受教育程度	合计	农林牧渔业	采矿业	制造业	电力、燃气及水的生产和供应业	建筑业	交通运输、仓储和邮政业	信息传输、计算机服务和软件业	批发和零售业	住宿和餐饮业	金融业	房地产	租赁和商务服务业	科学研究、技术服务和地质勘察业	水利、环境和公共设施管理业	居民服务和其他服务业	教育	卫生、社会保障和社会福利业	文化、体育和娱乐业	公共管理和社会组织	国际组织
合计	100	5.8	1.8	35.8	0.7	5.3	5.8	1.5	21.1	7.4	1.0	1.2	1.6	0.4	0.5	5.4	1.1	0.7	1.0	2.0	
不识字或识字很少	100	16.0	8.0	8.0		12.0			20.0	4.0					16.0	8.0				8.0	
小学	100	10.9	1.4	33.9	0.6	7.6	7.6	0.3	18.2	6.7		2.2	0.8		0.8	6.4		0.6	0.8	1.1	
初中	100	6.3	1.9	36.4	0.7	6.3	6.2	1.1	20.8	8.3	0.4	0.9	1.1	0.4	0.3	6.3	0.7	0.4	0.7	0.9	
高中	100	4.7	1.7	37.9	0.7	3.9	5.7	1.4	21.9	6.9	1.3	1.0	1.7	0.3	0.5	5.2	1.0	0.8	0.9	2.5	
大专	100	3.8	2.8	31.0	0.7	4.0	3.3	3.1	22.7	5.4	4.0	3.1	3.3	0.9	0.9	0.7	2.8	1.7	2.1	4.5	
大学本科	100	2.8		17.6		2.8	4.6	9.3	19.4	5.6	3.7	0.9	7.4	0.9	0.9	3.7	6.5	1.9	4.6	8.3	
研究生	100			37.5					12.5								25.0			25.0	

数据来源：国家统计局人口和就业统计司、劳动和社会保障部规划财务司：《中国劳动统计年鉴（2008）》，中国统计出版社2008年版。

表4.12　2004年中国按受教育程度统计的城镇失业人员失业原因构成（％）

年龄	合计	毕业后未工作	原单位破产	下岗或内退	辞职	被辞退	合同期满	承包土地被征用	其他
总　计	100	19.5	14.3	36.0	6.4	2.3	5.8	3.8	11.9
不识字或识字很少	100	7.3	12.2	34.1		7.3		7.3	31.7
小学	100	7.6	12.2	35.1	4.0	3.4	2.6	15.4	19.7
初中	100	16.8	15.4	36.0	6.0	2.3	5.7	4.5	13.3
高中	100	20.8	13.9	39.1	6.8	2.4	6.2	1.4	9.4
大专	100	37.1	12.0	26.7	8.5	1.1	7.4	0.1	7.1
大学本科	100	52.0	8.2	14.6	14.0		6.4		4.7
研究生	100	42.9		28.6	28.6				

数据来源：国家统计局人口和就业统计司、劳动和社会保障部规划财务司：《中国劳动统计年鉴（2005）》，中国统计出版社2005年版，第119页。

　　表4.13显示了中国在2007年基于失业原因的失业规律。其一，在导致失业的诸多原因中，因单位原因而失去工作的失业人员比例最高，且学历越低，该比例越高。故防范人力资本存量贬损的意义非同一般。其二，毕业后未工作类别的失业人员比例居于第二，基本呈现出"学历越高、失业比例也越高"的规律。其三，因个人原因失去工作的失业比例居第三位。可见，主动选择失业的现象亟待引起社会各个层面足够的重视。

表4.13　2007年中国按受教育程度统计的城镇失业人员失业原因构成（％）

年龄	合计	离退休	料理家务	毕业后未工作	因单位原因失去工作	因个人原因失去工作	承包土地被征用	其他
总计	100	1.5	13.8	21.6	30.8	18.9	1.5	11.9
未上过学	100		28.6	5.7	31.4	14.3	5.7	14.3
小学	100	2.4	27.0	4.1	24.4	21.4	4.1	16.8
初中	100	1.9	17.5	14.1	30.3	21.2	2.1	13.0
高中	100	1.2	10.5	22.9	35.8	17.2	0.9	11.6
大学专科	100	0.9	6.3	43.6	26.5	14.3	0.5	7.9
大学本科	100	1.6	1.0	60.4	14.3	18.2		4.5
研究生	100			31.3	31.3	18.8		18.8

数据来源：国家统计局人口和就业统计司、劳动和社会保障部规划财务司：《中国劳动统计年鉴（2008）》，中国统计出版社2009年版。

四、按年龄统计的失业构成

表4.14显示的失业构成比例变动特征如下：其一，从年龄的角度看，失业构成比例最高的是20—24岁之间的人力资本承载者，其次是25—29岁、35—39岁。年龄在20—24岁之间表现出的高失业构成比例源自该年龄段劳动者进行人力资本再配置的成本相对较低，其承载者流动的频率较高，工作搜寻时间拉长、搜寻频率增大，导致失业构成比例较高。其二，从受教育程度看，在受教育程度为研究生的人力资本承载者中，失业构成比例高的常见年龄段为25—29岁和40—44岁；受教育程度为大专和大学本科的人力资本承载者中，失业构成比例高的常见年龄段为20—29岁；受教育程度低的人力资本承载者中，失业构成比例高的常见年龄段为30—49岁。表4.14的数据表明，在失业大军中，较大一部分是低端人力资本承载者。

表4.14　2007年中国按受教育程度统计的城镇失业人员年龄构成（%）

年龄	合计	未上过学	小学	初中	高中	大专	大学本科	研究生
合计	100	100	100	100	100	100	100	100
16—19	7.5	2.9	4.3	9.8	8.0	1.3	0.6	
20—24	18.9	2.9	6.0	12.4	20.4	37.5	49.8	6.7
25—29	16.2		7.9	14.2	16.2	24.7	27.2	40.0
30—34	11.7	8.8	11.2	11.8	12.3	10.8	7.8	13.3
35—39	14.2	20.6	13.9	16.6	13.3	11.0	3.6	13.3
40—44	13.4	5.9	17.2	15.5	12.9	7.0	6.1	20.0
45—49	8.9	11.8	9.9	9.2	10.7	4.6	1.0	
50—54	5.9	11.8	16.5	6.7	4.8	2.0	0.6	6.7
55—59	2.7	17.6	9.2	3.5	1.1	1.1	1.9	
60—64	0.4		1.9	0.3	0.2		0.3	
65+	0.3	17.6	1.9	0.1	0.0	0.1	1.0	

数据来源：国家统计局人口和就业统计司、劳动和社会保障部规划财务司：《中国劳动统计年鉴（2008）》，中国统计出版社2009年版。

表4.15和4.16分别显示了中国2004年和2007年基于失业原因的失业特征。表4.15显示了基于毕业后未工作、原单位破产、下岗或内退、辞职、被

辞退、合同期满、承包被征用土地等失业原因划分方法的失业构成特征。其一，16—19岁、20—24岁、25—29岁的年轻人毕业后未工作的比例在各自年龄段内都是最高的。该年龄段的劳动者人力资本投资需求强烈，因而选择后续人力资本投资的比较多；在劳动力供给大于需求的市场条件下，就业难度加大，就业选择时间拉长。其二，30—65岁以上的人力资本承载者下岗或内退的比例在各自年龄段内是最高的。其三，20—34岁的人力资本承载者辞职的比率高于35岁以上人力资本承载者。因为，年轻人通过流动进行人力资本再配置的机会成本相对较低。

表4.15　2004年中国按年龄统计的城镇失业人员失业原因构成（%）

年龄	合计	毕业后未工作	原单位破产	下岗或内退	辞职	被辞退	合同期满	承包被征用土地	其他
合计	100	19.5	14.3	36.0	6.4	2.3	5.8	3.8	11.9
16—19	100	87.7	1.0	1.3	1.6	0.6	1.0	0.9	5.9
20—24	100	66.8	3.1	3.5	7.8	2.0	4.7	1.8	10.3
25—29	100	22.4	15.4	21.7	9.7	3.3	8.4	3.6	15.5
30—34	100	5.6	15.9	36.3	8.8	2.7	8.0	5.3	17.4
35—39	100	1.4	19.8	45.6	6.1	2.0	6.5	6.1	12.5
40—44	100	0.5	17.5	52.2	5.6	2.8	6.0	4.4	11.0
45—49	100		17.0	62.4	3.4	1.9	4.2	2.9	8.2
50—54	100	0.2	21.9	61.0	2.8	1.7	2.8	2.8	6.8
55—59	100		13.2	64.6	5.7	1.9	3.3	1.9	9.4
60—64	100		33.3	26.7		20.0			20.0
65+	100			50.0					50.0

数据来源：国家统计局人口和就业统计司、劳动和社会保障部规划财务司：《中国劳动统计年鉴（2005）》，中国统计出版社2005年版。

表4.16显示了基于离退休、料理家务、毕业后未工作、因单位原因失去工作、因个人原因失去工作、承包被征用土地等失业原因划分方法的失业构成特征。其一，16—19岁、20—24岁的年轻人毕业后未工作的比例在各自年龄段内都是最高的。其二，35—39岁的人力资本承载者因单位原因失去工作的比例在各自年龄段内都是最高的，表明随年龄增长的防范型人力资本投资具有重要意义。其三，在因个人原因失去工作的类别中，25—39岁的失业比例最高，显示了基于该年龄段较低人力资本配置成本的较高失业比例。其四，因料理家务而造成的失业多集中于25—39岁的人力资本承载者，这与养

育孩子期间家庭生产效用大于市场生产效用的规律吻合。

显然，各个年龄段都存在着人力资本存量贬损的风险，只不过人力资本存量贬损的风险可能由不同原因引致。

表4.16　2007年中国按年龄统计的城镇失业人员失业原因构成（%）

年龄	合计	离退休	料理家务	毕业后未工作	因单位原因失去工作	因个人原因失去工作	承包被征用土地	其他
合计	100	1.5	13.8	21.6	30.8	18.9	1.5	11.9
16—19	100		1.4	76.7	1.4	12.8	0.5	7.3
20—24	100		8.2	58.8	4.3	17.7	0.5	10.4
25—29	100		19.0	23.6	11.4	28.1	1.0	16.8
30—34	100		24.8	3.9	29.9	24.4	3.0	14.1
35—39	100		17.6	2.0	46.0	18.8	2.3	13.2
40—44	100	0.1	13.9	0.8	56.4	17.1	2.0	9.7
45—49	100	2.3	10.2	0.1	64.2	12.0	1.7	9.6
50—54	100	11.7	8.0	0.2	55.1	13.0	0.9	11.1
55—59	100	16.0	9.4	0.5	51.6	12.7	0.9	8.9
60—64	100	46.4	14.3	3.6	14.3	7.1	3.6	10.7
65+	100	13.0	26.1	4.3	13.0	13.0	8.7	21.7

数据来源：国家统计局人口和就业统计司、劳动和社会保障部规划财务司：《中国劳动统计年鉴（2008）》，中国统计出版社2009年版。

如表4.17所示，在不在业人口总量中，料理家务的占26%[1]，该比例是不在业人口构成项目（构成不在业人口的类别有：在校学生、料理家务、离退休、丧失劳动能力、正在寻找工作、其他，除了料理家务一项，其他未在表4.17中展示。）中占不在业人口比例最高的，表明家庭生产是个体人力资本存量贬损的一个可能的因素。表4.17的数据还分别显示了男性和女性因料理家务而成为不在业人口的规律。其一，除了16—24岁年龄段（该年龄段是接受正规教育进行人力资本投资的时段），各年龄段的劳动适龄人口中女性不在业人口规模均大于男性，可见女性比男性更易发生人力资本存量贬损；另外，男女两性料理家务者占男女两性不在业人口的比例分别为6%和36%，且在各个年龄段女性不在业人口中从事料理家务的比例均远高于男性，进一步说明女性基于家庭生产而引致的市场人力资本存量贬损风险高于男性。其二，女

---

[1]　根据公式（料理家务合计/不在业人口合计）*100%计算可得。

性在25—44岁年龄段内基于料理家务的不在业人口比例居于59—63%的高位，而此间恰是因生育、养育孩子而家庭生产效用高于市场生产效用的时段。其三，女性在45—54岁年龄段内基于料理家务的不在业人口比例也居于51—54%的高位，反映出女性基于生理健康的人力资本存量贬损风险高于男性，且此间中国女性照顾自己的第三代和上一代老人的家庭生产效用高，办理提前退休的比例高于男性，这表明女性人力资本投资收益的回收期比男性短，故女性的人力资本存量贬损风险高于男性。其四，对男性而言，60—69岁年龄段男性料理家务者占男性不在业人口的比例居于10—11%的两位数高位外，其他年龄段该比例均小于等于8%，这表明家庭生产对男性人力资本闲置的影响较小，即男性源自家庭生产的人力资本存量贬损风险远远小于女性。

表4.17　2005年中国按年龄性别统计的不在业人口（人）及相关比例（%）

年龄	不在业人口			料理家务			料理家务者占不在业人口的比例		
	合计	男	女	合计	男	女	合计	男	女
合计	4,031,202	1,534,985	2,496,218	1,052,963	87,314	965,649	26	6	39
16—19	691,289	363,897	327,390	10,219	1,457	8,762	1	0	3
20—24	254,949	101,509	153,439	49,778	947	48,832	20	1	32
25—29	161,156	35,732	125,426	75,154	786	74,369	47	2	59
30—34	179,584	38,673	140,911	90,600	1,143	89,457	50	3	63
35—39	183,219	42,888	140,331	89,719	1,408	88,311	49	3	63
40—44	178,357	46,507	131,849	80,093	1,785	78,308	45	4	59
45—49	191,546	47,087	144,462	80,533	2,350	78,184	42	5	54
50—54	297,669	77,970	219,699	117,563	5,586	111,977	39	7	51
55—59	316,594	105,138	211,458	118,051	8,801	109,250	37	8	52
60—64	340,108	139,593	200,515	109,301	14,064	95,237	32	10	47
65—69	377,090	163,274	213,819	101,066	18,208	82,858	27	11	39
70+	859,638	372,714	486,924	130,886	30,781	100,105	15	8	21

数据来源：国务院全国1%人口抽样调查领导办公室、国家统计局人口和就业统计司：《2005年全国1%人口抽样调查资料》，中国统计出版社2007年版。

五、结论

通过从职业、行业、失业原因和年龄等不同角度考察不同受教育程度的人力资本承载者的失业比例，可以推知如下规律。其一，职业、行业所内化的人力资本水平越低，该职业、行业内人力资本闲置的比例越高，人力资本存量贬损的风险越大；反之，亦反然。其二，在中国体制转轨的背景下，企业改革尤其是国企改革造就了基于体制变革的人力资本闲置。其三，毕业后不工作在大专以上学历中表现得异常突出。其四，女性基于生育、养育孩子的家庭生产而引致的市场人力资本存量贬损风险高于男性。其五，人力资本存量贬损可能发生在各个年龄段的人力资本承载者身上。

上述关于人力资本承载者失业相关规律的判断主要是基于如下原因：

1.低端人力资本容易被替代，因此失业构成比例高。

2.技术进步和体制转轨导致了大批失业人员。技术进步对制造业等资本、技术密集型的行业影响最大，故其引发的人力资本闲置程度也最深。体制转轨旨在将企业引入市场化运作的轨道，必然将影响生产率提高的隐蔽性失业人员剥离出来。在目前中国后续教育供给严重不足的背景下，人力资本闲置是必然的。

3.处于经济生命周期前期的人力资本承载者进行职业转换的机会成本小，因此职业转换频率高，首次进入市场的择业徘徊期长，加剧了人力资本闲置。另外，该时期也是人力资本承载者人力资本投资效率比较高的时段，这也促成了人力资本闲置。

4.受教育程度高的年青人失业构成比例高，主要是因为：其一，扩招后城市人力资本市场上供给大于需求的市场状态延长了在该市场上工作搜寻的时间，摩擦性失业因之增加；其二，通过行业、职业转换和迁移进行人力资本再配置也加剧了摩擦性失业的增长；其三，毕业后未找工作是造成失业的原因之一，人力资本水平越高的年轻人力资本承载者，因毕业后未找工作而失业的比例越高（如表4.12、4.13、4.14、4.15、4.16所示），这种失业属于自愿性失业。

在从计划经济体制向市场经济体制转轨的过程中，中国的大学生自愿性

失业逐渐演变为一种不容忽视的社会现象（温海燕，陈平水；2006）[1]，来自中国教育统计年鉴的数据表明，1993—2003年间，全国普通高校毕业生初次就业率分别为90.8%、94.98%、70.14%、74%、76.06%、69.6%、64.7%、64%[2]；2004年，本科院校初次就业率为61.3%，高职院校就业率不到40%；2005年，本科院校初次就业率为70%，大专生为40%；2009年高校毕业生初次就业率的目标值是70%[3]。全国教育科学"十五"规划重点课题资助项目中所做的"2002年大学毕业生就业意向与就业行为"的问卷调查结果显示，2002年大学生自愿性失业占失业总人数比例大约为20%。吴克明、赖德胜（2004）[4]的研究表明，大学生的自愿性失业是在当前中国劳动力市场分割条件下的理性选择，这个判断是基于两种劳动力市场分割。其一，劳动力市场地域上的分割。从地域上看，中国可以分为大中城市劳动力市场和小城镇及广大的农村劳动力市场，地域之间经济及文化发展不平衡，二元社会的特点十分明显，理性的大学生选择滞留在大中城市劳动力市场就业。其二，劳动力市场在职业等级上的分割。目前中国存在高等教育水平劳动力市场和中初等教育水平劳动力市场。高等教育水平劳动力市场上的工作岗位对求职者有较强专用性人力资本要求，一旦大学生选择到中初等教育水平劳动力市场就业，其专用性的人力资本会因长时期处于闲置状态面临存量贬损风险，等到未来市场需求旺盛时，恐怕很难进入高等教育水平劳动力市场。因为预期到进入中等教育水平劳动力市场可能带来的自身专用性人力资本的存量贬损，大学生毕业时宁愿选择在高等教育水平劳动力市场上处于失业状态。

---

[1] 温海燕、陈平水：《劳动力市场分割条件下大学毕业生自愿性失业问题初探》，《生产力研究》2006年第5期。

[2] 教育部发展规划司：《中国教育统计年鉴（1996—2003）》，人民教育出版社。

[3] 2008年12月29日，在第一次由人力资源和社会保障部、教育部、中华全国总工会、共青团中央、全国妇联、中国残联等六部门联合发起的就业服务系列活动启动仪式上，人力资源和社会保障部部长尹蔚民指出，"针对高校毕业生的就业服务主要是组织开展校企对接、民营企业招聘周、网络大招聘等活动，2009年高校毕业生就业服务系列活动的目标之一是，力争应届普通高校毕业生初次就业率达到70%左右"。

[4] 吴克明、赖德胜：《大学生自愿性失业的经济学分析》，《高等教育研究》2004年第2期。

第四节 用退出人力资本市场的数据测算

因生育暂时退出劳动力市场是人力资本的暂时闲置，因为，在社会经济生活的快节奏下，承载者因生育而暂时退出人力资本市场的时间逐渐缩短，人力资本存量贬损的风险比较小。因此，本研究对生育导致的人力资本存量贬损不做更多研究，相对而言，更为关注永久性退出人力资本市场带来的人力资本存量贬损。劳动适龄人口中的人力资本承载者永久性退出人力资本市场的主要致因有死亡、伤残失去劳动能力、服刑役、失意人口（不再重返劳动力市场的人力资本承载者）和自愿性失业人口等。

一、由死亡导致的人力资本报废量

来自中国人口和就业统计年鉴（2008）的数据显示（如表4.18所示），中国2006年11月11日到2007年10月31日人口死亡率为5.64‰，其中16—60岁的劳动年龄人口的死亡率为2.19‰，劳动年龄人口死亡人数占总死亡人口的比率为26.43%（如表4.18所示）。总人口死亡率、劳动年龄人口死亡率、劳动年龄人口死亡人数占总死亡人口的比率乡村几乎都是最高的，其次是镇，再次是城市。这恰与中国目前的健康状况、医疗条件、工作条件排序吻合（由好到差的顺序依次为乡村、镇和城市）。

表4.18 中国2006年11月11日到2007年10月31日劳动年龄人口数据

范围	总人口死亡率（‰）	劳动年龄人口死亡率(‰)	劳动年龄人口死亡人数占总死亡人口的比率(%)
全国	5.64	2.19	26.43
城市	3.72	1.10	21.34
镇	5.01	1.97	27.12
乡村	6.72	2.78	27.06

数据来源：国家统计局人口和就业统计司：《中国人口和就业统计年鉴（2008）》，中国统计出版社2008年版。

如表4.19所示，无论是城市居民还是农村居民，随着劳动者年龄的增长，总体死亡率、损伤及中毒等外部原因引致的死亡率都逐渐升高，这显然与劳动者的生理健康随着年龄增长不断恶化的规律相吻合。由外部原因引致的死亡人口占总死亡人口的比例随着年龄的增长而逐渐减小，由此推知，年轻人比年长者通过工作和其他机会接触到外部危险环境的概率要大。

表4.19　2007年中国居民年龄别疾病别死亡率(1/10万)

年龄		15—	20—	25—	30—	35—	40—	45—	50—	55—	60—64
城市居民	总计	27.15	35.43	40.86	58.98	103.05	177.14	233.62	368.31	553.78	821.05
	损伤及中毒等外部原因	13.25	17.41	18.76	24.15	30.99	37.45	30.90	38.68	38.70	41.88
	外部原因死亡所占比例（%）	0.49	0.49	0.46	0.41	0.30	0.21	0.13	0.11	0.07	0.05
农村居民	总计	38.51	47.68	46.21	73.19	144.72	264.26	226.65	546.66	845.75	1170.24
	损伤及中毒等外部原因	23.25	28.57	25.39	30.89	55.52	72.23	45.59	77.44	88.77	84.66
	外部原因死亡所占比例（%）	0.60	0.60	0.55	0.42	0.38	0.27	0.20	0.14	0.10	0.07

数据来源：中华人民共和国卫生部：《中国卫生统计年鉴（2008）》，中国协和医科大学出版社2008年版。

表4.20显示了中国2006—2008年的意外死亡数据，其中全年生产安全事故死亡人数和道路交通死亡人数数据用来估算全国全年劳动力人口意外死亡的绝对量；同时展示了亿元GDP生产安全事故死亡人数、工矿商贸企业就业人员生产安全事故10万人死亡人数、煤矿百万吨死亡人数和道路交通万车死亡人数。这些数据明确表征了意外死亡带来的人力资本报废状况。

表4.20　2005—2008年中国意外死亡人数统计数据

年份	生产安全事故死亡人数（人）	道路交通事故死亡人数（万人）	亿元GDP生产安全事故死亡人数（人）	工矿商贸企业就业人员生产安全事故10万人死亡人数（人）	煤矿百万吨死亡人数（人）	道路交通万车死亡人数（人）
2005	127000	9.90	0.70	3.85	2.81	7.60
2006	112822	8.90	0.56	3.33	2.04	6.20
2007	101480	8.20	0.413	3.05	1.485	5.10
2008	91172	7.30	0.312	2.82	1.182	4.30

数据来源：中华人民共和国国家统计局：《全国年度统计公报》（2005，2006，2007，2008）．http://www.stats.gov.cn/tjgb/

　　从城镇单位就业人口减少去向中可得就业人口死亡数据，从而获得就业人口中因死亡带来的人口报废量。在中国劳动统计年鉴中，城镇就业人口减少去向有离休、退休、退职，开除、除名、辞退，终止、解除合同，不在岗职工，死亡，调出，其他共七项。表4.21显示了2004—2008年中国城镇就业人口减少去向中的死亡人口情况，2004—2007年，城镇单位就业人员减少去向中死亡人数占减少人数的比例分别为11.6‰，9.0‰，8.0‰，7.4‰。

表4.21　2004—2007年中国城镇就业人口去向中的死亡人口统计数据

年份	城镇单位就业人员减少数合计（人）	城镇单位就业人员减少去向中的死亡人数（人）				就业人员死亡人数占就业人员减少人数的比例（‰）
		死亡人数小计（人）	国有单位	集体单位	其他单位	
2004	11269113	130530	91043	10833	28654	11.6
2005	13122112	118534	86010	8761	23763	9.0
2006	13638054	109690	76039	7956	25695	8.0
2007	14135641	104352	74818	6877	22657	7.4

数据来源：国家统计局人口和就业统计司、劳动和社会保障部规划财务司：《中国劳动统计年鉴》（2005，2006，2007，2008），中国统计出版社2006、2007、2008、2009年版。

二、由伤残导致的人力资本报废量

伤残导致的人力资本报废指人力资本承载者由于伤残失去劳动能力而退出人力资本市场。本研究用退职人员数据代表伤残失去劳动能力退出市场的数据，以测算由伤残导致的人力资本报废量。

根据中国国家文件规定，企业职工在不具备退休条件，由医院证明，并经劳动鉴定委员会确认，完全丧失劳动能力时，该工人应该退职。退职人员与退休人员不同，这是一个没有达到退休年龄同时完全丧失劳动能力从而不得不退出劳动力市场的群体。办理了退职手续的人员可以按规定领取退职生活费，而退休人员在退休后领取的是养老保险金。可见，劳动者退职时即由原来具有劳动能力、在劳动力市场上的就业状态，转变为完全丧失劳动能力、不得不退出劳动力市场的非就业状态，因为在没有达到法定退休年龄时失去劳动能力，所以其所拥有的人力资本实际上已经报废。故本研究用退职人员数据代表因伤残完全失去劳动能力而退出劳动力市场的数据，以此测算人力资本报废量。

表4.22列出了中国1994—2004年底全国总计和企业退职人员数据。全国和企业的退职人员分别占各自离休、退休、退职人员的2%—3%，即就业人口退出劳动力市场中有2%—3%是因为完全失去劳动能力不得不退出的，这2%—3%就是因伤残引致的人力资本存量贬损（报废）。可见，对人力资本的健康维护和企业安全生产环境构建是非常重要的，否则，人力资本将被暴露于存量贬损的风险中。

表4.22　1994—2004年中国退职人员年底人数统计（万人）

年份	全国			企业		
	离休、退休、退职人员	领取定期生活费的退职人员	退职人员比例	离休、退休、退职人员	领取定期生活费的退职人员	退职人员比例
1994	2929.0	96.0	0.03	2239.4	72.1	0.03
1995	3094.1	91.7	0.03	2366.1	70.2	0.03
1996	3211.6	83.8	0.03	2473.9	64.7	0.03
1997	3350.7	89.5	0.03	2589.3	70.3	0.03

1998	3593.6	85.3	0.02	2767.8	67.1	0.02
1999	3726.9	82.3	0.02	2867.6	66.1	0.02
2000	3875.8	85.1	0.02	2977.9	69.7	0.02
2001	4017.7	81.2	0.02	3072.4	67.2	0.02
2002	4222.8	79.5	0.02	3261.4	65.7	0.02
2003	4523.4	79.4	0.02	3486.4	66.8	0.02
2004	4675.1	77.4	0.02	3610.1	64.8	0.02

数据来源：国家统计局人口和就业统计司、劳动和社会保障部规划财务司：《中国劳动统计年鉴（2005）》，中国统计出版社2006年版；国家统计局国民经济综合统计司：《中国区域经济统计年鉴》（2003，2004，2005），中国财政经济出版社2004、2005、2006年版。

三、由服刑役导致的人力资本闲置与报废量

服刑役期间，人力资本存量贬损的风险源自两个途径。有期徒刑期间，人力资本暂时闲置，暴露于存量贬损风险中。无期徒刑期间，人力资本承载者彻底失去重返市场的机会，人力资本报废。当然，如果在服刑期间能够得到减刑，会缩短人力资本闲置的时间，如果是无期徒刑改有期徒刑，那么人力资本从报废转为闲置。总之，减刑能够减小人力资本存量贬损风险。鉴于服刑人员不属于劳动力范畴，本书不再详细测算其人力资本存量贬损程度。

四、结论

通过以上测算有如下发现：第一，农村的劳动年龄人口死亡率高于全国平均水平，可见，农村要更加注重加强对人力资本承载者的健康维护；第二，要注重企业安全生产环境的构建与维护；第三，要注意防范因犯罪服刑带来的人力资本闲置和报废风险。

第五节　中国人力资本存量贬损的总体情况

如前所述，估算一个经济体的人力资本存量贬损是一项复杂工程，涉及多个指标和多组数据，并且各个指标很难统一为一个相同的具体单位。同样，中国的人力资本存量贬损只能分门别类估算，很难得到一个具体的总量数据。本研究在估算人力资本存量贬损时选用了收入能力弱化、人力资本闲置和人力资本报废三个指标。

一、收入能力弱化

1994—2002年间，中国各行业的实际工资指数都呈增长态势，因此无法直接用收入指标度量人力资本承载者收入能力弱化。故选用劳动生产率增长率与实际工资增长率两个指标。劳动生产率增长会带动实际工资率同步增长，因此，如果实际工资增长率低于劳动生产率增长率，则判定人力资本存量贬损，人力资本的收入能力弱化；反之，亦反然。

中国人力资本存量贬损风险较大的行业有：技术、资本密集型的制造业，人力资本水平低的服务业等行业，承载者超时工作的低技能行业。为高技术部门服务的现代服务业的人力资本存量贬损风险较小。

二、人力资本闲置

目前中国人力资本闲置的情况是从就业状态和非就业状态分别度量的。
（1）就业状态的人力资本闲置。2000年，中国一周共有133，346，952个闲置工时（中国人口和就业统计年鉴，2005）[1]，2007年约有15.6%的城镇就业人员处于不充分就业状态，即一周的工作时间小于等于39小时。（2）非就业状态的人力资本闲置。其一，不同职业中，商业服务人员、生产设备操作人员及有关人员的失业构成比例最高。其二，不同行业中，制造业的失业构成

---

[1] 国家统计局人口和就业统计司：《中国人口和就业统计年鉴（2005）》，中国统计出版社2005年版。

比例最高。其三，导致失业的不同原因中，受教育程度低的承载者下岗或内退、因单位原因失去工作的比例较高。其四，在不同年龄的承载者中，20—44岁之间失业频率大，其中：20—29岁人群中高学历的承载者毕业后未工作的比例高；而30—44岁的承载者基于料理家务、单位原因、个人原因的失业比例较高。其五，女性基于生育、养育孩子的家庭生产而引致的市场人力资本存量贬损风险高于男性。

人力资本在不同职业、不同行业、不同受教育程度、不同年龄区间表现出的闲置向我们展示了如下规律：其一，人力资本闲置可能发生在所有承载者身上，因此，任何承载者都必须秉承防范与补偿人力资本存量贬损的思想。其二，通常来讲，低端人力资本的闲置风险大于高端人力资本。其三，技术进步不断将技术密集型的制造业推入技术更新的风口浪尖，由此导致该行业既有人力资本陈旧过时，不断将承载者暴露于存量贬损的风险中。其四，人力资本市场的逐渐开放、完善，为承载者的职业转换提供了更多机会，为人力资本获得最佳配置提供了适宜的市场环境。但也因此加剧了人力资本的暂时闲置。其五，处于经济生命周期前期的承载者，职业转换的机会成本小，因此职业转换频率高；首次进入市场的择业徘徊期长，加剧了人力资本闲置。

应对人力资本闲置的策略主要是防范策略，旨在提高人力资本水平，投资形式有基于知识和技能的人力资本投资、职业转换、地域迁移等。

三、人力资本报废

目前中国人力资本报废程度是用劳动年龄人口死亡率、因损伤及外部原因死亡退出劳动力市场、退职人员等指标估算的，因为期间可能有交叉重叠计算，故未测算出总量数据。分项计算结果为：其一，中国2006年11月11日到2007年10月31日劳动年龄人口死亡率为2.19‰，占总死亡人口的26.43%；其二，2007年因损伤及外部原因死亡的劳动年龄人口占总劳动年龄人口死亡人数比例界于0.06%至0.49%之间；其三，因伤残退出市场的退职人员占离休、退休、退职人员的2%。应对人力资本报废关键在先期的防范措施，可以通过个人的健康支出、企业和政府的福利支出、心理和道德教育防止承载者因生理、心理健康原因永久性退出人力资本市场。

四、分析与总结

（一）中国人力资本存量贬损的主要原因

通过上述测算发现，目前中国的人力资本存量贬损风险主要以闲置为主，表现为大学生就业难、下岗失业、隐蔽性失业、人力资本失业等。人力资本的充分使用是关乎个人、企业和政府三个主体的重要课题，亟需这些主体对提高人力资本使用效率给予更多关注。

就业状态的人力资本闲置意味着经济体中的既有人力资本资源未能得到最大化利用，这是有悖于个人的效用最大化、企业的利润最大化、社会收益最大化的理性原则的。其一，个人的劳动供给行为遵循效用最大化原则，就业状态下的人力资本暂时闲置可能与其非市场活动效用相对较大有关系。故对个人而言，就业状态的闲置未必都是对个人不利的因素。其二，企业的行为遵循利润最大化原则，承载者就业状态的人力资本闲置显然违背了企业以最小成本获得最大利益的原则。故对企业而言，就业状态的人力资本闲置是影响其利润实现的不利因素。其三，就业状态的人力资本闲置是整个社会既有人力资本资源的浪费，是社会进步的不利因素。政府的行为遵循社会收益最大化原则，故政府肩负着最大化利用既有人力资本资源、防范人力资本存量贬损的重担。

就业状态的人力资本闲置仅仅是一部分社会既有资源的浪费，非就业状态的人力资本闲置则是人力资源的直接浪费。失业对个人、企业和政府三个主体而言都是不利因素。其一，对个人而言，人力资本在失业期间丧失了为承载者获取收入的能力。既有人力资本的使用价值下降，市场价值减少。一旦暂时失业演变为长期状态，既有人力资本暴露于更大的存量贬损风险中。其二，对企业而言，承载者的失业意味着企业既有人力资本投资的直接损失。遣散人力资本存量贬损者往往需要企业支付一定的福利和保障费用。如果继续招募、雇佣新人并对之进行人力资本投资，则意味着企业需要进行更多的投入。故失业可能增加企业的劳动力成本支出。其三，对政府而言，失业问题是关乎经济进步和社会发展的头等大事。失业影响社会的稳定，不利于经济社会的稳健前行。失业意味着既有人力资本资源的浪费，政府的福利保障等转移支付也随之增加。

（二）各行业人力资本存量贬损的风险

中国的人力资本存量贬损集中于技术、资本密集型的制造业和人力资本水平低的行业。技术、资本密集型的制造业受技术进步的影响很大，容易产生结构性和技术性失业。在人力资本水平低的行业，人力资本向下兼容性差，在技术进步和产业结构调整中其承载者容易被替代。在建筑业、生产运输等行业，人力资本承载者普遍超时工作，虽然该行业的人力资本闲置率低，但由于其实际人力资本价格比较低，也可以判定该行业存在人力资本存量贬损现象。

本研究的第五、六、七章分别从理论上探讨个人、企业和政府三大主体应对人力资本存量贬损的策略选择，且以个人和企业的应对策略研究为主。第八章以高端人力资本承载者之一的大学毕业生为例，基于第五、六、七章的理论分析，探讨应对大学毕业生人力资本存量贬损的策略选择。

第五章　个人应对人力资本存量贬损的投资策略

　　个人、家庭、企业、政府、培训机构以及其他组织或社会团体都可以作为人力资本投资的主体，其中，个人和家庭是人力资本的首要主体，因为任何人力资本的形成都要以人为载体，在所有人力资本投资活动中，人是不可或缺的主体。大学及大学以下的正规教育一般带有明显的家庭决策特征，大学以上的正规教育、正规教育以外的人力资本投资活动则带有鲜明的个人决策特征。本章阐述的是个人应对人力资本存量贬损的策略选择，包括防范型和补偿型策略。这两种策略都旨在通过投资使人力资本保值，乃至最终促进增值。本章第一节阐述个人人力资本投资的形式、特点、风险、决策模型。第二节探讨个人应对人力资本存量贬损应有的投资策略选择，重点研究投资决策遵循的原则、决策的前提条件、决策模型、影响决策的因素和投资形式。第三节分析防范型与补偿型人力资本投资策略在不同条件下的具体运用。

第一节　个人人力资本投资

　　人力资本是靠后天的人力资本投资获得的。人力资本思想的主要代表人物之一贝克尔（1964）认为，人力资本投资是通过增加人力资源、影响未来货币收入和精神收入的活动。李建民（1999）将人力资本投资的定义归纳为通过对人的投资增加人的生产与收入能力的一切活动。人力资本投资既具有

与物质资本投资一致的特征，也具有自身的独特性。就相似性而言：（1）人力资本投资和物质资本投资都会发生机会成本，需要放弃一定的近期利益；（2）人力资本投资也可以增强投资对象的生产能力。就相异性而言：人力资本投资收益不仅包括货币收益，也包括心理（精神）收益等其他非货币收益。

人力资本的投资对象是人，人力资本投资的收益也由被投资对象直接享受，因此，个人是最直接做出人力资本投资决策的主体，本节主要阐述个人人力资本投资的形式、特点、风险、影响决策的因素、决策模型等问题。

一、个人人力资本投资的形式

人力资本的内容相当丰富，相应地，人力资本投资的形式也是多样的。对个人而言，可供选择的人力资本投资形式有：（1）正规教育，指包括小学、初级、中级以及高等教育在内的正规学校教育；（2）职业与技术培训，指结束正规学校教育之后、走上工作岗位之前，对岗位所要求的职业技能与技术的学习；（3）在职培训，指就业以后，在工作岗位上接受的与岗位或职业工作相关的培训；（4）干中学或边干边学，指在工作实践中学习和掌握相关技术与知识；（5）医疗、卫生与保健等人力资本的维护，指为维持人力资本承载者生命健康和劳动力恢复付出的投资；（6）迁移与流动，指人力资本承载者为获得更高收益而在迁移、流动过程中发生的相关花费和机会成本，甚至是心理成本；（7）信息搜集，指人力资本承载者通过工作搜寻以期获得更高收益，借助各种手段和渠道进行与职业、就业机会等相关的信息收集与分析；（8）孩子投资，指在生育、抚养孩子过程中发生的货币支出、心理成本等。

上述各种人力资本投资形式都能不同程度地增加个人的人力资本存量，提高其承载者的生产能力和收入能力，但它们在投资性质上却不尽相同，据此可以将它们划分为不同的类型。

（1）对人力资本承载者学习能力的投资，比如，正规教育。这类人力资本投资的主要作用是增加人的教育与知识资本存量，提高人力资本承载者接收与收集、分析与处理各种信息的能力。

（2）对人力资本承载者的技术能力或生产能力的投资，比如，职业与技术培训和在职培训。这类人力资本投资的主要作用是提高人力资本承载者的生产技术或工作技能，增强人的生产能力。

（3）对人力资本承载者工作效能的投资，比如，在医疗、卫生与保健等人力资本维护方面的投资。这类人力资本投资的主要作用是发挥人力资本的工作效能。人力资本承载者的体力、精力或健康状况是一种效能资本，直接制约着承载者人力资本工作效能的发挥，即使不同承载者拥有相同形式和存量的人力资本，体力、精力或健康状况的个体差异也会导致人力资本效能发挥程度的差异。

（4）对人力资本承载者能力空间配置的投资，比如，迁移与流动、信息搜集等。这类人力资本投资的主要作用是通过人力资本的空间配置获取最大收益。物质资本在空间配置过程中会发生诸如运输成本等成本，同理，人力资本也有空间配置问题，其空间位置的调整和变化——地域性的调整、职业和/或行业转换——也会发生一定成本，即人力资本迁移与职业流动和信息搜集成本，付出这些成本旨在最大化承载者的人力资本投资收益。

上述不同的人力资本投资类型并非相互独立、毫无关联的，它们之间并没有严格的界限，相互之间呈互补关系。比如，对人力资本承载者工作效能的投资为完成其他各种形式的人力资本投资提供良好的人力资本载体；通过一种人力资本投资形式，承载者可能同时获得教育与知识资本存量、技术能力和职业能力等。

二、个人人力资本投资的特点

个人是人力资本投资的重要主体，其投资具有与企业、政府等人力资本投资主体的投资行为相异的特点。

（一）基于人力资本承载者的特点

人力资本的承载者是人，人与物质相异，因此，个人的人力资本投资有自身独特之处。

1.人力资本投资的对象是人，人是人力资本的载体，因此，个人的先天素质、偏好、个人行为与性格特征等因素会直接影响其人力资本投资决策。

2.无论人力资本的投资主体是谁，个人必然是投资客体；个人作为人力资本的承载者，同时必然是不可或缺的投资主体，因为人力资本投资活动必然要求作为投资客体的人投入一定的时间、精力和劳动。如果将来自于其他投资主体的投资视为借贷资本，个人可以通过收入、保险、利润、税收等经济收益和非经济收益将所借资本偿还给债权人，个人无疑成为唯一的人力资本投资者。

3.个人人力资本投资贯穿于整个经济生命周期，是一种持续性投资。人力资本投资贯穿于个人从进入到退出人力资本市场的全过程。就个体而言，从准备进入劳动力市场到进入劳动力市场后接受职业技能训练以及整个经济生命周期内的健康维护，都是人力资本投资行为。本研究主要关注劳动年龄的人力资本承载者，此处的个人人力资本投资主要指接受完正规教育准备进入或已经进入劳动力市场的或处于劳动年龄范围内的承载者的人力资本投资。本书将经济生命周期划分为前期、中期和后期，不同时期的人力资本投资内容和形式是不同的。

（1）前期。基于知识和技能的投资多，健康投资少。第一，该时期人力资本投资的效率高；人力资本的市场价值存量低，因而人力资本投资的机会成本低，故基于知识和技能的人力资本投资行为居多。第二，该时期人力资本承载者健康存量高，故健康投资少。

（2）中期。基于知识和技能的投资少，健康投资多。第一，该时期人力资本的市场价值存量水平高（甚至达到经济生命周期的最高水平），人力资本投资的机会成本很大，因此并不急需人力资本投资；该时期人力资本投资的效率变低，故基于知识和技能的人力资本投资行为少。第二，该时期人力资本承载者健康存量下降，健康投资增多。

（3）后期。基于知识和技能的投资几乎没有，主要是健康投资。第一，该时期人力资本的市场价值存量非常低，因为接近退出人力资本市场，所以没有必要进行基于知识和技能的人力资本投资。第二，该时期健康存量贬损严重，健康投资多。

（二）区别于其他投资主体的特点

以个人为主体的人力资本投资与以企业和政府为主体的人力资本投资活动的差异性主要体现在以下三方面：

1.投资目的不同。个人人力资本投资的最终目的是提高自己及家人的生活质量，并非仅仅以收入增加为最终目的，因此个人人力资本投资遵循的原则是效用或收益最大化，即经济和非经济收益之和最大化。个人人力资本投资的经济收益主要有收入、职业保障、职位升迁和就业机会、消费效用等。非经济方面的收益则更广泛，包括心理满足、社会地位提高、生活环境改善、婚姻市场上的优势等。这些经济和非经济的收益是其他投资者所不能获得的。企业人力资本投资的目的是赢利，投资行为遵循利润最大化原则。政府的人力资本投资作用在于宏观调控，注重社会效益最大化。政府投资形成的人力资本是社会的基础设施，人力资本的外部效益、规模效益和连锁效应是政府人力资本投资效益之核心，政府的人力资本投资可以改变社会的收入分配状况并最大限度地开发人力资源。

2.投资风险不同。个人人力资本投资的市场风险由个人和/或家庭承担，无法转嫁给其他主体，因为投资成本收不回最直接的受损对象是个人和/或家庭。当然，个人也是人力资本投资收益的主要获得者，并且个人和家庭长期中可以获得的非货币收益往往弥补了短期内的较低货币收益。企业面临的来自人力资本市场的风险比个人人力资本投资小，其投资风险主要来自受训者受训后的离职。通常，企业提供的人力资本投资成本主要通过受训者在接受培训期间获得低于其生产率的收入来体现，由此减少了企业的人力资本投资风险。对政府而言，除了人力资本通过跨国流动迁出国外、人力资本承载者夭折外，政府的人力资本投资收益总会以某种方式渗透到社会经济生活中，因此，人力资本投资收益总能被社会享受到，可见，政府人力资本投资风险较小。

3.投资形成的所有权关系不同。个人人力资本投资具有当然的个人所有特性，投资的产权关系非常清晰。企业的人力资本投资客体为个人，个人要全程参与企业人力资本行为，人力资本最终寓寄在个人体内，因此企业投资形成的人力资本所有权实际上应该为企业和个人共有。因为人力资本寓寄在

个人体内，个人拥有先天的所有权优势，个人的离职会带来企业投资的直接流失，因此，企业人力资本投资所有权需要契约来维护。政府的人力资本投资注重全方位地促进经济发展和社会进步等宏观社会收益，而不在于所有权的归属。

4.投资动机不同。个人人力资本投资旨在尽可能多地获得未来收益，企业人力资本投资旨在尽可能多地获得利润，而政府通过公共支出的方式进行人力资本投资实际上是在缩小收入分配差距。

三、个人人力资本投资风险

人力资本投资是一项必须由承载者亲自参与、投资回收期长的投资活动，承载者个体的主观选择影响着投资决策，投资回收期长使人力资本投资面临多种不确定性，因此，作为人力资本投资主体之一的个人面临着诸多投资风险。

（一）市场风险

人力资本投资目的旨在未来获得高收益，投资回收的长周期决定了做投资决策只能选用预期投资收益值。市场条件风云多变，人力资本投资具有很强的实效性，很容易导致投资的实际收益与预期收益偏离。如果实际收益值小于预期收益值，那么人力资本投资决策的正确性会大打折扣：（1）如果实际收益能够覆盖投资成本，那么这项投资决策基本可行。（2）如果实际收益不能够覆盖实际的投资成本，人力资本投资是得不偿失的。人力资本供过于求、技术进步迅速淘汰落后的知识和技术等都是产生人力资本投资市场风险的源泉。

（二）环境风险

人力资本效能的充分发挥受其使用环境的约束，可能影响到投资收益的回收。环境风险来源于投入使用人力资本的生产环境，它导致人力资本投资收益回收具有不确定性，主要表现为匹配性风险、人际关系风险和政策风险（程承坪、王飞军、黄小平，2001）[1]。

---

[1] 程承坪、王飞军、黄小平：《人力资本投资风险探讨》，《人才开发》2001年第2期。

1.匹配性风险。这种风险指由于人力资本与物质资本、"公共知识"不匹配引致获得投资收益的不确定性。（1）与物质资本不匹配。对人力资本的需求是一种联合需求，即生产过程中既需要人力资本投入也需要物质资本投入。如果人力资本作用的发挥受到物质资本的制约，人力资本过于超前或过于落后以至于学非所用，那么人力资本投资面临着匹配性风险。（2）与"公共知识"不匹配。政府缺乏管理公共事物的"公共知识"会制约人力资本效能发挥，人力资本可能闲置。可见，在政府缺乏"公共知识"的领域内进行人力资本投资会面临很大风险。

2.人际关系风险。这种风险是指由人际关系引致的获得人力资本投资收益的不确定性。罗曼·罗兰指出："道德面渺小的地方，不会有伟大人物出现"。人际关系是影响人力资本效能发挥的软约束：（1）在人际关系紧张的工作环境中，处理人际关系耗费了承载者的精力，可能影响到人力资本的充分使用；（2）如果承载者的人际关系特别是与直接管理者的人际关系处理不当，会影响到晋升、岗位选择，最终无法在匹配的岗位上充分发挥人力资本的效能；（3）若人力资本承载者所在的岗位主要涉及对外业务，人际关系处理不当意味着业绩很差，能够发挥人力资本效能的机会很少甚至为零，影响其生产率的实现。

3.政策风险。这种风险是指由政府政策引致的获得人力资本投资收益的不确定性。由政府政策导向出的"朝阳产业"会成为人力资本投资集中的领域，一旦政策调整，既有"朝阳产业"可能转变为"夕阳产业"，既有的人力资本投资收益率变低，从而影响投资收益的回收。

（三）个体风险

作为投资主体之一，人力资本承载者的个体特性和个体选择也会导致人力资本暴露于风险中。（1）由承载者的健康状况引致的风险。第一，遇到不可抗力因素导致个体死亡或残疾失去劳动能力不得不退出市场，那么人力资本投资成本无法回收。第二，承载者健康存量贬损，影响人力资本效能发挥。（2）若承载者判断失误，投资于很快被社会淘汰的人力资本，由于投资回收期变短，人力资本可能面临着无法收回全部投资的风险；如果投资于社会适用面窄、投资收益率低的人力资本，则会面临较大的存量贬损风险。

四、个人人力资本投资决策模型

个人的人力资本投资可能受到社会、家庭等多种因素的影响，但主要的决策参考因素是人力资本投资成本和收益。

（一）个人人力资本投资决策的约束条件

个人人力资本投资遵循效用或收益最大化原则，因此，在人力资本投资决策中，成本与收益（效用）是关键因素。个人人力资本投资的成本与收益（效用）受个人和家庭的资源条件以及人力资本投资市场条件的约束。这些约束条件可归为人力资本投资的成本和收益约束两类。

1.与成本相关的约束条件

与成本相关的约束条件主要指个人资源条件和家庭资源条件。（1）个人资源条件。个人作为人力资本投资的主体，在投资活动过程中既要投入货币也要投入时间，二者之和构成人力资本投资的成本。给定个人人力资本投资成本，个人的收入水平和非市场时间是能否覆盖人力资本投资支出的个人资源约束条件。个人资源能够覆盖投资成本是个人人力资本投资决策的促进因素。（2）家庭资源条件。家庭的收入水平构成对家庭实际支出的硬约束，家庭对即期收入的强烈需求，会阻碍个人人力资本投资决策，此时，个人人力资本投资的机会成本高；反之，则反然。另外，服从于家庭收益（效用）最大化原则，家庭其他成员的收入水平和时间条件会影响个人的人力资本投资决策。如果其他成员的收入水平和时间条件不能满足家庭的需求，则需要个人将时间配置到市场上。此时，个人人力资本投资行为由于较高的机会成本而受到抑制；反之，则反然。

2.与收益相关的约束条件

人力资本市场的供求状况、个人的经济生命周期长度是约束人力资本投资收益实现的重要因素。（1）人力资本市场供求状况。假定在市场上既有人力资本供给小于需求，承载者处于就业强势，其投资收益容易实现，这是人力资本投资决策的促进因素；如果供给大于需求，投资收益不容易实现，则是人力资本投资决策的抑制因素。（2）个人经济生命周期长度。个人的经济生命周期越长，投资回收期越长，获得投资收益的时间越长，这是人力资本投资决策的促进因素；个人的经济生命周期越短，获得投资收益的时间越短，这是人力资本投资决策的阻碍因素。

（二）个人人力资本投资决策模型

最早提出的人力资本投资决策模型是教育模型（明塞，1958、1959），该模型分析了在生命周期内收益最大化的个人教育投资的成本与收益，假定人力资本承载者一旦完成教育后，不再有任何其他人力资本投资行为。但实际上，人力资本承载者在结束正规教育走入人力资本市场后的整个经济生命周期内，会有在职培训等对技术能力和生产能力的投资，对此，贝克尔首次提出了在职培训模型，将企业纳入投资主体的范畴。贝克尔从企业利润最大化的均衡条件出发分析在职培训的成本和收益。教育模型和在职培训模型都只是对人生某一阶段的某种具体形式的人力资本投资的决策分析，实际上，在个体一生中可能会有多种形式和多次人力资本投资，这些投资分布在生命周期的不同阶段，因此后续的人力资本投资决策研究将问题的分析建立在承载者生命周期的基础上。

本研究中的个人人力资本投资决策分析建立在承载者生命周期基础上，以经济生命周期作为考察时期，分析个体应对人力资本存量贬损的投资策略选择以及人力资本投资的具体形式和内容。在研究中，不单独选用上述任何一种人力资本投资决策模型，而是选用净现值法和内部收益率法，其核心思想是在人力资本投资决策的时点上，人力资本投资必须有利可图，否则，应该放弃该项投资。

1.净现值法

在决定是否进行人力资本投资时，投资者必须把投资所需付出的成本与预期得到的收益进行比较。若要使付出的或预期付出的人力资本投资成本能够和预期收益进行比较，需要将未来的成本值和收益值按某一贴现率贴现，这就是净现值法。贴现的原因很简单：货币具有时间价值，现在的1元钱与将来的1元钱并不等值。

运用净现值法，人力资本投资决策应遵循的原则为：把未来收益与成本按预定的贴现率进行折现，比较两者的差额，如果差额为非负值，那么追求生命周期内收入最大化的决策主体就有投资意愿；如果差额为负值，则放弃投资。

基本模型

第一，人力资本投资收益现值的计算。假设某项人力资本投资在未来一段时间内（t年）为投资者带来的收益是B_1，B_2，……，B_i，贴现率为r，t年内折现的收益为PV，那么，人力资本投资收益现值为

$$PV = B_1 /(1+r) + B_2 /(1+r)^2 + \cdots\cdots + B_t /(1+r)^t$$
$$= \sum_{i=1}^{t} B_i /(1+r)^i \quad\quad\quad (5.1)$$

其中（i=1，2，……，t）

第二，人力资本投资成本的计算。假设该项人力资本投资的成本为C，投资预计在n年内完成，且每年的投资成本为C_1，C_2，……，C_n，n年内投资成本的现值为PVC，那么，人力资本投资成本现值为

$$PVC = C_1 /(1+r) + C_2 /(1+r)^2 + \cdots\cdots + C_n /(1+r)^n$$
$$= \sum_{i=1}^{n} C_i /(1+r)^i \quad\quad\quad (5.2)$$

其中（i=1，2，……，n）

第三，人力资本投资决策。假设人力资本投资收益的净现值为Q，则

$$Q = \sum_{i=1}^{t} B_i /(1+r)^i - \sum_{i=1}^{n} C_i /(1+r)^i \geq 0 \quad\quad\quad (5.3)$$

如果净现值Q的值为非负值，则该项投资可行；如果净现值Q的值为负值，则放弃该项投资。

2.内部收益率法

运用内部收益率法，人力资本投资决策遵循的原则为：如果要使人力资本投资有利可图，应该选用多大的贴现率。内部收益率是个人所能接受的最低利息率，它大于或等于其他投资的报酬率。

计算内部收益率，可以继续沿用净现值法的基本假设条件。首先，令B=C，求出r值，即

$$\sum_{i=1}^{t} B_i / (1+r)^i = \sum_{i=1}^{n} C_i / (1+r)^i \qquad (5.4)$$

如果 r 大于等于其他投资的报酬率，则该项人力资本投资决策可行；如果 r 小于其他投资的报酬率，则放弃该项人力资本投资。

在应对人力资本存量贬损的投资策略研究中，仍然选用上述模型，但要加入存量贬损因素对之进行修正。

第二节　个人应对人力资本存量贬损的投资策略

引起人力资本存量贬损的原因不同、人力资本存量贬损形式的差异决定发生存量贬损的投资主体投资策略选择的差异性，基于人力资本存量贬损的投资意图不外乎补偿与防范两种，二者分别或共同成为应对存量贬损的主要策略。

防范型与补偿型人力资本投资决策模型的前提假设条件为：（1）市场利息率或贴现率固定不变，从而排除由于市场利率变动引致的人力资本存量贬损；（2）模型中选用的时间变量值都小于等于经济生命周期长度；（3）人力资本承载者应对投资决策的投资形式多种多样，可以选择一种，也可以是多种投资形式的组合；（4）人力资本承载者可以自由进出行业、职业、地域；（5）用于防范与补偿人力资本存量贬损的投资成本只包含可以量化为货币的成本，不考虑心理成本；（6）用人力资本投资收益或预期收益下降表示存量贬损，为简化分析，只讨论既有人力资本投资收益的变动情况，不再具体测算防范型与补偿型人力资本投资的收益值或预期收益值；（7）在人力资本承载者投资策略可行、人力资本投资形式和内容适宜的前提下，人力资本市场能够满足承载者对投资的需求。

本节详细阐述应对人力资本存量贬损的防范型与补偿型人力资本投资策略，从决策遵循的原则、决策的前提条件、决策模型、影响决策的因素和投资形式等方面阐述两种人力资本投资策略的差异性。

一、防范型人力资本投资策略

防范型人力资本投资策略的核心思想是"防患于未然"，针对可能发生的存量贬损，通过先期的投资预防、降低存量贬损风险。

（一）决策遵循的原则

作为理性经济人，人力资本承载者经济行为遵循的原则是生命周期内的收入最大化。这里用收入替代效用概念，假定这些收入可以购买到最大效用。在人力资本承载者的生命周期内，人力资本存量随时可能发生贬损，需要承载者追加防范型人力资本投资，以期能够确定地获得既定人力资本投资的预期收益，使既定的投资至少能够保值。

（二）决策的前提条件

防范型人力资本投资决策的前提假设为：（1）既有投资决策未来形成的人力资本可能会发生存量贬损，贬损会直接降低既有人力资本未来的收益能力；（2）对未来可能的人力资本存量贬损进行防范型投资是必要的，防范型投资为至少获得预期的投资收益提供了保证；（3）防范型人力资本投资决策先于人力资本存量贬损，与既有投资决策相伴而生，可能与既有投资的决策时点相同，也可能滞后于既有投资决策。

（三）影响决策的因素

既有人力资本投资和人力资本供给市场条件会影响防范型人力资本投资决策。（1）既有人力资本投资的影响。既有投资决策所选定的投资形式和内容在一定程度上确定了可能的存量贬损形式和程度，这是判断是否需要防范型投资的依据。若需要防范型投资，那么，防范型人力资本投资的形式、内容以及预期投资成本是受既有人力资本影响的。（2）人力资本供给市场条件的影响。虽然在研究中假设人力资本市场能够满足承载者的投资需求，但实际上，市场供给条件确实是制约防范型人力资本投资决策的瓶颈约束。

（四）决策模型

在防范型人力资本投资策略中，假设人力资本可能会发生存量贬损，所以需要对人力资本投资决策模型进行修正。考虑到可能的存量贬损，仍然获得先期人力资本投资决策中预期的投资收益，实际付出的投资成本还要增加防范型投资部分。

1.净现值法

若投资决策选用净现值法，则人力资本投资的净现值Q_1的计算公式为

$$Q_1 = \sum_{i=1}^{t} B_i /(1+r)^i - [\sum_{i=1}^{n} C_i /(1+r)^i + \sum_{p=u}^{m+u} C_p /(1+r)^p] \qquad （5.5）$$

其中$\sum_{p=u}^{m+u} C_p /(1+r)^p$代表为预防人力资本存量贬损而付出的人力资本投资成本，t代表从既有人力资本投资时点到经济生命周期结束的时间长度，n代表既有人力资本投资成本支出的时间长度，m代表防范型人力资本投资的成本支出时间长度，u代表在既有人力资本投资决策后的第u年发生防范型人力资本投资决策。如果两种人力资本的决策时点相同，则$u=0$。

在决策时点上，如果净现值Q_1的值大于等于零，那么这项人力资本投资是可行的；如果净现值Q_1的值小于零，则放弃这项人力资本投资。

2.内部收益率法

若投资决策选用内部收益率法，则计算内部收益率r值的公式为

$$\sum_{i=1}^{t} B_i /(1+r)^i = \sum_{i=1}^{n} C_i /(1+r)^i + \sum_{p=u}^{m+u} C_p /(1+r)^p \qquad （5.6）$$

如果r大于等于其他投资的报酬率，则该项人力资本投资决策可行；如果r小于其他投资的报酬率，则放弃该项人力资本投资。显然，根据公式5.6计算出的内部收益率会比公式5.4中的内部收益率低些，这正是考虑到防范型人力资本投资成本而对内部收益率进行修正的结果。

3.需要进一步说明的问题

（1）关于模型指标的选用。因为是对一项预期的投资项目做投资决策，上述两种防范型人力资本投资方法使用的均为预期投资成本和预期投资收益，选用现值计算法，所以，在实际运用中需要选取一系列参考指标代替预期收益B和预期成本C的值。其中，预期收益值B_i用在决策期具有相同人力资本水平的承载者的实际收益值代替；预期成本C_i的值用在决策期获得同等人力资本水平的实际投资成本代替；预期的防范型人力资本投资成本C_p的值用

在决策期获得同等人力资本的实际成本支出代替，比如，通过参加教育、培训等人力资本投资活动增加的人力资本可以防范存量贬损，那么获得这种人力资本付出的实际成本就是C_p的参考值。

（2）人力资本在使用过程中也可能会不断增值，这种增值在一定程度上起着预防既有人力资本存量贬损的作用。但因为这种存量增值并未付出实际的投资成本，所以我们的模型对这部分存量增值忽略不计。

（3）防范型人力资本投资也不外乎对人力资本承载者的学习能力、技术能力或生产能力、工作效能、能力空间配置的投资等几种形式。其中，因对人力资本进行维护所做的人力资本承载者工作效能投资贯穿于承载者整个经济生命周期，属于防范型投资。

（4）防范型人力资本投资的目的是确保获得既有投资的预期收益，但实际的投资结果有三种可能的情形：第一，实际人力资本投资收益超过既有投资的预期总收益，人力资本增值；第二，投资失败，人力资本存量贬损无法避免地发生了；第三，实际人力资本投资收益恰好与既有投资预期总收益相等，人力资本保值。

二、补偿型人力资本投资策略

一旦人力资本存量贬损，为了维持、改善生产能力水平、收入水平和获得收入机会，承载者和其他人力资本受益主体会不同程度地选择补偿型人力资本投资策略，投资力度和内容取决于承载者生命周期特征（在生命周期不同阶段，人力资本投资效率、投资收益不同）和市场对人力资本的需求特征。

（一）决策遵循的原则

既有人力资本存量发生贬损时，需要承载者不断追加后续的补偿型投资，以期能够弥补存量贬损带来的既有人力资本投资预期收益的下降，使既有人力资本的投资收益至少恢复到原来的预期水平。补偿型人力资本投资遵循的原则与防范型人力资本投资遵循的原则有相似之处，但决策的事实依据是不同的，而且两种投资的决策时点也不同。

（二）决策的前提条件

补偿型人力资本投资决策的前提假设为：（1）既有投资的存量贬损已成不争的事实，该贬损确实地降低了既有人力资本的收益能力，既有投资的预期收益变少；（2）补偿型人力资本投资是针对既成事实的存量贬损的投资，旨在至少恢复因既有人力资本存量贬损而减少的投资收益；（3）补偿型人力资本投资的决策时点滞后于既有投资的决策时点，只有在既有人力资本存量发生贬损时才会有补偿型投资决策；（4）假定既有人力资本仍然具有市场价值，因而后续的投资是可行的；（5）一旦人力资本发生存量贬损，个人立即做出补偿型人力资本投资决策。

（三）影响决策的因素

既有人力资本投资和人力资本供给市场条件会影响补偿型人力资本投资决策。（1）既有人力资本投资的影响。既有人力资本投资决策所选定的投资形式和内容在一定程度上决定了贬损的形式和程度，是判断是否进行补偿型投资的依据。如果决定进行补偿型投资，既有人力资本、既有人力资本存量贬损的形式和内容决定了补偿型投资的形式、内容以及预期投资成本。（2）人力资本供给市场条件的影响。和防范型人力资本投资一样，虽然假设人力资本市场能够满足承载者的投资需求，但实际中，补偿型人力资本的市场供给条件确实是补偿型投资决策的瓶颈约束。

（四）决策模型

在补偿型投资策略中，因为人力资本存量贬损，原有的人力资本投资决策模型需要修正。人力资本存量贬损时，若仍要获得先期投资决策中预期的投资收益，实际付出的投资成本还要增加补偿型投资部分。

1.净现值法

假定在第u年以后既有人力资本投资开始出现贬损，若投资决策选用净现值法，人力资本投资的净现值Q_2的计算公式为

$$Q_2 = [B_1 + \sum_{i=1}^{t-u} B_{1i} /(1+r)^i + \delta] \qquad (5.7)$$

$$-[C_1 + \sum_{c=1}^{m} C_c /(1+r)^c]$$

其中，B_1为在u年内已经获得的人力资本投资收益（$0 \leq u \leq t$）；$\sum_{i=1}^{t-u} B_{1i}/(1+r)^i$ 是在发生人力资本存量贬损后，在剩余的投资回收期内能够获得的人力资本投资收益；δ 是因人力资本存量贬损减少的收益；C_1代表已经发生了的既有人力资本投资的实际成本；$\sum_{c=1}^{m} C_c/(1+r)^c$ 代表补偿型人力资本投资成本。

在决策时点上，如果净现值Q_2的值大于等于零，那么这项人力资本投资是可行的；如果净现值Q_2的值小于零，则放弃这项人力资本投资。

需要特别指出一点，应对人力资本存量贬损的补偿型人力资本投资与防范型人力资本投资的决策时点是不同的。基于防范的人力资本投资的决策时点选在发生存量贬损前的某一时点；基于补偿的人力资本投资的决策时点选在存量贬损后，滞后于先期的人力资本投资决策，为简化分析，此处的补偿型投资决策时点选在初始的存量贬损时点上。

此外，关于补偿型投资决策时点还有两点需要注意：

第一，B_1代表截止到既有人力资本投资发生存量贬损的时点上，既有投资为承载者带来的实际收益；C_1代表截止到既有人力资本投资发生存量贬损的时点上，既有投资的实际投资成本值。由于补偿型投资发生在既有人力资本存量贬损后，因此折现法不再适用于计算已经发生的成本和收益。

第二，$\sum_{i=1}^{t-u} B_{1i}/(1+r)^i$ 表示从既有的人力资本发生存量贬损的时点开始到投资周期结束时，既有人力资本能够为承载者带来的收益，该收益值与在u年内已经获得的收益B_1的和小于在既有投资决策时点上的预期收益；$\sum_{c=1}^{m} C_c/(1+r)^c$ 表示从既有人力资本发生存量贬损的时点上，为逆转人力资本存量贬损带来的投资收益下降趋势所做的补偿型投资成本。

2.内部收益率法

若选用内部收益率法，则计算内部收益率r值的公式可由公式5.7整理得到

$$B_1 + \sum_{i=1}^{t-u} B_{1i}/(1+r)^i + \mathsf{d} = C_1 + \sum_{c=1}^{m} C_c/(1+r)^c \qquad （5.8）$$

其中，根据公式5.8计算出的内部收益率会比公式5.4中的内部收益率低

些，这正是考虑到补偿型人力资本投资成本而对内部收益率进行修正的结果。

　　3.需要进一步说明的问题

　　（1）关于模型指标的选用。补偿型人力资本投资模型在实际运用中选取的参考指标如下：B_1代表既有人力资本为其承载者实际获得的收益，直接选用实际收益值即可；B_{1i}为既有人力资本在剩余的投资收益期内能够为其承载带来的预期收益，用已经发生贬损的同等人力资本水平的收益值代替；δ 值用既有人力资本投资决策时点的预期收益与发生贬损的投资总收益 $B_1 + \sum_{i=1}^{t-u} B_{1i}/(1+r)^i$ 的差值代替；C_1是既有人力资本投资的实际成本，直接选用实际成本值即可；C_c 的值用决策期获得同等人力资本的实际成本支出代替，比如，通过参加教育、培训等投资活动增加的人力资本可以弥补存量贬损，那么获得这种人力资本付出的实际成本就是C_c的参考值。

　　（2）补偿型人力资本投资也不外乎对人力资本承载者的学习能力、技术能力或生产能力、工作效能、能力空间配置的投资等几种形式。如前所述，提高承载者工作效能的投资是其他任何人力资本投资的防范型投资，但是，当人力资本存量贬损由健康因素引致时，应对此种存量贬损的工作效能投资也是补偿型投资。本研究认为，对承载者的工作效能投资是其他任何人力资本投资的防范型和补偿型投资。

　　（3）补偿型人力资本投资的目的是在既有人力资本投资因存量贬损导致预期总收益下降时，补偿该收益损失，使收益至少恢复到既有人力资本投资决策时点的预期总收益水平。但实际的投资结果有三种可能的情形：第一，实际人力资本投资收益超过既有投资的预期总收益，人力资本增值；第二，投资失败，无法逆转人力资本存量贬损的趋势；第三，实际人力资本投资收益恰好与既有投资预期总收益相等，人力资本保值。

三、两种投资策略的比较

（一）两种投资策略的共同点

　　两种投资策略都旨在保证先期的既有人力资本投资能够至少获得既定的预期收益，即人力资本存量保值，但实际投资结果具有不确定性。第一，人力资本保值，获得了既定投资决策时点上的预期总收益；第二，人力资本增值，所得收益大于既定投资决策时点上的预期总收益；第三，投资失败，人力资本仍然不以人的意志为转移地发生了存量贬损，或人力资本存量贬损的形式未得到逆转。

（二）两种投资策略的不同点

两种投资策略的不同点表现在后续投资决策时点的选择上。第一，防范型人力资本投资策略的决策时点主要选在存量发生贬损以前，或者与既有投资决策时点相同，或者滞后于既有投资决策时点。第二，补偿型人力资本投资的决策时点主要选在存量贬损发生后，显然滞后于先期的既有人力资本投资决策，为简化分析，将该时点选在既有人力资本发生存量贬损的时点上。

第三节　防范型与补偿型人力资本投资策略的应用

在既有人力资本投资决策的基础上，配合必要的补偿型和防范型投资决策，使承载者向市场提供与需求匹配的人力资本，是使人力资本存量保值与增值的必然选择。然而，引致不同类型人力资本存量贬损的原因是不同的，故存量贬损的形式是有差异的；另外，拥有不同人力资本的承载者在其生命周期不同阶段的投资选择也不同，因为，在人的生命周期的不同阶段，人力资本投资效率的差异、投资成本—收益的差异会导致其在供给市场所需求的人力资本的能力上、是否进行防范型与补偿型投资的必要性上存在差异性，故基于防范与补偿存量贬损而做出的人力资本投资选择也是迥异的。

一、基于人力资本存量贬损原因的投资选择

应对存量贬损的投资策略选择取决于存量贬损的原因（如表5.1所示）。

1.由人力资本创造收入的能力、拓展收入空间能力下降引发的存量贬损，既需要通过前期的防范型投资在一定程度上预防存量贬损的发生，也需要后续的补偿型投资使承载者的人力资本存量至少恢复到贬损前的水平。

表5.1 基于人力资本存量贬损原因的投资策略选择

贬损原因	防范型投资策略	补偿型投资策略
人力资本创造收入的能力、拓展收入空间的能力下降	√	√
人力资本闲置	√	√（若闲置期间正经历着贬损）
人力资本承载者永久性退出人力资本市场	√	×

说明：√：可以选择该类投资策略；×：不能或不需要采用该类投资策略

2.人力资本闲置将人力资本暴露于存量贬损的风险中，前期的防范型投资是必要的。人力资本处于闲置状态时，承载者后续人力资本投资的机会成本比较小，可见，人力资本闲置时做防范型投资也是可行的。如果在闲置期间人力资本正经历着贬损，则需要做补偿型投资。

3.人力资本承载者非正常永久性退出劳动力市场，那么后续的人力资本投资对其创造收入、获得收入机会显然没有意义。无论是从个体层面上考虑，还是从群体层面考虑，防止提前非正常永久性退出劳动力市场，关键在于前期的防范型投资。这种防范型投资囊括了基于生理和心理健康的投资，通过保持、改善、提高生理健康状况延长劳动力市场活动时间；通过心理健康投资陶冶情操、提高道德修养，防范因为误入歧途受到法律制裁而永久性退出劳动力市场。

二、基于人力资本存量贬损形式的投资选择

应对存量贬损的投资策略选择取决于存量贬损形式（如表5.2所示）。

（一）无形贬损与有形贬损

1.应对非市场性因素引致的人力资本存量有形贬损重在前期的防范型投资，以减少有形贬损发生的可能性。一旦有形贬损发生，基于健康的支出是非常必要的，但该项支出不一定具有投资性质：如果人力资本承载者永久性退出劳动力市场，该项健康支出不具有投资性质，不能称作补偿型投资；如果人力资本承载者的劳动能力仍然存续、仍然是人力资本市场之一分子，则这种健康支出是后续的补偿型人力资本投资。

2.应对市场性因素引致的人力资本存量无形贬损既需要前期的防范型投

资也需要后续的补偿型投资。

表5.2 基于人力资本存量贬损形式的投资策略选择

划分依据	类型	防范型投资策略	补偿型投资策略
贬损原因	有形贬损	√	√（人力资本承载者仍然是人力资本市场一分子）
	无形贬损	√	√
贬损是否可逆	可逆性贬损	√	√
	不可逆性贬损	√	×

说明：√：可以选择该类投资策略；×：不能或不需要采用该类投资策略

（二）可逆贬损与不可逆贬损

1.发生可逆性贬损时，因为存量贬损的事实可以通过后续的人力资本投资得到逆转，因此，选用补偿型投资策略应对贬损。当然，在可逆性贬损发生前的防范型投资也是非常必要的。

2.发生不可逆贬损时，该人力资本存量贬损的事实已无法逆转，应对此种存量贬损需要采用前期的防范型投资策略。

三、基于人力资本承载者经济生命周期的投资选择

在人力资本理论不断沿革的过程中，多位经济学家将人力资本投资的研究建立在生命周期基础上，研究在不同年龄段承载者的不同人力资本投资选择以及生命周期内的最佳人力资本投资决策。同样，在思考应对人力资本存量贬损的投资策略时，生命周期仍然是影响投资选择的重要因素之一。

（一）基于生命周期的人力资本投资理论概述

研究发现，人力资本承载者在一生当中可能会选择多种人力资本投资形式，这些投资分布在其生命周期的不同阶段，与人的生命过程和生理特点高度相关。最早研究和建立人力资本投资生命周期模型的是Y. 本·波拉斯 (Yoram Ben—Porath, 1967[1]、1970[2])，随后W. J. 海利 (William J.

---

[1] Yoram Ben—Porath, *The Production of Human Capital and the Life Cycle of Earnings.* The Journal of Political Economy, V.75, N.4,Part 1(Aug., 1967):352—365.

[2] Yoram Ben—Porath, *The Production of Human Capital Over Time. In Education, Income and Human Capital, W. Lee Hansen (ed.)* Studies in Income and Wealth, Vol. 35, NBER pp.129—47, New York, 1970.

Haley,1973[1]、1976[2])、L. A. 里拉德（Lillard L. A.,1973）[3]、J. 明塞 (Jacob Mincer，1974)[4]、J. 海克曼（Heckman James,1976）[5]、S. 罗森（Sherwin Rosen,1976）[6]、A. S. 布林达和Y. 威伊斯 (Blinder Alan S, Yoram Weiss, 1976)[7]、A. 萨尔曼（Sohlman，ASA,1981）[8]等经济学家也从这个角度进行了后续的研究。研究的焦点有：人力资本投资成本和收益变化与年龄的关系、生命周期内的最佳人力资本投资决策。

在上述研究中，本·波拉斯（1967[9]，1970[10]）的生命周期最佳人力资本投资模型影响最大。他认为，在生命周期内，承载者的记忆力、精力和体力会随着年龄的增长而不断下降，个人人力资本的生产效率随之下滑，再加上承载者的收入水平随年龄增长而不断提高，导致投资的边际成本递增、边际收益递减。边际成本和边际收益相等时的人力资本投资为最佳投资水平。

A. 萨尔曼（1981）[11]将人力资本承载者的生命周期划分为三个不同阶段。（1）第一个阶段：专门投资阶段。承载者将时间和人力资本全部投入到人力资本投资活动中。该阶段人力资本投资吸引力最大，因为在此期间的投资机会成本最小、生产效率最高、投资收益回收期最长。该阶段的人力资本投资会使承载者的人力资本存量和收入能力迅速提高。（2）第二阶段：投资与收入混合阶段。承载者将时间和人力资本配置于人力资本生产和收入生产

[1] Willian J Haley, Human Capital: *The Choice Between Investment and Income*. The American Economic Review,V.63, N.5 (Dec., 1973):929—944.

[2] Willian J Haley, *Estimation of the Earnings Profile from Optimal Human Capital Accumulation*. Econometric,V.44, N.6 (Nov., 1976):1223—1238.

[3] Lillard, L. A., *Human Capital Life Cycle of Earning Models: A Specific Solution and Estimation*. Working Paper No. 4, Center for Economic Analysis of Human Behavior and Social Institutions, NBER, New York, 1973.

[4] Jacob Mincer, *Schooling, Experience and Earnings*. National Bureau of Economic Research, New York,1974.

[5] Heckman James, *A Life Cycle Model of Earnings, Learning, and Consumption*. Journal of Political Economy(1976): 511—44.

[6] Sherwin Rosen, *A Theory of Life Earnings. The Journal of Political Economy*, V.84,N.4,Part 2: Essays in Labor Economics in Honor of H. Gregg Lewis (Aug., 1976):S45—S67.

[7] Blinder Alan S, Yoram Weiss, *Human Capital and Labor Supply: A Synthesis*. The Journal of Political Economy,V.84, N.3 (Jun., 1976):449—472.

[8] Sohlman, ASA., *Education, Labour Market and Human Capital Models:* Swedish Experiences and Theoretical Analysis, Gotab, Stockholm, 1981.

[9] Yoram Ben—Porath, *The Production of Human Capital and the Life Cycle of Earnings*. The Journal of Political Economy, V.75, N.4,Part 1(Aug., 1967):352—365.

[10] Yoram Ben—Porath, *The Production of Human Capital Over Time. In Education, Income and Human Capital,* W. Lee Hansen (ed.) Studies in Income and Wealth, Vol. 35, NBER pp.129—47, New York, 1970.

[11] Sohlman, ASA., *Education, Labour Market and Human Capital Models: Swedish Experiences and Theoretical Analysis,* Gotab, Stockholm, 1981.

两种活动中。由于年龄增长、实际收入水平提高以及人力资本收益回收期缩短，人力资本投资边际成本出现递增趋势。（3）第三阶段：专门收入生产阶段。该阶段承载者的人力资本投资已经停止，全部时间和人力资本专门用于生产收入，人力资本存量出现贬损趋势。

A. S. 布林达和Y. 威伊斯（1976）[1]研究了个人在生命周期内的工作和人力资本投资的联合决策，将时间在闲暇、工作和人力资本投资三种活动之间进行配置，其分析前提不是财富最大化而是效用最大化。两位学者将人的生命周期划分为学校教育、在职培训、工作、退休四个阶段。（1）学校教育阶段。学校教育阶段人力资本承载者的时间配置模式为闲暇和人力资本投资，如果未来闲暇效用的折现率低，则配置给人力资本投资的时间多；反之，配置给人力资本投资的时间少。大多数人都认为该阶段未来闲暇效用的折现率低，所以集中时间用于人力资本投资。（2）在职培训。该阶段时间的配置模式为闲暇、人力资本投资和工作，配置给人力资本投资的时间开始下降。（3）工作阶段。该阶段配置给人力资本投资的时间为零。时间主要配置给生产收入和闲暇。（4）退休阶段。时间完全配置给闲暇。

闲暇在个人生命周期内的变化轨迹呈"U"形。工资的峰值比工作时间的峰值出现得晚。工作阶段是J. 明塞的研究发现，Y. 本·波拉斯（1967）[2]、J. 海克曼（1976）[3]的研究中并未单独分离出这样的阶段，H. E. 瑞德、H. E. 塞弗特、P. E. 斯蒂芬（Harl E. Ryder, Frank P. Safford, Paula E.Stephen, 1973）、J. 海克曼（1976）的研究继承了Y. 本·波拉斯的理论，都没有提及人力资本投资为零的工作阶段；J. 海克曼(1981)的研究中所提到的专门收入生产阶段与工作阶段类似。

本书选择劳动年龄人口为研究对象，选用承载者经济生命周期概念，不考虑承载者进入市场前的专门投资阶段或学校教育阶段、退出市场后的退休阶段。本书的经济生命周期是指，从承载者进入到永久性退出人力资本市场

[1] Blinder Alan S, Yoram Weiss, *Human Capital and Labor Supply: A Synthesis*. The Journal of Political Economy,V.84, N.3 (Jun., 1976):449—472.
[2] Yoram Ben—Porath, *The Production of Human Capital and the Life Cycle of Earnings*. The Journal of Political Economy, V.75, N.4,Part 1(Aug., 1967):352—365.
[3] Heckman James. *A Life Cycle Model of Earnings, Learning, and Consumption*. Journal of Political Economy(1976): 511—44.

之前的时间周期，将经济生命周期分为前期、中期和后期三个时段，分别考察各时期的人力资本投资形式、内容和投资量。

1.前期。该时期类似于青年时期，既有人力资本存量水平低、收益水平低，具有人力资本投资效率高、投资机会成本小、获得投资收益时间长、健康存量高的特征。该时期基于知识和技能的人力资本投资多，健康投资少。

2.中期。该时期类似于中年时期，既有人力资本价值存量达到峰值，收益水平在整个经济生命周期内最高，健康存量开始贬损，具有人力资本投资机会成本很高、回收收益时间短、投资效率低的特征，已有研究认为该时期的人力资本投资数量减少。本研究认为，基于知识和技能的人力资本投资确实减少了，但是健康投资开始增加。

3.后期。该时期类似于老年时期，既有人力资本价值存量和健康存量都有大幅度贬损，人力资本投资的机会成本相对较小，但投资效率非常低，因为面临退出市场导致获得投资收益的时间很短，故该时期基于知识和技能的人力资本投资几乎为零，但健康投资大量增加。

基于经济生命周期对承载者人力资本投资选择的影响，在探讨应对人力资本存量贬损的投资选择中，要充分考虑到经济生命周期不同阶段防范型与补偿型投资策略选择的差异性以及相应投资形式、投资内容选择的差异性。

（二）基于经济生命周期的人力资本存量贬损应对之策

1.前期的人力资本投资选择

前期是承载者刚刚进入市场的阶段，承载者的人力资本存量水平比较低。该时期同时也是承载者学习能力最强的时期，随着年龄的增长和工作时间的增加，在工作中不断得到运用的人力资本呈现出增值趋势。另外，刚刚进入市场并具有一定受教育程度的承载者往往拥有市场需求旺盛的人力资本，因此，承载者具有了人力资本存量在短时期内不贬损的基本前提。

基于上述特征，预期到未来可能的人力资本存量贬损，承载者在前期主要选择防范型投资策略。人力资本投资以迁移、职业和/或行业转换、继续接受正规教育、在职培训等获得更高收入和更高人力资本存量水平的具体投资形式为主。（1）基于能力空间配置的投资。迁移、职业和/或行业转换通过地域或空间上的转换能够达到既有人力资本存量保值增值的目的。（2）基于学习能力的投资。青年时期的人力资本投资效率高、人力资本投资成本低，选择接受后续正规教育的方式是比较普遍的投资形式。（3）基于技术能力、生产能力的投资。在职培训等基于既有人力资本和既有岗位的投资是比较理性的投资选择，也比较常见。

2.中期的人力资本投资选择

中期人力资本存量有两种可能的状态：（1）承载者的人力资本存量已经达到经济生命周期内的最高水平，若其他条件不变（比如，健康存量不变），在剩余的经济生命周期内，一直维持这样的高水平；（2）承载者的人力资本存量开始贬损。对第一种状态，承载者更多地选择提高工作效能的投资以防范健康存量贬损；对第二种状态，防范健康存量贬损的工作效能投资是必不可少的，同时要选择补偿型投资。

因为人力资本投资效率低、成本高、收益期短，中期的补偿型投资选择空间比较小。就投资形式而言，可承受的地域上的迁移、空间上的职业和/或行业转换为首选；而后续的正规教育、在职培训等成为次选。基于该时期人力资本投资的低效率和高风险，在现实生活当中，部分承载者选择放弃应对人力资本存量贬损，任由人力资本存量贬损态势自然演进。

3.后期的人力资本投资选择

后期是接近退休的时段，在这个时期人力资本存量变得很少，但后期分配给人力资本投资的个人资源也很少。在既有人力资本投资收益下降的前提下，补偿型投资的机会成本相对较小，但健康存量贬损导致投资效率很低，且回收投资收益的时间非常有限，因此承载者在这一阶段的投资积极性非常小。故后期人力资本存量严重贬损，但承载者几乎不作任何基于知识和技能的补偿型投资，却更多地选择基于健康的补偿型投资，旨在提高工作效能，至少维持承载者的既有健康存量和人力资本市场价值存量。

四、基于承载者既有人力资本的投资选择

就应对人力资本存量贬损而言，承载者既有人力资本形式和水平的差异，会带来投资选择的差异。这里重点探讨应对一般型人力资本、技能型人力资本、管理型和企业家型人力资本存量贬损的投资选择。特别指出，基于工作效能的人力资本投资在整个经济生命周期内必不可少，本书不再单独阐述。

人力资本具有向下兼容性，人力资本水平越高，其承载者应对人力资本存量贬损的选择空间越大；反之，亦反然。

（一）一般型人力资本的应对之策

一般型人力资本是人力资本存量相对较低的资本，其存量贬损风险最大。另外，在贬损发生时，该人力资本无法进一步向下兼容，同时又不具备向更高人力资本含量的职业/行业跃迁的人力资本底蕴，故贬损对承载者的影响相当大。应对这种贬损既要注重前期防范型投资，也要注重后期补偿型投资，因为：（1）既然已经确定贬损的风险大于其他人力资本，未雨绸缪就势在必行；（2）既然贬损的后果不堪设想，更要注重后期补偿。

由于一般型人力资本的存量水平制约着其向高水平人力资本跃迁，前期的防范型人力资本投资主要以能力空间配置投资为主，比如，地域空间上的迁移、职业和/或行业的转换。后期的补偿型人力资本投资也首先体现为能力空间配置投资，当知识、技能被替代引致存量贬损时，学习能力、技术能力、生产能力投资是补偿型投资的主要内容。当然，在人力资本存量贬损时，承载者也可以选择不作补偿型投资。

（二）技能型人力资本的应对之策

在技术飞速进步的时代，技能型人力资本面临着被替代的风险，故防范型和补偿型人力资本投资都非常必要。技能型人力资本承载者应对存量贬损的选择空间比一般型人力资本大。（1）地域上的迁移。技能型人力资本应对贬损的选择空间大于一般型人力资本，其迁移的地域空间相对较大。（2）职业和/或行业转换。由于人力资本可以向下兼容，技能型人力资本职业和/或行业转换的空间大于一般型人力资本。（3）知识、技术能力、生产能力投资。由于其承载者具有向更高水平人力资本跃迁的知识、技能底蕴，技能型人力资本的学习能力、技术能力、生产能力投资的选择空间大于一般型人力资本。

（三）管理型和企业家型人力资本的应对之策

与一般型和技能型人力资本不同，在投入使用过程中，管理型和企业家型人力资本存量贬损的概率很小。

1.从人力资本供给价格弹性看，给定其他条件不变，稀缺性越大的经济

资源的供给价格弹性越小，即人力资本等级越高，供给价格上升带来的人力资本供给增量越小，因此，高级人力资本供给量相对稳定，从而抑制了人力资本供大于求引致的存量贬损。

2.从人力资本需求价格弹性看，其他条件不变时，与普通劳动比较，人力资本具有较高的价格下降弹性和较低的价格上升弹性，且人力资本等级越高，稀缺性越大，该弹性特征表现越明显。较高的价格下降弹性表现为，当供求关系导致其价格下降时，市场对该种人力资本需求会大幅度上升，市场的需求强势抑制了其存量贬损的态势。

实际上，在投入使用过程中，管理型和企业家型人力资本是不断增值的，比如，通过管理实践不断增值，通过更大地域范围上的迁移、职业和/或行业转换不断增值，人力资本增值的广阔空间有效地降低了其人力资本存量发生贬损的风险。管理型和企业家型人力资本存量贬损主要表现为健康存量贬损，故应对人力资本存量贬损的投资主要是基于健康的补偿型与防范型投资。

五、基于不同市场条件的投资选择

人力资本存量贬损是源自人力资本市场的概念，不同市场条件下的存量贬损的应对策略具有差异性特征。

（一）根据市场条件选择防范型人力资本投资策略

预防人力资本存量贬损是在预防或有事件发生，因此，对可能导致贬损的市场条件的判断影响着防范型人力资本投资策略、形式、内容选择。

1.供求条件。这里的供求条件判断既包括对既有人力资本的供给和需求状况的判断，也包括对其他人力资本的供给和需求状况的判断。（1）既有人力资本的市场供求状况影响该资本的价格，是可能引发存量贬损的直接市场力量。因此，判断既有人力资本的市场条件是做防范型投资的前提之一，如果供给大于需求，防范型投资势在必行。（2）其他人力资本的市场供求条件影响着防范型投资的形式和内容。如果其他人力资本的供给大于需求，这种人力资本不会成为防范型投资的备选；如果其他人力资本供给小于需求，市场需求旺盛，人力资本正面临着升值，这种人力资本则可以作为防范型投资的备选。

2.技术条件。技术进步考验着人们所掌握的知识和技能的耐用性，也是促动人们不断学习新知识和技能、不断进步的驱动力。（1）技术进步的速度。技术进步的速度越大，人力资本存量贬损风险越大。（2）技术进步的方向。技术进步的方向决定了防范型人力资本投资的内容和形式。

3.相关资本的市场条件。若相关资本的市场条件发生变动，既有人力资本存量可能随之变动。（1）相关资本的技术条件。若互补性物质资本面临着被替代的可能，需要做防范型投资；如果替代性人力资本代表着未来技术发展的方向，而既有人力资本相对落后，则需要做防范型投资。（2）相关资本的市场供求状况。如果互补性物质资本面临着供给小于需求的市场状况，企业在高成本压力下可能做出缩小生产规模的决策，会考虑使用较少的互补性物质资本，由此减少了对既有人力资本的需求，此时需要做防范型投资。如果替代性人力资本市场供给大于需求，价格下跌，低价的诱惑会导致企业既有人力资本被低价人力资本替代，此时需要做防范型投资。

上述市场条件同时能够帮助人们选择防范型人力资本投资的形式和内容。

（二）根据市场条件选择补偿型人力资本投资策略

如果既有人力资本发生存量贬损，需要针对引发存量贬损的市场条件以及可能补偿既有存量贬损的有利市场条件确定补偿型人力资本的形式和内容，本研究对承载者放弃人力资本投资的情况不作研究。补偿型人力资本投资一般都和承载者转换人力资本市场领域有关。

1.既有人力资本供给大于需求

（1）人力资本承载者可以首先选择能力空间的配置投资，比如，进行长距离的地域迁移、大跨度的职业和/或行业转换，由此避开或削弱一定地域或空间范围内的过度供给。

（2）如果基于能力空间配置的人力资本投资要花费承载者足够大量的成本，那么人力资本承载者会选择知识和技能的再投资，比如，基于学习能力、技术能力和生产能力的人力资本投资。这种再投资或者是基于既有人力资本的高级化，或者是跨度较大的其他知识和技能的投资，以期能够逆转自

身人力资本供给过剩的局面。

2.既有人力资本被市场淘汰

（1）首先考虑能力空间配置投资，比如，长距离迁移、大跨度职业和/或行业转换。与人力资本供给大于需求条件下的此类投资比较，基于被市场淘汰的前提而选择的空间能力配置投资获得收益的难度要大得多，很有可能承载者的人力资本在大范围内甚至整个大的市场都已经被淘汰。

（2）如果基于能力空间配置的人力资本投资要花费承载者足够大量的成本、或者因为此类人力资本已经被整个大市场所淘汰，那么承载者的空间能力配置投资就不可行，转而选择知识和技能再投资。这种再投资或者是基于既有人力资本的高级化，或者是跨度较大的其他知识和技能的投资，以期能够与市场需求的人力资本相匹配。这种大跨度的知识和技能的再投资与既有人力资本之间的关联可能是相当松散的，因此，承载者可能面临着大的行业、职业转换。

当既有人力资本发生存量贬损时，补偿型投资的内容和形式选择也是基于市场条件的：（1）选择既有人力资本供给小于需求的地域、行业或职业进行空间配置投资。（2）选择与技术进步方向一致的知识和技能作为再投资领域。

六、应对人力资本存量贬损：以高校教师、大学毕业生、下岗人员为例

本部分分别以高端和低端人力资本为例，重点分析应对可逆、无形贬损的人力资本投资策略，充分考虑到年龄因素的影响。

（一）高校教师在职继续教育

高校教师追逐高学历的行为取向并不亚于至今热度不退的"考研热"，高校教师一边教书育人，一边在高学历的光环下做着莘莘学子。是什么样的力量驱使着这些教师纷纷选择接受双重角色的生活呢？是危机感。这种危机来自于可能因为自身知识落伍而被市场淘汰的风险，来源于低学历水平带来的自身职称评定困难。在教育信号驱使下，学历成为衡量高校教师知识和技能水平的重要指标，学历低意味着工作机会少、学术参与机会少。尤其是对青年教师而言，相对长期的从教生涯更放大了这种风险的负面影响。因此，

求取高学历的继续教育成为众多教师的梦想。但是，不同年龄的教师，追求高学历的热情是不同的，其中，青年教师热情高涨、中年教师参与者寥寥、老年教师不太关注。

1.青年教师。青年教师是在职获取高学历的生力军。如前所述，相对长的经济生命周期加大了既有人力资本存量贬损的风险，这是一种基于生产技能的存量贬损，无疑，获取更高学历为预防贬损设置了天然屏障。这种可能的贬损是无形的，即便贬损确实发生也是可逆的。另外，青年时期人力资本投资效率比较高、投资机会成本低，因此，青年教师纷纷选择在职继续教育。综上所述，青年教师的在职继续教育属于防范型投资。

2.中年教师。中年教师正处在收获既有人力资本投资收益的最佳时期，该时期人力资本投资的成本相对比较大；另外，该时期人力资本投资效率开始下降，因此，投资量比较少，中年教师继续读研、读博的人比较少也就顺理成章了。虽然少，但仍然有中年教师冲入继续教育大军，这种中年教师的在职继续教育一般属于补偿型人力资本投资。这些教师因为没有相关学历证书，在诸如职称、导师资格、学术交流等方面已经处于劣势，人力资本存量贬损成为事实。此时的人力资本投资属于基于技能的补偿型投资。

3.老年教师。老年阶段健康存量贬损，人力资本投资效率非常低，获取人力资本投资收益的时间也非常短，因此，该时期不适合进行新的基于技能的人力资本投资，即使人力资本存量贬损确实发生，也一般不会选择补偿型的技能投资，防范型技能投资就更加没有必要。所以，老年教师几乎不做任何防范与补偿型投资。

虽然不同年龄段的教师在职继续教育的选择不同、教育所属的投资性质不同，但都会做不同程度的健康投资。（1）青年教师的健康投资。青年教师的健康投资属于防范型人力资本投资，因为青年时期健康存量贬损的概率很小。（2）中、老年教师的健康投资。中、老年教师的健康投资既可能是基于防范贬损的考虑，也可能是基于补偿贬损的考虑。如果健康存量已经贬损，那么健康投资属于补偿型；反之，则属于防范型。在这两个年龄段，基于补偿型的健康投资居多，尤其是在老年阶段更是如此。

综上所述，青年教师基于健康的人力资本存量贬损风险较小，因此，基于技能的防范型投资多，基于健康的防范型投资相对少。中、老年教师基于健康的补偿和防范型投资多，基于技能的补偿与防范型投资少。

（二）大学毕业生"考研热"、"考证热"

20世纪末、21世纪初，本科学历层次人力资本逐渐供给大于需求，"考研热"、"考证热"漫卷中国大地，大学毕业生在这股热潮中扮演着主要角色。本研究从人力资本存量贬损的视角解读上述热潮。

1."考研热"。为了防止市场供给大于需求导致的人力资本存量贬损确定地发生在自己身上，一部分大学生加入考研大军，暂时避免就业，以期用更高的人力资本存量覆盖掉可能的贬损。这些毕业生选择暂时不进入人力资本市场，故该投资属于防范型投资。

2."考证热"。在人力资本供给逐渐大于需求的市场条件下，大学生面临着毕业即失业的窘境，人力资本刚刚投入市场可能就发生了存量贬损。这种人力资本存量贬损是可逆的、无形的贬损。为了能够顺利就业，大学生们在学期间就在尝试考取各种"证书"，为了能够找到至少等于保留工资的岗位，大学生在毕业后仍会延续"考证"征程，不断接受各种培训，旨在使自己的技能与未来的职业匹配。大学生接受的是"通才"教育，与企业的"专才"需求具有一定的差距，在追求利润最大化的理性企业面对供给大于需求的人力资本市场拥有充足的选择机会时，"通才"显然不具有竞争优势，这充分证明了一般技能更易贬损。大学毕业生接受的各类证书培训恰是基于"通才"向"专才"转变的人力资本投资。由于这些大学生毕业后选择进入市场就业，人力资本存量贬损确定地发生了，故其所接受的各类证书培训属于技能型的补偿型投资。

（三）下岗失业人员

1.基于技能的人力资本投资。基于技能的人力资本存量贬损是可逆的、无形的贬损。如果由于技能原因而下岗，下岗失业人员可以通过后续的补偿型投资提高人力资本存量水平、拓展就业空间、提升就业能力。

2.基于健康的人力资本投资。如果人力资本承载者因为健康原因下岗，为重新进入市场所作的基于健康的投资则属于补偿型投资；如果人力资本承载者基于技能原因下岗，此时基于健康的投资属于防范型投资。

3.选择被低价雇佣。虽然基于技能的人力资本存量贬损是可逆的，但是，下岗失业人员往往处于经济生命周期的中期，已经不适合进行人力资本投资，所以，承载者可能选择被低价雇佣。此时没有基于技能的补偿型人力资本投资。

第六章　企业应对人力资产减值的行动策略

人力资本承载者将就业视为谋生的手段，会以各种形式参与到劳动力市场活动中来。故人力资本既是一种个人资产，同时也是一种企业资产，具有双重资产属性。因此，人力资本存量贬损不仅仅影响其承载者，同时会影响其所属的企业。本章在界定企业人力资产减值涵义的基础上，探讨基于企业可能的行动策略选择，以明晰企业如何应对人力资产减值。本章内容对政府激励和引导企业人力资本投资行为具有重要的政策意义，并对发生人力资本存量贬损的个体如何应对企业的行动具有指导意义。

企业的资产有人力资产和物质资产之分，两种资产在企业运营过程中都可能减值。同为企业资产，人力资产减值与物质资产减值有相似之处，但是，基于人力资本以人为载体的特性，两者又有很大差异。本章在比较企业物质资产减值和人力资产减值的基础上，探讨企业应对人力资产减值的行动策略选择。

第一节　企业物质资产减值

企业在生产中投入的人力资本与物质资本是互补性投入物，企业的物质资产减值可能同时导致企业相关人力资产减值。因此，本章首先阐述企业物质资产减值的概念。

一、物质资产减值的涵义

（一）物质资产的含义

界定企业物质资产减值概念首先要明确物质资产的含义。美国财务会计准则委员会（FASB）在第6号公告中将资产定义为"一个特定主体由于过去交易或事项而获得或控制的可能的未来经济利益。"国际会计准则委员会（IASC）将资产定义为"一个企业由于以往事项的结果而控制的可望给企业带来未来经济利益的资源。"2006年中国财政部发布的企业会计准则体系指出"资产是指企业过去的交易或者事项形成的，由企业拥有或者控制的、预期会给企业带来经济利益的资源"，强调资产"预期会给企业带来经济利益"的本质。可见，持有资产的根本目的是要获取未来的经济利益。

企业物质资产是与人力资产相对应的概念，是除了人力资产之外的所有企业资产的统称，包括流动资产、长期投资、固定资产、无形资产，以及长期待摊费用、银行冻结存款和诉讼中财产等其他资产。因为人力资产具有长期投资、固定资产、无形资产的特征，所以，本书以长期投资、固定资产、无形资产为主要研究对象，作为企业人力资产减值研究的参照物。

（二）物质资产减值的含义

持有资产以期获取未来经济利益的资产特性要求将资产的账面价值作为企业要求得到的最低可收回价值。如果持有资产期间，企业内外各种因素导致资产的可收回价值减少，就将可收回价值低于账面价值的差额部分确认为资产减值，并计提减值准备；如果资产可收回价值提高，则在已计提的减值范围内进行冲销。可见，计提资产减值准备的目的是为了反映资产的真实价值，也遵循了会计核算的谨慎性原则。

二、物质资产减值的形式

企业取得资产等于取得了在未来经济适用年限内的服务潜力，这种潜力会给企业提供长期经济效益。但这种服务潜力是有限的，它可能随着资产的使用而损耗。资产损耗分为有形损耗和无形损耗两种。有形损耗是指固定资产由于受自然力的影响而发生的自然损耗。无形损耗是指由于技术进步、经营环境改变等原因引起的资产价值损耗，发生无形损耗时，资产在物质形式上仍具有一定的服务潜力，但企业若继续使用已无经济价值。

三、物质资产减值的原因

按与企业的关系，引起企业物质资产减值的原因有外部原因和内部原因之分。

（一）外部原因

1.资产的市价当期大幅度下跌，其跌幅明显高于正常使用而预计的下跌。因为资产在正常使用过程中会发生磨损，其价值逐年降低。若资产市价发生大幅度非正常下跌，就有可能使资产的可收回金额低于账面价值，从而有可能发生资产减值。

2.企业经营所处的经济、技术或法律环境以及资产所处的市场在当期或近期发生重大变化，从而对企业产生不利影响。例如，环保法律法规、配额等限制可能会影响出口企业的产销量。当不利影响大到一定程度，就可能使企业的可收回金额小于账面价值，从而发生资产减值。

3.市场利率或其他市场投资回报率当期已经提高，从而影响企业计算资产预计未来现金流量的折现率，导致资产可收回金额大幅度降低。

4.企业的市值已经低于其净资产账面价值。资产减值会引起企业市值减少，当企业的市值低于其净资产账面价值时，有可能是企业发生了资产减值。

（二）内部原因

引起企业物质资产减值的内部原因主要有：（1）有证据表明资产已经陈旧过时或其实体已经损坏；（2）资产已经或将被闲置、重组、终止使用或提前处置；（3）资产的经济绩效已经低于或将低于预期，例如，资产所创造的净现金流量或者实现的净收益远远低于预算。

四、物质资产减值的影响

物质资产减值首先影响到企业利润实现，企业可能因之缩减生产规模、报废该资产、低价转让该资产、或直接闲置该资产。物质资产减值在影响到

企业利润实现的同时，也可能间接导致人力资本存量贬损：（1）如果由于物质资产减值使企业做出缩减生产规模的决策，会导致企业对人力资本需求减少；（2）如果企业淘汰、或报废该物质资产，与之互补的人力资本也随之被淘汰；（3）如果该物质资产被企业长期闲置，那么与之互补的人力资本也可能被长期闲置。

五、物质资产减值的处置

企业对于发生减值和面临减值风险的物质资产进行处置主要是基于利润考虑。对发生减值和面临减值风险的物质资产，企业会采取不同的应对措施。（1）对所有物质资产而言，企业通过计提折旧的方法能够收回物质资本，折旧能起到防范物质资产减值的作用。（2）对那些陈旧过时、实体损坏严重、长期闲置不用、由于技术进步不可使用等不能再给企业带来经济利益的资产，一般采取出售、转让、报废或毁损的处置方式。（3）对那些通过企业的后续支出能够满足新技术发展需要、能够维护或提高使用效能的减值资产，可以进行维护、改建、扩建、改良和修理。对资产的后续支出有资本化的后续支出和费用化的后续支出两种。

（一）资本化的后续支出

资本化的后续支出是指，如果对资产的后续支出可能使流入企业的经济利益超过了原先的估计——延长了资产的使用寿命、使产品质量实质性提高、使产品成本实质性降低，则这些后续支出应当资本化为资产的价值。但资本化支出额度不应超过该资产的可收回金额。

以固定资产为例，固定资产大修理支出和固定资产改良支出属于资本化的后续支出。固定资产大修理是对企业的固定资产进行局部更新，其特点是修理范围大、间隔时间长、修理次数少、单次修理费用大。固定资产改良又称为固定资产改建、扩建，指在固定资产原有基础上进行的改建、扩建，使其质量或功能得到改进。固定资产改良支出一般数额较大、收益期较长（超过一年）、可使固定资产的性能和质量等有较大改进。如果通过改良延长了固定资产的使用寿命、产品质量实质性提高，从而促进了产品的更新换代、使产品成本实质性降低，提高了产品的价格竞争力，这种改良支出应该资本化为固定资产的价值。

（二）费用化的后续支出

费用化的后续支出与资本化的后续支出不同，如果与资产有关的后续支出不可能使流入企业的经济利益超过原先的估计，则有关后续支出应予以费用化。仍以固定资产为例，固定资产的中小修理属于费用化的后续支出。固定资产的中小修理又称为日常修理、经常性修理，指为了维护和保持固定资产正常工作状态所进行的经常性修理工作。固定资产的中小修理涉及的修理范围小、间隔时间短、修理次数多、单次修理费用少。

第二节　企业人力资产减值

企业人力资本投资形成人力资产，在企业运营过程中，人力资产和物质资产一样可能会减值。本节重点阐述企业人力资产的涵义、企业人力资产减值的涵义，并对企业人力资产和物质资产减值进行比较。

一、企业人力资产的涵义

如前所述，一旦企业的物质资本进入经济运行过程形成资产，在经济单位的会计账户上就开始对资产在一定时期内的价值进行计量，为了回收投资成本，要以折旧的方式计算折旧额，为了体现资产价值变动的动态性，要计量资产的减值。在人力资源会计中，企业的人力资本投资形成人力资本，同理，人力资本进入企业经济运行过程则会形成人力资产。企业人力资产是由企业拥有或者控制的、预期会给企业带来经济利益的资源，企业持有人力资产的根本目的是要获取未来的经济利益。

企业持有的人力资产与物质资产具有共同特征，尤其是和长期投资、固定资产、无形资产具有相似性。

1.人力资产具有长期投资的特征。其一，人力资本投资期限相对较长，以接受正规教育为例，从小学到大学毕业要投入大约16年的时间。其二，人力资本的收益期是以承载者的整个经济生命周期为限的。因为收益回收期

长，所以获得收益的不确定性大，人力资本存量贬损风险也大。无论是基于企业所处的市场环境恶化、还是基于技术进步、或是基于承载者自身的健康存量贬损，当承载者进入市场的收入低于预期时、当承载者的收入下降时、当承载者失去收入来源时，都判定人力资本发生了存量贬损。

2.人力资产具有固定资产的特征。企业持有人力资产的目的是为了生产商品、提供劳务等，而不是直接用于出售，且在较长的持有时间内，可以多次参与生产过程但不改变实物形态。较长的使用周期孕育了人力资本存量贬损的风险。人力资本存量贬损可能源于多次生产中劳动者的健康损耗，也可能源于企业经营状况恶化，还可能源于技术进步对承载者知识和技能的淘汰，亦或是源于相关人力资本存量的变化，又或是其自身人力资本价格的变化，等等。因此，现实的人力资本存量贬损以及预防贬损需要后续支出。

3.人力资产具有无形资产的特征。人力资本承载者的知识和技能不具有实物形态。如果承载者在生产中投入的既有知识和技能被新的知识和技能所替代、或因为供给大于需求导致人力资本价格大幅度下跌、或承载者为企业带来的边际收益不足以弥补边际成本时，人力资本存量会贬损。

二、企业人力资产减值的涵义

企业人力资源成本会计的资产负债表将人力资产与长期资产及固定资产共同列为企业的非流动资产，并和固定资产一样，在年末进行人力资产摊销（谌新民，2002）[1]。和物质资产一样，人力资产也会减值，如果不追加人力资本投资，其存量会由于健康、技术进步、企业经营环境和经营决策改变等多种因素而减少，甚至会彻底流失掉；后续的人力资本投资则可能使人力资本存量恢复到原有水平，甚至比原有水平有所增加。

个人人力资本存量的有形贬损、不可逆贬损直接反映为企业人力资源会计账面价值减少，但无形贬损并不反映为人力资产账面价值减少。虽然无形贬损并不影响人力资产账面价值，但该人力资产为企业带来收益的能力已经弱化甚至消失。故本书的人力资产减值并不是一个纯粹意义上的会计概念，它不仅仅指人力资本有形贬损带来的人力资产账面价值的减少，还包括个人

---

[1] 谌新民、刘善敏：《人力资源会计》，广东经济出版社2002年版。

人力资本存量发生无形贬损对企业利润实现的影响。

三、企业人力资产减值的影响

人力资产减值对企业的影响具有两重性，既可能给企业带来负面影响，也可能有正面影响。

健康因素、社会性因素、技术进步、相关资本、企业经营环境和经营政策改变引致的人力资产减值通过影响人力资本承载者的生产率直接影响企业的利润实现。

如果人力资产减值单纯由供给大于需求带来的人力资本价格下降引致，则可能带来企业生产规模的扩大和利润的增加。其一，就高水平人力资本而言，人力资本水平越高，价格向下的需求弹性越大，若这类人力资本价格下跌，则意味着企业人力资本成本降低，企业的利润空间因之增大，此时，企业可以选择增加雇佣人力资本，扩大再生产规模，以获得更多利润。虽然个人的人力资本投资收益减少，但企业的利润因此增加了。高水平人力资本价格下降，企业可以用它们替代低水平人力资本，由此提高企业的生产率。其二，就低水平人力资本而言，价格向下的需求弹性虽然比高水平人力资本的小，但价格下降也意味着企业生产成本降低，从而有利于企业利润实现。

四、人力资产与物质资产减值的比较

企业人力资产减值与物质资产减值既相似又相异，下面从企业对两种减值资产的处置，资产减值的形式、原因，减值是否反映为账面价值减少等方面，对两种资产减值进行简单比较。

（一）企业对减值资产的处置

1.处置减值的物质资产。（1）通过本章第一节的阐述，如果减值的物质资产不再给企业带来利润，不具有继续投入的价值，企业的处置方式有直接出售、转让、报废或毁损等，总之，该项资产退出企业的生产过程。（2）如果通过改建、扩建、维护和修理，该物质资产能够继续为企业带来利润，则企业会继续对之投资。这种投资包括日常的维护和减值后的补偿投资，即费用化和资本化的后续支出。处置减值物质资产时到底选择哪种方式，要以该物质资产能否继续为企业带来利润为依据。

2.处置减值的人力资产。企业对减值的人力资产和物质资产的处置方式有所不同。（1）即使人力资本的边际产出小于边际成本，企业也可能继续雇佣之。（2）人力资产无法出售、转让或损毁，但可以通过辞退的方式进行报废，这是追求利润最大化的企业在发现人力资产减值时的首选策略，其次选择人力资本投资策略。企业的应对策略因市场时期长短不同、引起承载者减值的原因和类型、人力资本存量水平而异。但是，无论选择哪种策略，都必须和企业利润最大化原则保持一致。

理性企业处置减值人力资产的决策包括雇佣决策和人力资本投资决策。

（1）雇佣决策

应对人力资产减值，企业首先要做出是否继续雇佣该人力资本承载者的决策。企业是否继续雇佣人力资产减值的员工取决于引起人力资产减值的原因。其一，如果人力资产减值由市场需求变动、技术进步、相关资本变化等企业经营环境改变引致，企业的雇佣决策有不雇佣和软裁员两种。①不雇佣决策。人力资本承载者会在企业调整生产经营策略时被替代。基于人力资本需求的派生特性。产品市场供过于求时，企业会考虑缩减生产规模，部分人力资本承载者被解雇。总之，技术进步通过淘汰旧产品、旧技术推动企业不断淘汰既有生产项目、采用新技术，相关的人力资本承载者也随之被替代。②软裁员策略。通过延长假期、自费出差、调岗调职等方式低价使用之。比如，受始于2008年的国际金融危机的影响，各大公司掀起裁员降薪潮：松下公司计划在2010年3月底前削减大约1.5万个职位，占员工总数的5%；由于需求持续下滑，意大利汽车制造巨头菲亚特宣布，关闭在意大利的14家工厂，并以延长假期的方式裁减4.8万个职位（详见表6.1）。其二，如果人力资产减值直接由承载者生产率下降引致，企业通过比较减值员工的边际产出与企业的边际成本做出是否继续雇佣的决策。如果一般技能或低技能员工的边际产出小于企业支付的边际成本，直接将其辞退，人力资产报废。如果是需求大于供给的员工、或特殊培训技能和高技能员工的边际产出小于企业支付的边际成本，企业会考虑继续雇佣，并对之提供后续的补偿型人力资本投资。如果人力资产虽然已经减值，但边际产出仍然大于边际成本，企业会继续雇佣该人力资本承载者。

理性企业在做雇佣决策时，承载者的人力资本存量水平是其决策的重要参考因素。对人力资本存量水平低的员工，企业直接雇佣新人替代减值员工的可能性比较大，因为这些人力资本的重置成本相对较低。重置成本指在解雇旧人、招募新人、培训新人、安抚现有员工中发生的一系列成本。对人力资本存量水平高的员工，重置成本也相对较高，企业倾向于继续雇佣，这部分员工才是企业面对人力资产减值真正的人力资本投资对象。

（2）人力资本投资决策

如果企业决定继续雇佣发生存量贬损的人力资本承载者，其行动策略有低价雇佣和人力资本投资两种。第一，低价雇佣，以维持减值前的利润空间。与2008年以来的国际金融危机有关的数据显示，中国海南航空在"高油价"和金融危机的巨大压力下，大面积降薪，员工收入锐减3000元；中国中信证券部分员工薪酬最高降幅达20%（详见表6.1）。第二，对承载者进行人力资本投资，促使其至少恢复到以往的生产率水平以保持利润空间。

另外，既有人力资本存量水平高且市场需求旺盛的员工辞职，会给企业带来直接的人力资产账面价值损失，为挽留其他同类员工，企业需要通过激励措施加大对员工的支出，比如，企业通过提供人力资本投资机会激励员工。

（二）减值形式

物质资产减值的形式有无形损耗和有形损耗两种，其中以无形损耗表现的减值是绝对不可逆的，以有形损耗表现的减值是否可逆要视不同情况而定：如果可以通过后续的资本化或费用化的支出维持、甚至提高其生产能力，则减值是可逆的；如果已经完全失去生产能力，且该生产能力无法通过后续支出得以恢复，则减值是不可逆的。

人力资产减值有无形贬损和有形贬损之分，也有可逆贬损和不可逆贬损之分。与物质资产减值相似，人力资产有形贬损既可能是可逆的，也可能是不可逆的；与物质资产减值相异，人力资产的无形贬损恰恰是可以通过补偿与防范型人力资本投资逆转的，除非基于人力资本承载者的生命周期特点，该个体已经不适合进行任何形式的人力资本投资，或人力资本承载者辞职离

开本企业，此时的人力资产无形贬损才是不可逆转的。

（三）减值原因

人力资产与物质资产减值的原因大致相同，但也有相异之处。第一，人力资产是一种与承载者个人高度相关的资产，人是社会人，因此，社会性因素对人力资产减值的影响重于其对物质资产减值的影响。第二，企业对人力资本的需求具有联合需求特性，因此，生产中的相关资本对人力资本存量贬损的影响比较大。企业物质资产减值通过影响利润实现可能引发人力资本存量贬损。但是，人力资本对物质资产减值的影响却比较小。

（四）是否反映为账面价值减少

无论是有形的还是无形的物质资产减值，最终都反映为企业账面价值减少。人力资产减值却并不一定反映为账面价值减少：如果承载者流出该企业，比如，被辞退或主动辞职，或因健康、社会性因素等不得不退出人力资本市场，都说明人力资产发生减值，这类减值直接反映为人力资产账面价值减少；人力资本存量无形贬损并不改变企业人力资产账面价值，但确实影响企业的利润实现。

第三节　企业应对人力资产减值的行动策略

面对人力资产减值，企业会做出一系列反应，或解雇员工、或低价雇佣、或对承载者进行人力资本投资。企业的行动策略因承载者减值的具体情况和人力资本本身的特征而异。应对经营环境改变引致的人力资产减值直接采用替代策略即可，但若减值由员工生产率下降引致，企业的行动策略则包括是否雇佣和是否进行人力资本投资两个层面。本节重点分析企业应对员工生产率下降的策略选择，即是否雇佣决策和是否进行人力资本投资决策。

一、企业雇佣决策

企业的经济行为遵循利润最大化原则，同样，利润最大化原则也是其应对人力资产减值的行为准则。企业应对人力资产减值时首先面临着是否继续雇佣该承载者的决策。下面以完全竞争人力资本市场为例，考察企业雇佣决策应遵循的原则。

（一）假设条件

1.市场条件假设

假定产品市场和人力资本市场都是完全竞争市场。完全竞争人力资本市场具有如下特征：（1）市场上有大量供给者和需求者,二者都是市场价格的被动接受者(price taker),几个人力资本承载者进入或退出该市场并不影响市场的工资率；（2）人力资本同质，忽视经历、学历、年龄、性别的差别，承载者对企业而言有相同的生产率,只有量的差别，没有质的区别，且在任何一个企业工作的劳动条件都相同；（3）人力资本承载者和企业可以自由进入或退出某行业，即资源完全自由流动，不存在进入或退出壁垒；（4）市场主体具有完全信息，即市场主体可以迅速地以零信息成本获得所需要的全部市场信息。

2.生产条件假设

（1）利润最大化原则。在市场经济中，不同时期不同企业的具体生产经营目标各不相同,假定所有企业的生产经营目标都是收益减去成本后的利润最大化。（2）无技术进步假定。企业的生产经营往往伴随着技术进步，意味着当其他条件不变时，随时间的推移，企业的生产可能性曲线会向右上方移动，因为技术进步促使产量增加。此处假定，技术进步对生产水平无影响，或无技术进步。

3.市场时期分类

市场时期是指这样的一个时间段，企业要供给市场的产品已经生产出来，能够随时进行出售，企业只有交换，没有生产。市场时期有长期和短期之分。短期中，企业除调整劳动力以外，其他生产要素均保持不变，尤其是假定物质资本保持不变。长期中，企业的一切生产要素均可变，即人力资本投入和物质资本投入均可调整，甚至可以建立新企业扩大生产规模。

（二）短期雇佣决策

短期中，物质资本投入固定不变，唯一可变要素是人力资本投入，此时产出决策与雇佣决策一致。因为，物质资本固定不变，劳动是唯一可变要素

时，若产量增加，企业的平均变动成本（AVC）增加，企业平均变动成本（AVC）增加导致企业的边际成本（MC）增加。可见，短期中产量增加意味着人力资本投入的增加，因此，企业产出决策与人力资本雇佣决策一致。

企业雇佣人力资本的目的在于获取利润，雇佣遵循的原则为：每增加雇佣一名劳动力所能带来的收益要大于增加雇佣这名劳动力而增加的成本支出，即$MR>MC$。这里的MR指增加一个人力资本承载者所创造的新价值给企业带来的收益增加量，MC指增加该人力资本承载者所需增加支付的工资给企业带来的成本增加量。

对企业而言，用MP_H代替MR表示人力资本的边际生产率，即增雇一个人力资本承载者给企业带来的产出增加量，$MP_H=\triangle Q/\triangle H$。$MP_H$为人力资本的边际产品或边际产量，价值形态为$VMP=P\cdot MP_H$，称为人力资本的边际价值，其中$P$为产品价格，在完全竞争的产品市场上假定$P$保持不变。$MP_H$具有随着企业雇佣的人力资本承载者数量增加而递减的规律，因此，随人力资本投入量增加，企业总产量将经历如下变化过程：首先是迅速增加，接着增速减缓，继而稳定下来（前提是技术不变），这期间伴随着MP_H和AP_H的变化。在图6.1中，横轴H代表企业投入的人力资本数量，纵轴Q代表企业的产量，人力资本投入量的增加引起MP_H和AP_H的变化分为递增和递减两个阶段。

1.递增阶段

生产开始时，由于人力资本配置不足，企业生产要素未得到充分有效利用，人力资本投入不断增加使固定不变的生产要素的作用得到发挥，故MP_H不断增加，总产量随之迅速增加。

2.递减阶段

当不变的生产要素已接近充分利用，可变人力资本要素对不变生产要素的利用趋于极限，设备的超负荷运转、管理滞后、内耗增加导致低效率，从而导致生产率降低。此时，MP_H呈现出递减趋势，总产量有可能随之减少。

人力资本的平均产量AP_H指每单位人力资本承载者所生产的产量，$AP_H=Q/H$。AP_H的价值形态为$VAP_H=P\cdot AP_H$，称为人力资本的平均价值。人力资本投入量增加引起AP_H的变化分为递增和递减两个阶段，与MP_H比较，AP_H变化特征为：AP_H具有随企业雇佣的人力资本承载者数量增加先递增后递减的规律；AP_H在达到最大值之前，总小于MP_H。

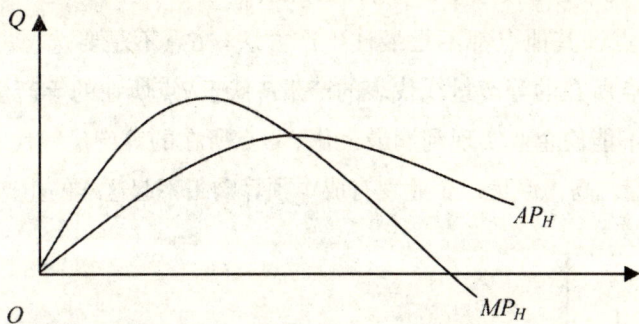

图6.1 人力资本的边际产量和平均产量

对企业而言，在完全竞争的劳动力市场上，可以用工资W代替增加雇佣一名人力资本承载者发生的边际成本MC。那么，企业利润最大化的最优人力资本雇佣决策原则为，所增加雇佣的人力资本为企业带来的边际产量等于企业因为增加雇佣而支付的工资率，即$W=P \cdot MP_H$。在完全竞争的产品市场上，该原则可以表示为，$W=P \cdot MP_H=VMP_H$。对企业而言，如果增加雇佣一名人力资本承载者的$W<P \cdot MP_H$，企业继续增加雇佣才能实现利润最大化目标；如果$W>P \cdot MP_H$，企业减少雇佣才能实现利润最大化的目标；如果$W=P \cdot MP_H$，企业实现了利润最大化目标，故其雇佣量比较稳定。

（三）长期雇佣决策

长期中，物质资本投入量和人力资本投入量都可变，这种条件下的人力资本需求是更具一般性的人力资本需求。在所有要素都可变的情况下，人力资本投入与产品产出之间的关系受资源配置状况影响，资源最佳配置是企业利润最大化的前提，故分析企业长期人力资本雇佣决策必须分析企业的最佳资源配置方法，亦即最佳生产方法。

最佳生产方法是企业为达到一定产出，物质资本和人力资本耗费最小（即费用最小）的生产方法，是针对投入与产出而言的。如图6.2所示，横轴H代表企业的人力资本投入量；纵轴K代表企业的物质资本投入量；P_0、P、P_1代表企业的等产量线；AB为企业的等成本线，其代表的成本量为C。等产量线与最低可行的等成本线（或等费用线）的切点E代表费用最小的生产方法，也是企业利润最大化的生产方法。点E确定了长期中企业利润最大化的物质资本投入量和人力资本投入量，分别为K_E和H_E。

除了E点，其他点都不是最佳生产方法。F点不是要选择的最佳生产方法，因为F点所在的等产量线代表的产量P_0低于E点所在的等产量线代表的产量P，从而不能使企业实现利润最大化。G点所在的等产量线代表的产量P_1比产量P和产量P_0高，但是，企业现有成本预算购买不起这样的生产方法。

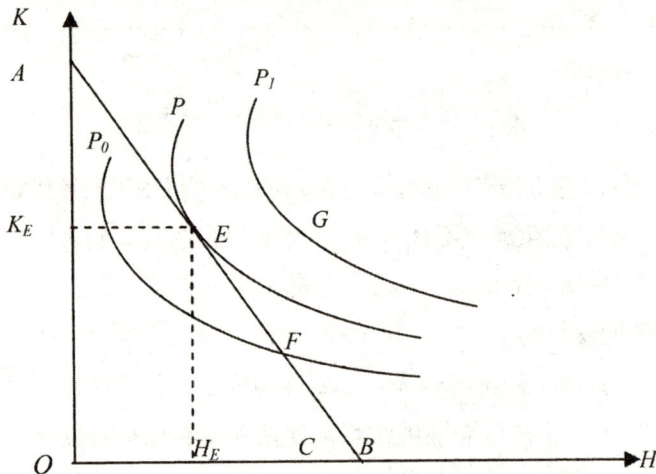

图6.2 最佳生产方法

长期中，人力资本和物质资本价格的变化可能导致企业的等成本线发生变化，因此，企业的最佳生产方法并不是固定不变的。虽然要素价格发生了变化，但选择最佳生产方法需要遵循的利润最大化原则是不变的，在新等成本线与新等产量线的切点处获得新的最佳生产方法。

如图6.3所示，假设点E为原最佳生产方法，若人力资本承载者的工资率上升，而物质资本的价格保持不变，等成本线以A为旋转轴由C向内旋转至C_0的位置，最佳生产方法则由点E变为点H。对企业而言，人力资本承载者的工资率上升，企业的利润空间变小，因此，理性企业会用物质资本替代人力资本，故在新的生产方法点H处，企业投入的人力资本H_0小于人力资本价格上涨前的H_E；同时，由于企业以物质资本替代人力资本，企业投入的物质资本K_0大于人力资本价格上涨前的K_E。如果人力资本承载者的工资率下降，理性企业会用人力资本替代物质资本。等成本线以A为旋转轴由C向外旋转至C_1的位置，在新的生产方法D处，由于企业以人力资本替代物质资本，企业投入的人力资本数量H_1大于人力资本价格下降前的H_E，投入的物质资本数量K_1小于人力资本价格下降前的K_E。

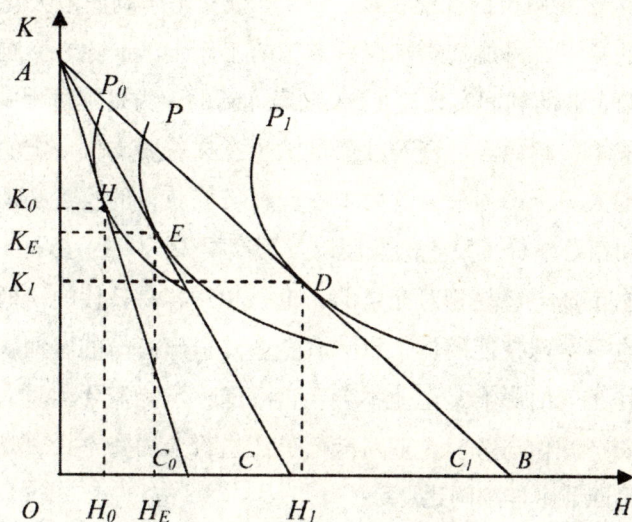

图6.3 人力资本价格变化时的最佳生产方法

需要指出一点，在要素价格发生变化时，人力资本与物质资本并不必然发生相互替代。因为这种替代还取决于二者相互替代的可能性。如果二者之间的可替代性很差，那么企业在面对人力资本价格变化时，则要采取其他措施。

二、企业对减值人力资产的处置

如果人力资产减值，在利润最大化的目标促动下，企业通常会对人力资产做出处置。企业在长期和短期决策中对减值人力资产的处置是不同的。

（一）短期行动策略

短期中如何处置已经减值的人力资本取决于承载者的生产率。短期内，企业利润最大化的人力资本需求原则为$MP_H = MC_L = W$。该原则同样适用于企业对已雇佣人员减值处置的分析。

1.对于在职人力资本承载者而言，如果减值导致其生产率低于企业支付的工资率，即$MP_H<MC_L=W$，企业会直接替代该承载者。因为短期内生产方法不变，这种替代表现为用新雇佣的承载者替代减值的承载者，并非用物质资本替代人力资本。

关于直接解雇雇员的几点说明：（1）企业基于利润最大化目标解雇人力资产减值的员工，可能会影响现有员工的工作士气，随之影响企业的生产率，进而影响企业的利润实现。（2）在雇佣新的人力资本过程中要发生招募成本、培训成本，解雇人力资产减值员工也意味着要支付一定的解雇成本、并伴有直接的人力资产损失，这要求雇佣新员工获得的收益必须足够高以覆盖解雇员工和招募新员工发生的费用以及资产损失。（3）具有一般技能的雇员在人力资本市场上总是相对充裕的，也是相对容易替代的，但替代拥有专业性人力资本等特殊技能的员工意味着企业要付出高昂的雇佣成本，再考虑到解雇对工作士气的影响，企业不会轻言辞退，可能需要辅以人力资本投资抑制其人力资产减值态势。企业对减值员工进行人力资本投资是长期的行动策略，将在第四节中详细阐述。

2.若减值导致人力资本承载者的生产率下降，但其生产率（MP_{H1}）仍然高于企业支付的工资，即$MP_H>MP_{H1}>MC_L=W$，此时，人力资产减值影响了企业的利润空间，企业对人力资本承载者的处置有替代和低价使用两种方式。

（1）用其他人力资本替代减值的人力资本。选用替代决策时，替代人力资本有两个来源：第一，从企业内部人力资本市场寻找；第二，如果外部人力资本市场提供了丰富的人力资本资源，并且新雇佣的人力资本承载者的生产率足够高，高出的生产率足以覆盖解雇成本与新雇佣成本（不包括新雇佣者的工资率）之和，那么这种替代是符合利润最大化要求的，因此是可行的。

（2）低价使用。若减值人力资本的生产率仍然高于企业支付的工资，从利润最大化的角度出发，这种人力资本是应当继续留用。考虑到人力资产减值确实影响企业的利润空间，这些减值的人力资本继续被留用的方式会有所改变。第一，企业会增加其工作时间强度，以尽量维持原有的利润空间。第二，或者维持原有的工作时间，增加其单位工作时间的工作强度。第三，重新配置。企业可以将这些减值的人力资本配置到人力资本价格较低的岗位上，顺理成章地低价使用之。严格地说，这种重新配置并非真正意义上的低价使用。虽然新岗位价格较低，但这些岗位与其减值后的生产率是匹配的。当然，减值员工不一定会接受企业的重新配置，因为接受重新配置既有货币收益损失，也有心理收益损失。这三种处置方式都建立在追求利润最大化的企业要至少获得人力资产减值前的利润空间的基础上。可见，人力资产发生减值时，承载者并不必然被解雇，完全有可能通过上述三种途径继续留在企业内部人力资本市场上。这种被低价留用的方式与直接解雇的方式相比较，显然不会对其他在职员工的士气有太多影响。

（二）长期行动策略

长期中，假定一切人力资本和物质资本都可以调整，并且实际的产品市场和人力资本市场也都经历着技术进步的冲击，此时企业对减值人力资产的处置与短期是不同的。

1.用物质资本替代减值的人力资本

长期中，企业可以重新选择最佳生产方法，采用新技术，改变人力资本与物质资本投入的比例。如图6.3中H点所示，人力资产减值时，企业可以变更生产方法，在生产过程中更多使用物质资本替代减值的人力资本。

关于这种替代的几点说明：第一，替代可行的前提条件是物质资本与减值的人力资本之间具有可替代性，能够相互替代。第二，和用人力资本替代人力资本一样，上述替代会有一系列成本产生，比如，改变生产方法要求增加物质资本投入、将原有生产方法中的相关物质资本闲置的成本、人力资本学习使用新的生产方法付出的学习成本和低生产率成本、解雇减值人力资本的成本。只有物质资本替代人力资本带来的生产率增加足以抵消这些成本，上述替代才是可行的。第三，并非所有的人力资产减值对企业都有负面影响。当人力资本的价格仅仅因为人力资本市场上的供给过剩状态而不断下跌时，人力资本本身的生产能力并没有发生改变，仍然能够给企业带来同样的生产率。由于人力资本投入成本降低，企业会做出扩大产量的决策，那么此时企业会改变生产方法，用人力资本替代物质资本，扩大人力资本的使用（如图6.3D点所示）。此时，企业既有人力资产并不会发生减值，因为工资刚性，在人力资本市场上人力资本价格下跌时，这些已经被雇佣的人力资本的价格很难随之下降。通过以低价雇佣新的人力资本的方式，企业可以享受到人力资本价格下跌带来的好处，这也很好地验证了人力资本具有很高的价格向下需求弹性。

2.企业对人力资产减值的员工进行人力资本投资

用物质资本替代减值的人力资本会直接带来企业人力资产的流失，因为：（1）对企业生产过程和生产环境的熟悉本身就是一种人力资本，企业的解雇行为必然伴随着这种人力资本的流失；（2）解雇人力资本承载者，企业对这些员工曾经的人力资本投资成为沉淀成本，投资收益无法全部收回。

另外，就一般技能人力资本和特殊技能人力资本而言，企业解雇员工的损失是不同的。若替代一般技能员工，企业能很容易从人力资本市场上获得新的人力资本。另外，一般培训中企业承担的投资成本非常小或根本不提供培训成本，替代这些人力资本时企业的资产损失比较小。特殊技能的人力资本承载者与企业之间维系着相对长期的雇佣关系。因为对员工的特殊技能培训中企业承担了相当大比例的成本，任何这类雇员的离开都意味着企业的直接人力资产损失。

综上所述，一般而言，企业不会对接受过特殊技能培训的员工轻言辞退，即使该类人力资产发生减值也是如此。因此，长期中企业不会单一选择辞退人力资产减值的员工，会选择继续留用并提供一定的人力资本投资以逆转人力资产减值的态势，我们称这种人力资本投资为补偿型人力资本投资。

第四节　企业应对人力资产减值的投资策略

企业是主要的人力资本需求主体之一，他们通过两个途径获取所需要的人力资本：直接从人力资本市场上购买或租用；通过企业的人力资本投资直接生产。企业进行人力资本投资活动主要基于两点考虑：第一，通过技术培训提高受训者生产率，以期获得更多利润；第二，生产投入中的人力资本与物质资本具有互补性，增加人力资本可以提高物质资本的边际产出，进而促进利润增长。本节围绕以企业为主体的人力资本投资活动展开论述，探讨企业应对人力资本存量贬损的投资策略——防范型与补偿型投资策略。

一、企业人力资本投资

（一）企业人力资本投资形式

企业的经营活动以利润最大化为目标，故其提高雇员劳动生产率的人力资本投资活动也必须遵循利润最大化原则。与个人相比，企业人力资本投资的形式比较单一，主要有在职培训、健康投资、情感投资三种。

1.在职培训。与个人追求收益（效用）最大化的人力资本投资活动相比，企业的人力资本投资主要聚焦于在职培训，通过技能等的培训提高雇员的劳动生产率。

2.健康投资。健康投资并非仅仅是人力资本承载者个体的投资内容，也是企业的一项人力资本投资，企业健康投资旨在使雇员的生产率提高到和其他企业一致甚至高于其他企业的水平，此类投资相当于在职培训。贝克尔（1964）认为，使雇员的生产率提高到和其他企业雇员同样生产率水平的健康投资相当于一般培训，使雇员的生产率提高到高于其他企业雇员生产率水平的健康投资相当于特殊培训。

3.情感投资。贝克尔认为，雇员的生产率不仅仅取决于企业在职培训和健康投资，还取决于雇员的工作动机。因此，企业的人力资本投资还包括基于雇员工作动机的情感投资。情感投资一般以提高雇员收益的形式出现，通过提高收入鼓舞雇员士气，以提高雇员的劳动生产率。

（二）企业人力资本投资特点

企业作为与个人、政府等相异的人力资本投资主体，其投资活动表现出自身的独特性。

1.投资收益。企业人力资本投资遵循利润最大化原则，追求的是经济收益。个人作为人力资本投资主体既追求经济收益，也看中非经济收益。而政府更看中投资带来的社会收益。

2.投资风险。企业的在职培训投资直接针对企业自身的特殊人力资本需要，企业既是人力资本需求者，同时也是人力资本供给者，因而企业内部人力资本投资供给与需求的匹配度非常高，故企业人力资本投资的风险比较

小。个人虽然也是针对市场需求进行投资，但毕竟只是人力资本投资供给者，要时刻面对市场上的人力资本需求波动，因此，个人面临的投资风险比较大。如前所述，政府的人力资本投资风险也比较小。

3.投资所有权。在任何形式的人力资本投资中，个人都是当然的参与者，通过投资获得的人力资本最终以个人为载体，故个人在人力资本投资中享有当然的所有权。对企业而言，其人力资本投资活动必然伴随着被投资者对同一形式人力资本的投资，因此，即使是企业投资形成的人力资本，被投资者仍然享有所有权。实际上，企业人力资本的所有权最终为企业和个人共有。而个人和政府的人力资本投资所有权是非常清晰的，一般都以个人为所有权人。

4.投资所属市场。个人和政府的人力资本投资都是在外部人力资本市场上进行的，以整个市场的人力资本需求为导向。企业的人力资本投资活动则主要在企业内部市场完成，企业根据内部市场上的人力资本需求状况做出人力资本供给决策，是一种自给自足的投资活动。

（三）企业人力资本投资风险

因为投资活动以企业内部市场为主，故投资风险主要来自于内部市场，来自外部市场的投资风险比较小。企业的人力资本投资是在其内部市场上的投资活动，企业内部市场上的两个主体——企业和被投资者——是人力资本投资风险的主要来源。

1.来自于企业的风险

（1）决策风险

指企业在人力资本投资行为发生后得到的实际收益小于预期收益，或根本未得到收益。决策风险主要由企业在投资决策中对人力资本投资内容和投资对象的选择不当、企业产品选择不当所致。

第一，人力资本投资内容选择不当引致的风险。其一，技术、工艺选择不当。突飞猛进的技术进步使本企业的技术、工艺变得落后、陈旧，行将被市场淘汰，很可能导致企业针对这项技术、工艺的人力资本投资贬值，甚至使该投资在尚未给企业带来任何利润时就已经毫无市场价值。其二，产品选择不当。管理者对产品的市场决策错误，导致企业选择了供过于求的产品，针对该产品的人力资本投资收益回收会比较困难。

第二，人力资本投资对象选择不当引致的风险。人力资本投资结果因个体而异，即使在不同的个体身上投入等量的资本进行人力资本开发，投资结果往往有很大差异，既可能形成"栋梁之材"，也可能是"朽木不可雕"，投资于"朽木"，投资收益回收相对比较困难。

（2）管理风险

管理不善往往造成人力资本低效使用，甚至导致人力资本流失，因而企业无法获得预期的投资收益。通常市场原则要求成本和收益内在化，即"谁投资、谁受益"，但企业人力资本的投资者和收益者却具有不完全一致性。企业是人力资本投资的出资者，受训者同样也必须至少花费一定的时间和精力参与投资，因此，企业和个人共担投资成本；企业作为人力资本投资的出资者，当然享有收益权，而个人作为人力资本的当然所有权人，也有权分享该投资收益，因此，很可能是企业和个人共享投资收益。故企业人力资本投资的成本承担和收益获得具有多种分配模式。

人力资本是一种无形资产，他寓寄在人体中，投资活动必须与个体联合，形成的人力资本无法像买卖商品或进行物质资本投资那样自由让渡使用价值并收回全部投资成本，投资者的收益只有通过作为载体的个人的生产活动才能获得，因此，个人获益是企业获得人力资本投资收益的前提。个人对企业收益的影响决定了企业必须通过一定的管理制度激发人力资本承载者的潜能。基于企业管理的人力资本投资风险主要体现在以下两方面：

第一，激励制度不科学引致人力资本的能动性、创造性无法充分发挥，人力资本面临减值风险。承载者的生产能力具有很大伸缩性（徐仁璋，2001）[1]，根据美国哈佛大学管理学院詹姆斯教授对人力资本能动性的研究，激励得当可使人的生产能力发挥到80%—90%，而激励不当只能使人的生产能力发挥到20%—30%，甚至起负作用[2]。企业雇员经过干中学、自学或在职培训后，人力资本存量增加，应该得到相应的投资回报，如果企业并未满足员工对投资回报的渴望，极易引发消极怠工，从而无法充分发挥人力资本效能，

---

[1] 徐仁璋：《人力资本投资的风险与对策》，《中南财经大学学报》2001年第2期。
[2] 程承坪、王飞军、黄小平：《人力资本投资风险探讨》，《人才开发》2001年第2期。

劳动低效率导致企业的人力资本成本沉淀（李汉通，2001）[1]。

第二，企业人力资本流失。企业人力资本流失主要由两个因素引致：其一，经过一定时期的发展，如果企业缺乏新的激励制度、决策迟缓、效能低下，组织会日渐老化，从而引发人力资本外流，企业的人力资本投资无法回收。其二，企业雇员经过干中学、自学或在职培训后，生产率提高，可以为企业带来更多利润。若被投资者在人力资本存量增加后要求高回报的意愿得不到满足，人力资本向劳动报酬高于本企业的其他企业的流动会使本企业暴露于人力资本投资无法收回的风险中，若这些人力资本增强了竞争对手的经济实力，本企业蒙受的损失更大。

（3）环境风险

环境风险主要指源自于企业内外部环境的风险。

第一，企业内部风险。与物质资本不同，人力资本承载者是有感情的社会人，其工作效能的发挥受个人偏好影响，工作类型是否合适、人际关系是否和谐、劳动者之间相互分工合作是否和谐、工作环境是否惬意等都影响人力资本效能发挥。来自于企业内部的环境风险往往会导致两个结果：其一，同样的人力资本在不同的环境中使用时生产率可能不同；其二，具有相同价值的人力资本在同一环境中使用时生产率可能不同。比如，专业对口时人力资本价值高，若专业不对口，生产能力较弱，人力资本价值较低。

第二，企业外部的环境风险。企业外部的环境风险主要指由国家政治政策变化、产业结构政策调整、市场需求转变等不确定性因素引起的对企业的产品、技术、工艺需求的变化，近而带来企业人力资本投资收益的不确定性。

2.来自于被投资者的风险

这种风险主要指不可抗力因素引致的人力资本承载者死亡或丧失劳动能力给企业带来的人力资本投资不能全部收回或根本无法收回的风险。

企业人力资本投资的风险无论是来自企业自身还是来自于个人，最终都反映在被投资者个人的生产效率变动上。

---

[1] 李汉通、李霆：《人力资本投资收益与风险分析》，《东北电力学院学报》2001年第2期。

二、企业人力资本投资决策模型

贝克尔于1964年首次提出了人力资本投资的在职培训模型[1]，该模型与之前的人力资本投资模型相异之处为：模型包含两个投资者，一个是作为人力资本投资对象的个人，另一个是企业。将企业纳入人力资本投资模型中奠定了贝克尔在在职培训模型中的理论地位。贝克尔将人力资本投资区分为一般培训（General Training）和特殊培训(Special Training)两种形式，不同的在职培训决策对就业、流动、个人收入分配的影响是不同的。

企业和个人参与在职培训，投资成本分担与收益分享比例由在职培训的性质决定。根据在职培训提供的技能对提高雇员在本企业和其他企业的生产率的不同作用，贝克尔将在职培训划分为一般培训和特殊培训。一般培训是指劳动者通过在职培训获得的职业技能、知识等也适用于本企业（提供培训的企业）以外的其他企业，受训者若到其他企业工作其生产率可以得到同样程度的提高。比如，在钢铁厂接受了在职培训的机械工人，其获得的技能对机床厂的相关工作也是适用的。特殊培训则是指劳动者通过培训获得的职业技能、知识等只能（或主要）适用于提供培训的企业，受训者到本企业以外的其他企业工作时，其生产率不会提高或只有很小的提高以至于可以忽略不计。当然，实际生产中的在职培训往往既具有一般培训特征也具有特殊培训特征，并没有 般培训和特殊培训那样清晰的界限。

一般培训、特殊培训或介于二者之间的在职培训投资决策是有差异的，因此，在上述基本决策模型的基础上，提出如下一般培训决策模型、特殊培训决策模型和介于二者之间的混合培训决策模型。

（一）一般培训决策模型

受训者接受了一般培训后，不仅在提供培训的企业的生产率会提高，一旦其跳槽流动到其他企业，仍然能够保持较高的生产率，未花费培训成本的其他企业免费享受了在职培训的收益。无疑，提供一般培训的企业为其他企业提供了"免费搭车"的机会，从这个角度看，企业提供一般培训的积极性

---

[1] G.S.Becker, *Investment in Human Capital :A Theoretical Analysis.* The Journal of Political Economy, V.70,Supplement,1964(Oct.):9—49.

很低，因而企业的一般培训量小于需求量。贝克尔认为，企业只有在不承担任何培训费用的条件下，才有可能提供一般培训，一般培训费用通常由受训者承担。受训者愿意承担培训费用是因为预期到通过培训可以增加人力资本存量，增强其在市场上的收入能力。

根据"谁投资、谁受益"的原则，受训者承担了一般培训的费用，当然应该享受全部培训收益。根据美国经济学家约翰·贝茨·克拉克的边际生产力理论 [1]，在完全竞争市场上，工资率等于劳动者的边际生产率。受训者承担一般培训的费用表现为在培训期接受的工资水平等于其实际的边际产出，但小于其接受培训前的工资水平；受训者享受培训收益表现为在培训结束后，工资水平等于其实际的边际产出水平，此时，工资率高于受训前的工资水平。可见，一般培训可以使受训者的工资增加幅度与边际劳动生产率提高幅度相等，那么，对于所有时期 $t=1, \cdots\cdots n-1$，$MP_t = W_t$，故

$$G = \sum_{t=1}^{n-1} \frac{MP_t - W_t}{(1+i)^t} = 0 \qquad (6.1)$$

相应地，公式1.16 [2]简化为

$$MP_0' = W_0 + C \qquad (6.2)$$

或

$$W_0 = MP_0' - C \qquad (6.3)$$

将公式6.2等号两边同时加上 MP_0，并将公式1.14 [3]代入，有

$$MP_0' + MP_0 = W_0 + K + I + MP_0 \qquad (6.4)$$

将公式1.13 [4]代入公式6.4有

---

[1] 边际生产率理论认为，当劳动量不变而资本（生产资料）相继增加时，每增加一单位资本所生产的产量或价值依次递减，这就是"边际生产率递减律规律"。最后增加一单位资本所生产的产量或价值，称为"资本的边际生产率"，它决定利息的高低；同样，当资本不变而劳动量相继增加时，则"劳动的边际生产率"决定劳动者工资的多寡。克拉克认为：资本越多，利息越低；劳动力越多，工资越低。

[2] $MP_0' + G = W_0 + C$

[3] $C = K + I$

[4] $I = MP_0' - MP_0$

$$MP_0' + MP_0 = W_0 + K + (MP_0' - MP_0) + MP_0 \qquad (6.5)$$

整理公式6.5有

$$MP_0 = W_0 + K \qquad (6.6)$$

公式6.6表明，受训者在培训期间的工资率W_0小于培训期间的实际边际产出MP_0，培训成本K为实际工资率与受训前边际产出之差，受训者通过接受低于受训期间实际边际生产率的工资水平的形式承担了一般培训费用。学徒的低工资就反映了培训期间由受训者承担全部培训费用。

如果一般培训的成本由受训者承担，那么受训者也应该享受培训的收益，否则，受训者会在培训结束后跳槽流动到其他企业谋求高收入。实际上，受训者在结束培训后，人力资本存量增加，收入能力随之增强，收益跃升到与其实际生产率相等的水平。如图6.4所示，UU线为未接受过在职培训的雇员的工资水平，假定工资水平与年龄无关，则该曲线以水平线的形式出现；TT'和TT为接受过培训的雇员的工资水平曲线，其中TT'线未考虑年龄与工资水平的关系，假设受训者在培训后立即获得与其边际产出相等的工资。图6.4表明，培训期间，受训者的工资水平低于未接受培训者的工资水平，即$T<U$，受训者承担培训成本；培训结束后，受训者的工资逐渐增加，经过短暂的工资水平小于等于未受训者（$T\leq U$）的时期，其工资水平迅速超过未受训者（$T>U$），受训者享受培训收益。虽然受训者在接受培训前后的工资水平有上述变化规律，但在整个经济生命周期中，其工资的现值等于其边际产出的现值。

贝克尔认为，资产减值表现为一定时期内资产价值的变化：价值下降，资产贬值，应该在收入中减去贬值额；价值增加，资产负贬值，应该在收入中减去负贬值额。从接受培训开始，受训者的经济价值是随年龄的增长而不断增加的，即对企业而言，受训者人力资产表现为负贬值，所以图6.4中TT线是不断向右上方延伸的。

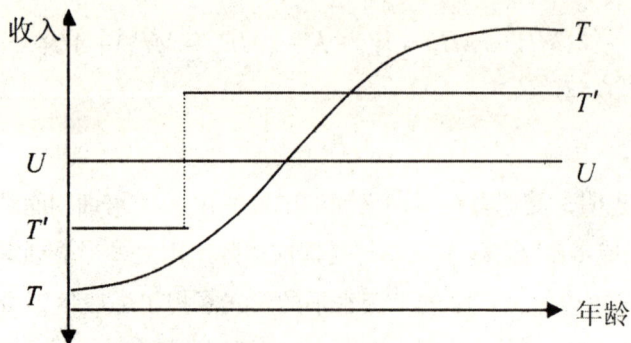

图6.4 一般培训、年龄与个人收入（G. S. Becker, 1964）

在完全竞争市场上，假定工资水平与年龄无关，也可用图6.5表示受训者承担全部培训成本并享受全部收益的模式。图中横轴表示年龄和时间，纵轴表示边际产出和工资率。培训期间受训者的工资率$W_1=MP_1$$<MP_0$，表明受训者承担了培训成本；培训结束后，受训者的工资率跃升到高水平的$W_2=MP_2>MP_0$，表明受训者享受了全部培训收益。只有在工作年限内，接受培训的净现值大于零，工人才会接受培训，即若$[\sum PV(W_2-W_0)]-[\sum PV(W_0-W_1)]>0$，该一般培训投资是可行的。

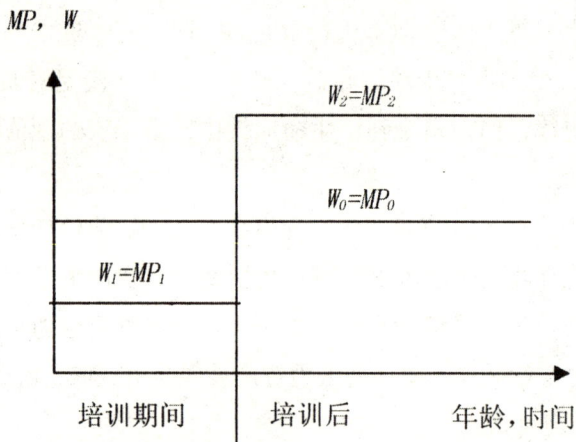

图6.5 一般培训投资的成本与收益：受训者承担成本并享受收益

（二）特殊培训决策模型

特殊培训的成本承担与收益分配模式有两种：企业单独承担成本并享受

收益、企业和受训者共担成本并共享收益（即混合培训决策）。

1.企业承担全部培训成本并享受全部收益

与一般培训不同，特殊培训只是提高了受训者在提供培训企业内的生产率，若受训者流动到其他企业，对其生产率的提高没有效用或效用很小，因此，企业全部承担这类培训成本的动机比较强。在完全竞争的市场条件下，企业进行特殊培训投资的均衡条件为

$$MP_0' + G(= \sum_{t=1}^{n-1} \frac{MP_t - W_t}{(1+i)^t}) = W_0 + C \quad\quad (6.7)$$

其中，MP_0'和W_0为其他企业工人的边际产出和工资，$MP_t - W_t$为提供特殊培训的企业的培训收益。根据工资的边际生产力理论，$MP_0'=W_0$，提供特殊培训的均衡条件为$G=C$，即培训收益等于培训成本。若G为企业从培训中所获得收益的现值，则有

$$MP' + G = W + C \quad\quad (6.8)$$

在完全竞争市场上，假定工资水平与年龄无关，也可用图6.6表示企业承担全部培训成本并享受全部收益的模式，表现为企业不考虑雇员在培训前后生产率的变化，一直支付给雇员W_0的工资水平。培训期间受训者的工资率为W_0>MP_1，表明企业承担了培训成本；培训结束后，受训者的工资率仍然保持在W_0<MP_2的水平，表明企业享受了全部培训收益。只有在雇员的工作年限内，$[\sum PV(MP_2 - W_0)] - [\sum PV(W_0 - MP_1)] > 0$ 雇主才会为特殊培训付费。

MP，W

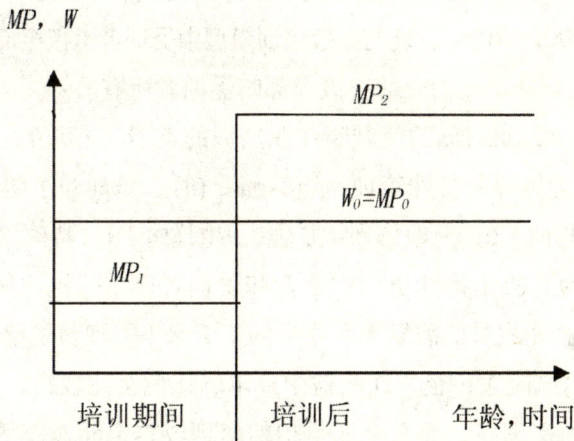

图6.6 特殊培训投资的成本与收益：企业承担成本并享受收益

2.企业和受训者共担培训成本，共享培训收益

就提供特殊培训而言，企业也可以只承担部分培训费用，其余费用由受训者承担。对于受训者而言，一旦流动到其他企业，通过接受培训获得的技能在提高其收益水平上作用不大，因此，流动到其他企业可能导致受训者收入下降，同时浪费了为接受培训而付出的时间和精力，故受训者与提供培训的企业之间保持着相对稳定的雇佣关系，基于这种考虑，受训者有承担特殊培训成本的动机。如果受训者承担了部分培训成本，那么投资收益应由企业和受训者分享。

假定 G' 为受训者从培训中所获收益的现值，则特殊培训的全部收益现值为 $G''=G+G'$，即企业收益与个人收益现值之和。由企业和受训者共同承担特殊培训成本时，均衡条件为 $G''=C$。若假定 a 为培训总收益中企业所占的比例，则企业的培训收益为 $G=aG''$，个人的收益为 $G'=(1-a)G''$。由于 $G''=C$，公式6.8可以整理为

$$MP' + aC = W + C \qquad (6.9)$$

或

$$W = MP' - (1-a)C \qquad (6.10)$$

可见，培训成本分担的比例与培训收益分享的比例相同。（1）若 $a=1$，投资成本全部由企业承担，则公式6.10简化为 $MP_0'=W_0$，此时，培训收益全部归企业所有，表现为受训者在培训结束后仍然享受与其受训前边际产出相等的工资水平 W_0。（2）若 $a=0$，投资成本全部由受训者承担，则公式6.10简化为 $W_0=MP_0'-C$ 或 $MP_0=W_0+C$，这与一般培训模型中受训者承担全部投资成本的情况相同，此时，特殊培训的收益应该全部归受训者所有。

综上所述，可以根据 a 的值判断在职培训的类型：若 $a=0$，为纯粹的一般培训；若 $a=1$，为纯粹的特殊培训；当 $0<a<1$ 时，培训介于两类纯粹的技术培训之间，a 越趋向于0，一般培训特征强，a 越趋向于1，特殊培训特征强。

贝克尔认为，决定特殊培训中企业和受训者成本分担比例 a 值的因素是多维的。（1）企业雇员的辞职率和要求的工资水平。雇员的辞职率高，企业投资成本流失的风险大，企业在收益中要求的比例会比较高；如果雇员在培训收益中要求的比例高，那么企业承担的培训成本会相对较低。（2）企业

对雇员的辞退率和企业利润。企业对雇员的辞退率高，投资成本流失的风险大，企业在收益中要求的比例比较高；若企业预期的利润水平比较高，其在培训收益中占有的比例也高。（3）其他因素。资金成本、风险偏好会影响到a值。若用于特殊培训的资金成本高，企业和受训者预期培训收益比例都比较高；若企业的风险偏好小，其对培训的预期收益要求的比例会比较高，受训者也是如此；反之，亦然。

在完全竞争市场上，假定工资水平与年龄无关，也可用图6.7表示企业与个人共担特殊培训成本并共享培训收益的模式。

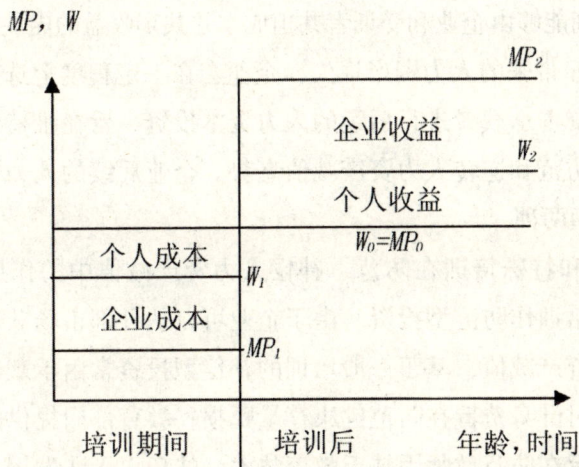

图6.7 特殊培训投资的成本与收益：企业与受训者共担成本共享收益

（1）成本分担模式。培训总成本为$\sum PV(MP_0 - MP_1)$，其中，培训期间受训者的工资率为$W_1 < MP_0$，表明个人承担了部分培训成本，承担的成本现值为$\sum PV(MP_0 - W_1)$；培训期间工人的工资率$W_1 > MP_1$，表明企业承担了剩余的培训成本，成本现值为$\sum PV(W_1 - MP_1)$。

（2）收益分享模式。培训总收益为$\sum PV(MP_2 - MP_0)$，其中，雇员的工资率$W_2 > MP_0$，表明雇员享受了培训收益，同时$W_2 < MP_2$，表明雇员只享受了部分培训收益，收益现值为$\sum PV(W_2 - MP_0)$；企业付出的工资率，表明企业享受了剩余的培训收益，收益现值为$\sum PV(MP_2 - W_2)$。在雇员的工作年限内，

只有$[\sum PV(W_2 - MP_0)] - [\sum PV(MP_0 - W_1)] > 0$时，雇员才愿意为特殊培训付费；只有$[\sum PV(MP_2 - W_2)] - \sum PV(W_1 - MP_1)] > 0$时，雇主才会为特殊培训付费；只有上述两个条件同时成立，这项在职培训投资才是可行的。

在企业和受训者共担特殊培训成本和共享培训收益的模式中，企业一方面在通过培训结束后获取足够的培训收益以防范受训者跳槽的风险，另一方面将部分培训收益转让给受训者，通过在培训结束后提供给受训者高于市场平均工资率的工资水平减少雇员的辞职率。这种做法导致到该企业求职的人远大于企业的实际需求。供大于求的态势促使企业将培训成本部分地转嫁给受训者，这就是特殊培训能够由企业和受训者共担成本并共享收益的内在机理。

考虑到解雇带来的人力资产损失，企业会在一定程度上选择对一部分发生减值的人力资本承载者进行后续的人力资本投资，旨在维持、改善承载者的生产能力，防范和逆转人力资产减值态势。企业后续的人力资本投资也有防范型和补偿型两种。

一般培训和特殊培训在防范、补偿人力资产减值中的作用不同。企业通常选择一般培训作防范型投资。由于企业可以从外部市场获取相关人力资本，一旦人力资产减值，基于一般培训的补偿型投资常由承载者个人承担。比如，企业支付健身费旨在防范健康存量贬损；教育部门提供的教育学、心理学师资培训旨在防范教师因缺乏教育技术、技巧而无法发挥人力资本的作用；会计行业随新规则出台定期举行的从业培训旨在防范因落后于会计变革而给企业带来的损失。

特殊培训既可以作为企业应对人力资产减值的防范型投资，也可以作为补偿型投资。由于具有特殊培训技能的员工在外部市场的不可获性，企业提供在职培训的积极性较大。在技术进步、行业发展的前提下，不断更新员工的技能、知识能起到防范既有人力资产减值的作用。一旦人力资产减值，企业不会直接解雇承载者，而是选择提供特殊培训补偿减值的人力资产。这样既不会报废既有资产，又避免了解雇旧员工、招募新员工发生的重置成本。

三、企业的补偿型人力资本投资策略

（一）决策遵循的原则

企业对减值的人力资本进行投资，旨在抑制人力资产减值引致的承载者生产率下降，使该生产率至少恢复到减值前的水平，以实现企业利润最大化的目标。

（二）决策的前提条件

企业补偿型人力资本投资决策的前提假设有：（1）企业既有人力资产发生减值，降低了既有人力资本的生产率，缩小了利润空间；（2）补偿型人力资本投资只针对确实发生资产减值且影响到企业利润实现的人力资本；（3）补偿型人力资本投资的决策时点滞后于既有投资的决策时点，只有在既有人力资产减值确实发生时才会有补偿型投资决策；（4）假定既有人力资本投资仍然为企业所需，补偿型投资的主要形式为在职培训，且该培训确实能提高承载者的生产率；（5）补偿型人力资本投资决策是"长期"决策，因此，发生人力资产减值的承载者的年龄和工作稳定性是必须考虑的两个因素；（6）补偿型人力资本投资是针对拥有特殊技能承载者的，承载者在企业工作期间对企业环境的熟悉、干中学等都被视为企业的人力资本投资，故假定凡是进入企业的承载者都接受了一定数量的特殊培训；（7）一旦人力资产发生减值，企业立即做出补偿型投资决策。

（三）投资形式

企业的补偿型人力资本投资有基于生产技能和基于健康状况两种形式。

1.基于生产技能的补偿型投资。当人力资产减值由技能水平落后引致，企业的补偿型人力资本投资针对的是员工技能水平的提升，旨在至少使员工的生产率恢复到减值前的水平。当然，很可能补偿型人力资本投资出人意料地将员工的技能水平提升至足够高的水平，以至于接受培训后员工的生产率远远超过人力资产减值前的水平。

2.基于健康状况的补偿型人力资本投资。若员工生产率下降由健康存量贬损引致，企业需要作补偿型投资。病愈前的支出应当属于补偿型健康投

资，病愈后的健康投资则属于防范型投资。如果员工健康问题不严重，企业的补偿型健康投资效果是比较明显的，能够有效地促进健康恢复和生产率恢复；若员工健康问题严重，企业的补偿型健康投资效果往往比较差，员工的生产率可能很难恢复到原有水平，那么企业的补偿型健康投资收益难以收回，基于利润最大化目标的企业可能会替代这些发生了减值又无法顺利恢复生产率的员工。

（四）决策模型

无论企业在既有的人力资本投资中付出的投资成本是全部成本还是部分成本，企业都要核算自己的成本收益，只有人力资本投资收益现值等于成本现值时，投资才可行。

如前所述，在企业承担全部特殊培训的成本并享受全部培训收益的模型中，企业进行特殊培训投资的均衡条件为

$$MP_0' + G\left(= \sum_{t=1}^{n-1} \frac{MP_t - W_t}{(1+i)^t}\right) = W_0 + C \qquad (6.7)$$

一旦人力资产发生减值，企业作出补偿型人力资本投资，G 值的计算方法需要修正，即要考虑企业人力资产减值，加入补偿型投资的成本和收益因素。那么，G 值的计算方法修正为

$$G = G_1 + \sum_{t=1}^{n-1-u} \frac{MP_{t1} - W_t}{(1+i)^t} + \delta \qquad (6.11)$$

其中，u 代表在既有人力资本投资决策后的第 u 年后发生了人力资产减值；G_1 为提供特殊培训的企业在 u 年内已经获得的培训收益（$0 \leq u \leq n-1$）；$\sum_{t=1}^{n-1-u} \frac{MP_{t1} - W_t}{(1+i)^t}$ 是人力资产减值后，在剩余的投资回收期内企业能够获得的投资收益（有可能是一个负数），使用的是现值计算法；δ 为人力资产减值给企业带来的投资收益损失，补偿型人力资本投资旨在至少覆盖 δ。相应地，公式6.7修正为

$$MP_0' + G[= G_1 + \sum_{t=1}^{n-1-u} \frac{MP_{t1} - W_t}{(1+i)^t} + \delta]$$

$$= W_0 + C_1 + C_c$$

（6.12）

其中，MP_0'和W_0为其他企业工人的边际产出和工资；C_1为补偿型决策时点上既有人力资本投资的实际成本；C_c为补偿型人力资本投资成本。根据工资的边际生产力理论，$MP_0'=W_0$，提供特殊培训的均衡条件为$G=C_1+C_C$，即培训收益等于培训成本。若G为企业从培训中所获收益的现值，则有

$$MP' + G = W + C_1 + C_c$$

（6.13）

该模型很好地体现了基于补偿的人力资本投资决策时点的滞后性。

第一，G_1代表截止到人力资产减值的时点上既有投资为企业带来的收益；C_1代表截止到减值的时点上，既有投资的实际成本。

第二，$\sum_{t=1}^{n-1-u} \frac{MP_{t1} - W_t}{(1+i)^t}$代表从既有人力资产发生减值的时点开始到既有投资周期结束期间，减值的人力资本能为企业带来的投资收益，采用的是现值计算法；$MP_{t1}<MP_t$，表明减值的人力资本为企业带来的预期投资收益小于既有人力资本投资决策时点上的预期收益。

关于模型指标的选用。上述企业补偿型人力资本投资方法在实际运用中选取的参考指标如下：MP_{t1}用人力资产减值后的实际生产率代替；δ值用既有人力资本减值时的实际生产率与减值前的生产率之差代替；C_1为企业既有投资的实际成本，C_c以相应企业的人力资本投资成本值为参照；MP_0'和W_0为其他企业同类人力资本的实际边际生产率和企业支付的工资率。

经历了人力资产减值以及企业后续的补偿型人力资本投资，个人的实际生产率曲线如图6.8所示，可能为$PADP'$，也可能为$PACP''$。人力资产减值后，承载者的生产率降低，如图中AD段和AC段所示；若企业作出补偿型投资决策，则生产率至少能够恢复到减值前的水平，如图中DP'段和CP''段所示。可见，通过后续的补偿型人力资本投资，企业覆盖了人力资产减值带来的损失。

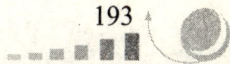

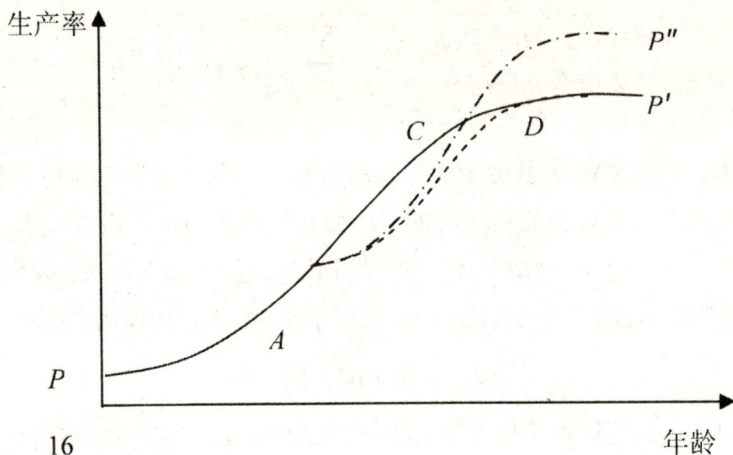

图6.8 企业补偿型投资下的个人生产率曲线

如前所述，如果企业只承担部分培训费用，那么企业也只能享受部分培训收益，均衡条件为$G''=C$，其中$G''=G+G'$。若企业在人力资产减值后进行补偿型投资，同时并不改变成本分担和收益分享的比例，则要修正G、G'值，修正的方法与上述修正法相同。但是，无论怎么修正，我们仍然取G''为人力资产减值前的原值，因为我们假定企业的补偿型投资至少要使人力资本恢复到原来的生产率，使既有的投资总收益至少恢复到投资决策时点的水平。均衡条件被修正为

$$G'' = C_1 + C_c \qquad (6.14)$$

其中公式6.10则被修正为

$$W = MP' - (1-a)[C_1 + C_c] \qquad (6.15)$$

四、企业的防范型人力资本投资策略

基于人力资产减值的负面影响，很多企业开始注重"防患于未然"的防范型人力资本投资，针对可能发生减值的人力资产，通过先期的投资预防、抑制减值的发生。

（一）决策遵循的原则

企业的防范型人力资本投资旨在通过预防、抑制可能的人力资产减值以

最大化利用企业的既有人力资本，达到企业利润最大化的目的。企业的防范型人力资本投资原则为：通过后续的人力资本投资能够确定地获得既定人力资本投资的预期收益，使既定的人力资本投资至少能够保值。

（二）决策的前提条件

企业的防范型人力资本投资决策的前提假设有：（1）企业既有人力资本投资形成的人力资本未来可能会减值，若减值确定地发生了，会直接影响到企业的利润空间；（2）防范型人力资本投资对象并非确实发生减值的人力资本，而是可能发生减值的人力资本；（3）防范型人力资本投资决策时点先于既有人力资产减值，与既有投资决策相伴而生，决策时点可能相同，也可能滞后于既有投资决策时点；（4）假定雇员既有人力资本仍然为企业所需，企业的投资主要体现为在职培训，经过防范型投资后，能够至少维持既有人力资本减值前的生产率；（5）防范型人力资本投资决策是"长期"决策，故企业的投资决策受承载者的年龄和工作稳定性影响；（6）防范型人力资本投资是针对拥有特殊技能承载者的，承载者在企业工作期间对企业环境的熟悉、干中学等都被视为企业的人力资本投资，因此，假定凡是进入本企业的承载者都接受了一定数量的特殊培训。

（三）投资形式

企业防范型人力资本投资有基于生产技能和基于健康状况两种形式。

1.基于生产技能的防范型人力资本投资

该投资旨在通过技能培训至少维持既有人力资本的生产率。在技术进步的前提下，这种投资是非常必要的。另外，企业可以通过防范型人力资本投资试图促成一种稳定的雇佣关系，从管理的角度看，这也是企业挽留高级员工、以实现企业利润最大化目标过程中不可或缺的条件。比如，摩托罗拉为员工提供了诸如英语培训等在内的日常培训，一方面能够提高员工素质，另一方面也培养了员工对企业的忠诚度，激发出员工巨大的生产潜能，不失为一种非常有效的预防人力资产减值的投资。

2.基于健康状况的防范型人力资本投资

据报道，诸如摩托罗拉等大型企业每年为员工提供一定数额的健身费、或提供一定的健身机会。这种支出属于防范型人力资本投资，是一种为了至少维持员工目前的健康状况以保有既有的人力资本生产率的投资。基于健康状况的防范型投资适用于各年龄段、各类别的人力资本承载者。

另外，员工辞职时，企业的该项人力资产减值为零。如果市场对该类员工的需求大于供给，旺盛的需求激励企业挽留员工，如果企业选择提供人力资本投资机会、提高薪酬福利等激励手段，表明企业在做防范型人力资本投资。

需要指出一点，企业的防范型人力资本投资旨在至少维持员工目前的生产率，但往往会使员工的生产率提高到超过既有投资决策时点预期的生产率，有利于企业利润最大化目标的实现。

（四）决策模型

在防范型人力资本投资策略中，由于考虑到人力资产可能会发生减值，需要对企业人力资本投资决策模型进行修正。考虑到可能的人力资产减值，仍然获得先期人力资本投资决策中预期的投资收益，企业实际付出的投资成本还要增加防范型投资成本部分。

1.企业承担全部投资成本并享受全部投资收益

如前所述，在企业承担全部特殊培训的成本并享受全部培训收益的模型中，企业进行特殊培训投资的均衡条件为

$$MP_0' + G(= \sum_{t=1}^{n-1} \frac{MP_t - W_t}{(1+i)^t}) = W_0 + C \qquad (6.7)$$

构建企业的防范型人力资本投资模型，并不需要修正 G 值，因为投资的目的至少要维持既有人力资本投资决策的预期收益。需要修正的是人力资本投资成本值，修正后得到企业的防范型人力资本决策模型为

$$MP_0' + G(= \sum_{t=1}^{n-1} \frac{MP_t - W_t}{(1+i)^t}) = W_0 + C + C_P /(1+i)^u \qquad (6.16)$$

其中 C_p 代表企业防范型人力资本投资成本，$C_p/(1+i)^u$ 代表在既有人力资本决策后的第 u 年开始发生防范型投资成本。如果企业的防范型投资与既有投资决策的时点相同，则 $u=0$，那么防范型投资模型修正为

$$MP_0' + G(= \sum_{t=1}^{n-1} \frac{MP_t - W_t}{(1+i)^t}) = W_0 + C + C_p \qquad （6.17）$$

关于模型指标的选用。因为是对一项预期的投资项目做投资决策，因此该模型选用现值计算法，在实际运用中需要选取一系列参考指标：MP_0'和W_0直接选用人力资本承载者既有投资决策前的实际边际生产率和企业支付的实际工资率替代；MP_t用相应人力资产的实际生产率代替；W_t用企业支付给既有人力资本承载者的实际或预期工资率代替，企业承担全部培训成本时，W_t实际上就是W_0；C和C_p的值用同类人力资本投资的成本替代即可。

2.企业承担部分投资成本且享受部分投资收益

如前所述，如果企业只承担部分培训费用，那么企业也只能享受部分培训收益，均衡条件为$G''=C$，其中$G''=G+G'$。若企业为预防人力资产减值先期进行了防范型人力资本投资，同时并不改变成本分担和收益分享的比例，则要修正G、G'值，修正的方法与上述修正法相同，但是，无论怎么修正，G''值不变，因为我们假定企业的防范型人力资本投资至少要维持既有人力资本预期的生产率水平，以使既有投资的总收益至少维持在投资决策时点的预期收益水平上。修正后的防范型人力资本投资均衡条件模型为

$$G'' = C(1+i)^u + C_p /(1+i)^u \qquad （6.18）$$

其中，u代表在既有投资决策后的第u年进行防范型投资，若$u=0$，表明防范型投资决策与既有投资决策的时点相同，此时，公式6.18被简化为

$$G'' = C + C_p \qquad （6.19）$$

根据公式6.18修正公式6.10，可得

$$W = MP' - (1-a)[C(1+i)^u + C_p /(1+i)^u] \qquad （6.20）$$

若$u=0$，则公式6.20被简化为

$$W = MP' - (1-a)(C + C_p) \qquad （6.21）$$

五、企业人力资本投资策略选择的影响因素

人力资产发生减值时，企业既有人力资本投资成本、替代减值人力资本的容易程度、人力资本承载者的年龄等因素影响着企业的应对之策。

（一）企业既有人力资本投资成本

企业既有人力资本投资成本的大小影响着企业应对减值人力资本的不同策略选择。如果企业既有投资成本非常小甚至未投入任何成本，在该人力资产发生减值时，企业损失掉的仅仅是生产率，此时，应对人力资产减值的最佳策略为替代减值的人力资本；如果企业既有投资成本非常大甚至支付了该投资的全部成本，在人力资产发生减值时，企业不但经历着生产率损失，如果因此替代该人力资本，同时面临巨大的人力资产损失。

既有人力资本投资的性质不同，企业人力资本投资成本也有所不同。（1）如果既有人力资本投资为一般培训，企业承担的投资成本非常小甚至没有承担任何成本，该人力资产减值时，企业可以用人力资本市场上或企业内部市场上的其他人力资本轻易替代该减值资本。这种应对策略恰和具有一般技能的人力资本承载者与雇主之间雇佣关系相对灵活的现象相吻合。（2）如果既有人力资本投资为特殊培训，企业承担的投资成本非常大甚至承担了全部成本，企业不会轻易替代减值的人力资本，很可能会对之低价使用、或进行补偿型投资以抑制资产减值的趋势。这种应对策略恰和具有特殊技能的人力资本承载者与雇主之间保持着长期稳定的雇佣关系相吻合。

单就企业应对人力资产减值的投资对策而言，企业投资成本比较大的既有特殊培训对象也是其注重通过防范型投资使其人力资产保值的对象。而企业对掌握一般技能的雇员进行的基于技能的防范型投资比较少。

（二）替代减值人力资本的容易程度

能否顺利地按企业所想替代减值的人力资本取决于替代的容易程度。

1.短期中以人力资本替代人力资本。（1）若用于替代的人力资本来自于人力资本市场，那么这种替代取决于市场的供求关系，如果市场该类人力资本供给充裕，那么企业的替代容易实现；反之，则企业的替代难实现。（2）若政府有相应管制政策，则会在一定程度上抑制替代的进行。

2.长期中以物质资本替代人力资本。如果用物质资本替代人力资本在技术上可行，那么这种替代很容易实现；反之，替代困难，此时对减值的人力资本或者用其他人力资本替代、或者进行补偿型投资继续留用。

3.替代成本约束。无论是用人力资本替代减值的人力资本，还是用物质资本替代减值的人力资本，都不能忽视替代成本。如果因为替代带来的雇佣成本与解雇成本之和、引进新生产方法的成本与解雇成本之和不足以被新雇员的高生产率、或新生产方法的巨大利润空间所覆盖，那么这种替代因成本太高而不具可行性。

（三）人力资本承载者年龄

企业既有人力资本承载者的年龄影响企业的选择。

1.处于经济生命周期前期的人力资本承载者。该阶段人力资本承载者一般不会被企业轻易替代，因为：（1）如果减值的承载者比较年轻，其投资效率很高，对其进行人力资本投资是个不错的选择。（2）该年龄段的承载者对基于健康因素的防范型人力资本投资需求比较少，如果企业要做防范型投资，也大多表现为基于技能的投资。

2.处于经济生命周期中期的人力资本承载者。在这一阶段，雇员人力资本投资的效率变低，健康状况也开始恶化，企业要支付的基于健康的防范型与补偿型人力资本投资都要增加。纵然如此，企业也不一定会直接替代他们。因为，这个年龄段同时也是承载者的人力资本水平和生产率达到最高水平的时期，一方面，该时期人力资产不易发生减值；另一方面，即使发生减值，其蕴涵的巨大人力资本往往成为企业考虑继续留用的关键。当然，没有特殊技能、健康状况欠佳的减值者将陷入被替代的窘境。

3.处于经济生命周期后期的人力资本承载者。该时期承载者需要的是基于健康状况的补偿与防范型投资。若减值直接基于技能水平的下降，承载者被替代的概率很大。

六、案例分析：摩托罗拉的培训制度

宋代司马光在《资治通鉴·汉纪》中指出："不素养士而欲求贤，譬犹不琢玉而求文才也。"司马光的观点用现代语言可以表达为：天下没有免费的午餐，在员工培训问题上持有"免费搭车"坐等用人的态度并非总是理性的。摩托罗拉公司充分认识到了在职培训在企业发展中的重要作用，鼓励员工在技术和能力上有所发展，通过摩托罗拉大学和本地的高校及海外院校向员工提供各类培训。据统计，摩托罗拉公司把工资额的4%用于培训，每年用约2亿美元为其14万多名员工中的每一位提供至少40小时的培训。该公司认为，在培训上每投入1亿美元，就有30亿美元的回报[1]。摩托罗拉大学总部在美国利诺伊州，全球有14个分校。每年教育经费约在1.2亿美元以上，这并不亚于国内名牌大学全年的教育经费投入。

摩托罗拉的培训体系包括新员工入职培训、企业文化培训、部门培训、海外培训以及本地强化管理培训等，内容涉及到管理、技术、质量、市场营销、文化、道德等多个方面。摩托罗拉的培训具有针对性、差异性特征。所有的培训都是针对员工的弱项进行的，优秀的员工则可以得到更多、更好的培训机会[2]。

（一）摩托罗拉培训的发展历程

摩托罗拉的"教育运动"可以追溯到20多年前。时任公司总裁的罗伯特·加尔文认为培训将加强全球竞争能力，于是建立了摩托罗拉培训教育中心，用于培训员工的生产技能，以减少生产中的差错。摩托罗拉一跃成为美国第一家击败日本人的电子公司，因此，培训理念深深扎根于摩托罗拉。

摩托罗拉公司在1985年时发现60%的雇员达不到美国7年级的数学水平，董事长罗伯特·加尔文下令将工资总额的1.5%用于培训。后来该比例逐步上升为4%，并成立了摩托罗拉大学，加大了用于培训的人力和财力投入。摩托罗拉大学享誉国内外，为该公司培养和输送了大量优秀人才。1993年，摩托罗拉在中国的大学成立，该所大学分两部分：一部分是在天津生产基地的培训中心，另一部分在摩托罗拉北亚总部北京的一所写字楼里。

（二）摩托罗拉大学的课程

摩托罗拉大学共设有四类课程：管理、质量、技术、市场与营销。

1.管理培训。（1）摩托罗拉一直推行管理本土化政策，设置了很多管理课程，培养本土管理人才。"中国强化管理培训"课程(CAMP)，是一个把数年的管理经验浓缩为10个月的培训项目，主要针对有前途的中国员工。该

---

[1] 《摩托罗拉：每人每年培训至少40小时》. http://train.846.cn/2005/12—22/23144.html
[2] 《摩托罗拉的培训体制》. http://edu.sina.com.cn/l/2004—04—29/66761.html

培训历时共10个月，对员工进行包括管理、领导才能、交流、行政、认知和技术能力等方面的一系列技能训练。（2）各种短训班。摩托罗拉大学为公司的各级管理人员提供时间不等的短训班，例如"全球经理人员讲座"，旨在把公司中层经理培训为具有远见卓识的创造型领导人才。（3）各种专业培训班。摩托罗拉大学在各地开设各种专业培训班，包括财务、人力资源和公共关系等培训，以提高管理者的能力和管理技术。

2.质量控制培训。摩托罗拉大学的质量课由基本和深化两部分课程组成，主要讲述技师控制标准程序和系统。

3.技术培训。摩托罗拉大学主要提供三类技术培训：（1）给技师和工程师提供专业技术培训；（2）培训员工使用办公室电脑和各种软件工具；（3）派专人到合资公司供应商所在地上门进行技术培训。

4.市场和营销培训。摩托罗拉坚信，"任何一个销售摩托罗拉产品的人必须经过良好的培训"，故对全球各地的分销商也经常进行培训。摩托罗拉的泛培训文化，渗透到所有与其业务有关的企业和组织中。

摩托罗拉的培训将公司业务发展与个人职业发展相结合，并给员工提供超出工作范围之外的培训课程，不怕员工会因为掌握了一门新技能而跳槽，重在通过秉持发展人的理念，进行员工培训，以这种理念吸引更多的优秀人才。

（三）摩托罗拉的培训体系

摩托罗拉公司的培训体系涉及到新员工培训、常规年度培训、学历教育、"六个西格玛"培训、领导力培训。

1.新员工培训。新员工进入摩托罗拉后都要进行入职教育培训，一般为期两天，帮助新员工了解公司的发展历程、规章制度、福利政策和企业文化等内容。接下来通过为期三个月的"融合培训"，教新员工如何融合到摩托罗拉的团体文化中。

2.常规年度培训。摩托罗拉每年为每位员工提供至少5天的在职培训，通过与当地大学合作开始相关教育、培训项目，由公司出资，招生培训对象是摩托罗拉的员工，课程的编制也按摩托罗拉的时间表进行。

3.学历教育。摩托罗拉非常重视为员工提供高级技术和管理培训以及多

层次学历教育。如公司与美国亚利桑那州立大学、中国清华大学等各地的高等院校合作为员工提供MBA及其他学历教育机会，公司还经常派员工到国外进行短期和长期的技术和管理交流。

4."六个西格玛"培训。摩托罗拉是六个西格玛的始创者，20世纪80年代便在公司内部实施了六个西格玛，使摩托罗拉的产品质量成为业界中的佼佼者。

5.领导力培训。在激烈竞争的商业环境中，摩托罗拉重视所有员工领导力的发展，公司确立了所有摩托罗拉人必须遵循的领导力标准和行为规范，并通过培训来提高员工的领导力。著名的摩托罗拉领导力"4个E"指：Envision（前瞻），要有远见与创新精神；Execute（执行），要迅速行动和实施，以结果为导向；Energize（激励），要能够激励自己和领导团队达到目标；Edge（果断），在复杂的情境中勇于决策，敢于冒险。还有一个永恒的E：Ethics，即道德，在商业活动中坚守道德，包括对人保持不变的尊重和操守完美、诚信。

（四）分析

1.摩托罗拉培训的性质

在摩托罗拉提供的培训中，既有一般培训，也有特殊培训。管理培训、市场和营销培训具有鲜明的一般培训特征；质量控制培训、技术培训则具有特殊培训性质。该公司积极为这两种培训提供成本。为特殊培训付费与贝克尔的分析吻合，但为一般培训付费听起来令人费解。该公司提供一般培训旨在以发展人的理念吸引更多人才，为公司发展积蓄力量，相当于获得了巨大的无形收益。可见，公司提供一般培训的动机并非仅仅获得员工受训后提高的生产率，而是更看重这些培训为公司集聚贤才的潜在收益。因此，该公司可以坦然面对受训后员工的离职，在招纳贤才的巨大收益面前，离职的损失相对较小。

2.摩托罗拉培训的特点

（1）重在防范型投资。其一，对优秀员工提供更为高级的技能培训，令优者更优。这种指导思想减小了企业高端人力资本承载者发生人力资产减值的风险，使高端人力资本一直保持较高的生产率；也为低端人力资本不断提升水平提供了机会和可能。其二，其培训项目注重针对员工的弱项进行强化训练，令弱者不弱。谨防该弱项成为承载者未来生产率下降的隐患。其三，多种技能培训，甚至包括超出工作范围之外的培训，为公司员工掌握多种技能、应对人力资产减值提供了保障，也有利于形成成熟的内部人力资本市场。其四，常规年度培训本身就是一种防范型人力资本投资。其五，对员工进行包括道德在内的培养和训练足以表明该公司培训内容的综合性和全面性，公司对人力资产减值是全方位布防的。

（2）提供丰富的补偿型投资机会。对企业而言，提供学历教育、技术培训等项目既是出于防范人力资产减值的目的，也为人力资本承载者提供了多种补偿型投资选择。

3.摩托罗拉培训的启示

企业为员工提供在职培训意味着增加生产成本，故企业要求享受培训收益。除了在职培训的性质，企业是否提供在职培训以及选择哪些员工作为受训对象受一系列其他因素限制。

（1）企业内部人力资本市场。与小企业相比，大企业具有完善成熟的内部人力资本市场。企业内部不同工作单元共同推动整个企业的运行。在这些工作单元中，有的技术性很强，单元内不同岗位的技术要求呈等级排列，高等级的岗位由下一级岗位人员填补，逐级递推。这样的岗位特征决定了企业必须提供在职培训。通过在职培训，在企业内部选拔所需的人力资本对企业大有裨益：一方面，企业对员工熟悉，避免了外部市场雇佣信息不对称；另一方面，员工对企业的忠诚度高，雇佣关系稳定。小企业内部往往没有这样的内部市场，岗位的技术等级特征不明显，所需员工大多可以从外部市场获取，故小企业提供的培训数量少。

（2）雇佣关系的稳定性。与雇员维持相对稳定的雇佣关系既是企业为培训付费的结果，也是企业为培训付费的原因。秉承摩托罗拉的泛培训理念，企业即能抓住优秀雇员的心，使其长期为企业服务。稳定的雇佣关系减少了大企业提供在职培训的风险。小企业雇佣的重置成本比大企业低，故小企业人员流动频繁，这无形中增加了小企业提供在职培训的风险，导致小企业提供的在职培训比较少；较少的在职培训降低了企业的吸引力，所以员工离职

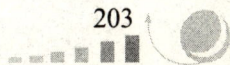

比较频繁。

（3）企业的规模和实力。摩托罗拉等大公司市场占有率高、业务范围广、财力雄厚，有坚实的经济基础为所有员工提供在职培训。但中小企业只能有针对性地为部分员工提供培训，甚至不提供任何培训。

就目前中国企业现状而言，经济实力雄厚的大企业内部市场比较成熟、雇佣关系稳定，适合提供在职培训，所提供培训的性质视不同企业而异。中小企业缺乏内部市场，较大企业实力稍逊一筹，可以针对急需的关键技术岗位提供特殊培训。就应对人力资产减值策略而言，大企业为大多数员工同时提供防范与补偿培训，而小企业提供给人力资本水平高的员工的防范与补偿培训多些，对人力资本水平低的员工提供的培训非常少，一旦发生减值直接解雇他们，从外部市场上获取新的人力资本补充相应岗位。

附：2008年金融危机引爆全球裁员降薪潮

2008年以来，因美国金融危机引起的全球经济衰退，使全球企业不同程度地出现了收入减少、利润下降现象，许多企业不得已采取了裁员、降薪措施。裁员、降薪会给企业带来怎样的影响？企业该以什么样的方式来进行裁员、降薪呢？本部分通过来自凤凰网财经类信息和北京航空航天大学教授程志超的文章作为本研究中企业应对人力资产减值策略选择的相关观点的佐证材料。

（一）全球裁员降薪潮

在全球金融危机中，基于外部市场需求环境的恶化，全球很多企业不约而同采取裁员降薪策略降低经营成本，试图以此帮助企业挨过这场危机；不受危机影响或受影响较小的企业则通过裁员降薪未雨绸缪，以节省人手、控制费用、平衡成本结构，从而维持现有竞争力（如表6.1所示）。按照前文所述，这些企业采取的行动策略类型为雇佣策略，包括不雇佣决策——裁员，雇佣决策——软裁员和低价雇佣。

表6.1　金融危机引爆全球裁员降薪潮

公司名称	国家	行业	裁员降薪	策略类型
松下电器	日本	制造	计划在2010年3月底前全球裁员1.5万人，占员工总数的5%	不雇佣
摩根士丹利	美国	金融	已裁员4400人，再裁员2000人，并继续加大裁员规模	不雇佣
合俊集团	中国	玩具	6000多工人失业	不雇佣
星巴克	美国	饮料	全球裁员1.2万名专职和兼职员工	不雇佣
菲亚特（Fiat）	意大利	汽车	关闭在意大利的14家工厂，并以延长假期的方式削减4.8万个职位	软裁员
中集集团	中国	制造	干箱制造停产，2万工人放假	软裁员
东方航空	中国	航空	采取减少奖金的方式进行降薪	低价雇佣
海南航空	中国	航空	大面积降薪，员工收入锐减3000元	低价雇佣
中信证券	中国	金融	部分员工薪酬最高降幅达到了20%	低价雇佣
通用汽车	美国	汽车	裁员500人，并削减工人福利	低价雇佣
宝钢	中国	钢铁	全员工资将下调10%	低价雇佣

（资料来源：《全球危机引爆全球裁员降薪潮》.凤凰网.
http://finance.ifeng.com/topic/caiyuanjianxizhuantigai/）

（二）企业软裁员悄然蔓延

目前一些企业硬性裁员逐渐停止，软裁员却悄然蔓延。新劳动合同法遭遇金融危机，本来应该保护劳动者的法律却让企业使出了"软裁员"的手段。在前程无忧最近的调查显示，有89.65%的人曾经或正在经历软裁员。

1.调岗离职

"要是公司还安排我做这个岗位，下个月铁定完不成绩效考核。"在一家北京外企就职的Camille最近很纠结，虽然没有被裁员，但是公司最近的调岗把她抛向了一个不能发挥自己优势的岗位。Camille所遭遇的"不可能完成的任务"只是其中之一。

2.自费出差

记者从一家人力资源管理公司获悉，近日不少企业实施了自费出差，令许多需要集中出差的员工黯然神伤，有的索性就辞职了。

3.降薪

还有些公司继续以降薪软裁员。"宁可辞职也不愿屈就调岗调职",这是软件工程师Frank的态度,当被问及是否能接受降薪再求职时,Frank表示,在当下企业招聘趋于谨慎且更为严苛的前提下,降薪求职只是再就业的一种手段,但不会降低过多,那会有失自身价值。

4."整风整纪"

不久前在某论坛上,一位网友发表了一篇名为"晒晒公司的雷人规定"的帖子引来不少人拍砖。一位外企职员告诉记者,开心、淘宝、谷歌等不少网站都在不少公司封禁之列。除了监控手段,不少企业直接限制流量,限制上网权限,查勤、抓纪律更是家常便饭,打长途和复印开始需要密码启动,抱怨之声通过网络贯穿至办公室的每个角落。有关专家表示,细节最"粗糙"的人将最快被淘汰,安分守己才是眼下最保险的行事作风。

软裁员中5年左右的老员工成为"重灾区"。据一项调查显示,拥有3至7年工作经验的员工,在软裁员中占了将近4成左右。一位资深人力资源经理向记者解释了其中原因。"起用五年以上工作经验的员工薪酬大约是一年以上的2至4倍,而在产出方面,虽然老员工有丰富的实战经验,但工作热情远不如新人,"这位人力资源经理表示,"如果一个老员工始终停滞不前,那么被取代是早晚的事,现在只是借机将计划提前了而已"。

软裁员的目的就是公司要员工自动离职,这是一场公司和员工的博弈。在充满压力的环境下,每个员工对软裁员表现出的态度也不相同,有的一气之下走人了之,有的人用积极乐观的态度调整自己,也有的人"上有政策、下有对策"地对付着。职场专家建议,非常时期更要以自身大局为重,不要在冲动中辞了工作。碰上任何软裁手段,可以先问问自己是否积累了跳槽的资本以及是否找到了合适的新东家。

(资料来源:傅洋:《自费出差、调岗调职 企业软裁员悄然蔓延》,《北京晚报》2009年5月15日。)

(三)企业行动策略的差异性

企业在实行裁员、降薪策略时需要知道,裁员、降薪以及裁员和降薪并举三种策略使用的前提条件不同,对企业产生的影响也存在差异。

1.企业行动策略类型

（1）裁员。裁员的前提假设是岗位的市场价值保持不变。比如，某企业遇到支付危机，某部门现有人员3人，每个岗位的市场价值均为年薪15万元，那么，如果想要节省15万元的人力成本，可以裁掉一个人。

对于企业而言，裁员可以在短时间内降低企业的人工费用和经营成本，为企业度过难关、赢得重生提供机会。同时，裁员可以促使企业生产经营的结构调整，实现企业的流程再造规划，使人员和岗位达到更好的匹配。另外，裁员还可以提高企业内部的竞争程度，促使员工的自我提高。

然而，裁员也不可避免地给企业带来许多负面影响。首先是显性成本的损失和支出，包括遣散费以及有可能产生的诉讼费用等。其次是一些隐性成本的损失，包括已支出的被裁减人员的招聘、培训费用以及有经验的人力资源的流失等。此外，裁员会使员工对企业的信任感降低，造成员工士气低落，从而导致生产效率的降低和顾客满意度的下降。

（2）降薪。降薪的前提假设是员工对企业有足够的忠诚度。以前面裁员的案例为例，企业采取每人年薪减少5万元的举措，同样可以节省15万元的人力成本。但是，该岗位的市场价值仍然是年薪15万元，这时，外部市场必然会对被降薪员工产生一定的拉力。如果员工在降薪之后仍愿意留下的话，必然是因为员工对企业文化的高度认可和对未来前景的认同。

降薪和裁员一样，是把双刃剑。相对于裁员来讲，降薪不但避免了留任员工"兔死狐悲"的消极心理影响，而且可能会更加促进企业的凝聚力。降薪同时也考验着一个企业的"文化"，一家没有"文化"的企业一旦降薪，越是优秀的人才就会走得越快。因此，降薪的最大风险在于人力资源的流失。

（3）裁员与降薪并举。如果某一个岗位的市场价值降低，从理论上来说，企业可以采取裁员和降薪并用的举措。

这里需要强调的是，无论企业采取哪一种措施，都要按照其适用的前提条件来实施：裁员重点考虑的是岗位市场价值，降薪重点考虑的是员工的心理感受。同时，企业决定采取哪种措施，就要做好承担相应风险的准备。

2.企业如何裁员与降薪

裁员与降薪是企业有效的策略性收缩手段，是为未来战略反攻和战略发展服务的，收缩并不是指企业的全面萎缩，而是有策略、有重点、有选择地收缩。

（1）确定收缩对象。企业在进行策略性收缩时，在收缩对象的选择方面需要从以下三个方面来思考。首先，企业要根据当前形势分析企业业务线路，重新审视和确定公司的战略定位。企业因金融危机而收缩，应以"成熟业务高于发展业务，发展业务高于新兴业务"为准则，保持成熟业务的稳步发展，控制发展业务的投入，谨慎对待新兴业务。相应地，在确定裁员和降薪的对象与比例时也应以此思路为依据。其次，企业要根据企业价值链中的价值贡献对各部门重新进行价值评估。按照价值贡献，企业的部门分为直接增值部门和间接增值部门。根据"二八原则"，20%的直接增值部门的人员创造了企业80%的价值增值。所以，当企业不得不选择裁员时，应首先考虑裁减间接增值职能部门的辅助人员，切忌对市场端和产品端的部门和人员不分轻重缓急地进行大面积裁减。第三，裁员和降薪要解决的核心问题是支付能力不足，因此，企业要通过严格的全面预算管理来控制财务风险。企业在详细分析企业自身的人力成本构成之后，可以对成本占比大而价值增值不高的岗位率先进行裁减。

（2）具体策略和措施。裁员之前，企业首先需要了解国家的法律、法规，在遵守《劳动法》规定的裁员程序的前提下实施相关策略。企业在必须采取直接裁员和降薪的方式时，可采用战略型策略、经济型策略和优化型策略三种方式进行。其一，战略型策略依托的是企业结构的优化。企业可以通过优化组织结构和内部人员结构，运用价值评估、功能分析的方法对人员岗位价值进行重新评定，找出企业现有人员结构、数量与新战略定位要求的差距，相应地做出更贴近新战略要求的部门收缩和合并，科学合理地产生裁员和降薪的结果。其二，经济型策略的目的是减员增效，关注的是劳动生产力的提高所直接影响的部门以及相应产生的冗员数量处理。这是人力资源部门的技术性操作，需要通过分析员工的劳动生产率来确定。其三，优化型策略是把裁员和降薪的着力点放在员工的绩效上，裁减那些业绩表现不佳的员工。企业可以通过绩效考评与360度考评相结合，将考核结果排序，强制性地找出绩效表现最差的一小部分人员，对他们进行"末位调整"。

（资料来源：程志超：《"狼"来了：金融危机下企业如何裁员降薪》.http://finance.QQ.com）

第七章　政府应对人力资本存量
贬损的行动策略

　　当前中国的产业结构调整、技术进步、体制转轨等因素是人力资本存量贬损的主要诱因，这使政府对人力资本存量贬损的介入具有重要的实践意义。与物质资本投资不同，人力资本投资具有极强的正外部性，这是政府介入人力资本存量贬损的理论依据。政府通过政策结果影响人力资本市场运行，旨在预防人力资本存量贬损并不断提高整个社会的人力资本存量。其对人力资本存量贬损的介入包括直接的人力资本投资和为人力资本投资构建适宜的环境两个方面。

　　本章重点阐述政府应对人力资本存量贬损的意义、介入人力资本投资的原因、介入投资的途径、以及应对存量贬损的行动策略。

第一节　政府介入人力资本存量贬损的意义

　　中国的人力资本存量贬损风险主要来自于人力资本闲置，在当前中国产业结构升级、技术飞速进步、体制转轨、高等教育不断扩招、劳动力市场不完善的背景下，结构性失业、国有企业下岗、大学毕业生失业等人力资本存量贬损风险进一步加大。总之，中国技术进步、产业结构升级的发展背景引发了人力资本闲置，教育体制改革滞后使人力资本供给与市场需求错位，劳动力市场欠发达阻碍了人力资本承载者的顺畅迁移，后续教育供给不足使失业期延长。

一、产业结构与失业

产业结构是就业结构的决定因素，就业结构与产业结构是否适应直接关系到一国失业率的高低（熊文才，2003）[1]。计划经济时期中国产业结构的超前发展造成的产业结构与就业结构偏差带来了严重的失业问题。

社会需求是带动产业结构演变的重要因素。按照社会需求的生存需要、享受需要和发展需要的发展顺序，产业结构演变的趋势应为三次产业比重由"一、二、三"到"二、一、三"，再到"三、二、一"。一般而言，发达国家产业结构与就业结构保持极强的同步性，而发展中国家产业结构的演变则具有超前性，就业结构严重滞后于产业结构变动。发展中国家就业结构与产业结构的偏离主要由以下原因引致：（1）科技创新是推动产业结构升级的核心动力，由于发展中国家科技创新能力弱于发达国家，其内部创新比较少，主要利用国外现成的技术和设备，在国内通过高积累率优先发展重工业，而后再发展轻工业和农业实现产业结构升级。这种依靠外在力量实现产业结构升级的方式颠覆了产业结构从农业、轻工业、重基础工业、重加工业到现代服务业的自然升级顺序，具有一定的超前性特征。产业结构超前发展导致产业间的关联性差，不同产业劳动力由于在知识和技能上存在较大差异而无法实现顺畅流动，表现为就业结构不适应产业结构变化。同时，这种产业结构的演变并未遵循社会需求顺序，经济发展中出现大量瓶颈产业，供求脱节，从而导致就业结构与产业结构的脱节。（2）超前的产业升级忽视了为第二产业服务的第三产业的发展，导致第一产业大量的剩余劳动力无处转移。（3）产业结构高级化意味着产业内化的人力资本水平不断提升，这要求劳动者具有相应的知识和技能以满足产业需求。但人口素质低、教育不发达严重制约了劳动力素质提升，从而产生大量结构性失业人员。（4）由于缺乏完善的劳动力市场，劳动力在区域间、部门间的流动受阻，加剧了就业结构的滞后性。

中国产业结构的变化速度和变化方向与就业结构的变化速度和变化方向呈不协调状态：产出份额最大的第二产业对应的就业份额最低且增幅相当缓

---

[1] 熊文才：《产业结构与失业》，《重庆师院学报》（哲学社会科学版）2003年第2期

慢；产出份额最小的第一产业对应的就业份额最高但其份额在快速下降；第三产业发展缓慢，但其对应的就业份额在迅速增长。经济增长最慢的第一产业是就业增长最慢的部门，但经济增长最快的第二产业却并不是就业增长最快的部门（翟莉，王晓渝；2001）[1]。中国在建国以后的产业结构升级具有超前特征，在苏联帮助下，我们超越了轻工业发展阶段，优先发展重工业，在并不发达的农业基础上强行嵌入现代化企业实行工业化，严重背离了产业结构的自然演变顺序，导致就业结构与产业结构严重背离。（1）第一、三产业发展严重滞后，就业增产空间极其有限。（2）超前工业化使现代化大企业缺乏配套基础设施和配套服务产业；另外，轻重工业比例失调使中国城市化进展缓慢，这都限制了农村剩余劳动力转移。（3）重工业本身是资本密集型产业，单位资本吸纳的劳动力数量有限。（4）产业间关联性差，一方面导致产业间劳动力流动困难，另一方面导致先进产业带动其他产业同步发展的能力较差，故结构性失业不可避免。（5）外在因素推动的产业结构升级使附加值高、就业容量大的产业链条多留在国外，国内仅仅是利用劳动力资源的比较优势发展低端加工工业，未能及时发展技术与资金密集而又与劳动密集型产业关联度强的高技术产业和第三产业，无法开拓新的就业空间和培育新的就业增长点，无法吸纳结构调整中的下岗人员（王2001霏）[2]。

社会需求决定产业结构演变，中国的工业比重过高，即工业品的供给水平超过了人均收入水平所决定的正常需求水平和需求结构。需求结构变动中的物资产品需求比重下降而服务产品需求比重上升的内在规律导致工业品相对过剩、生产能力闲置，工业成为中国失业的主要源头。第三产业的比重偏低限制了对需求的满足程度，从而削弱了第三产业创造新就业岗位吸纳工业剩余劳动力的能力。

政府的责任在于促进产业结构合理调整和升级，拓展劳动力就业空间。其一，大力发展第三产业以吸纳剩余劳动力，打破目前电信、铁路、航空等第三产业的自然垄断，促进市场竞争，推动第三产业的市场化。其二，提高工业技术含量，用高新技术改造传统工业，增强工业的产业联动效应。另

[1] 翟莉、王晓渝：《我国产业结构偏差对失业影响的实证分析》，《生产力研究》2001年第1期。
[2] 王霏：《调整和优化产业结构与减少失业》，《石家庄经济学院学报》2001年第8期。

外，政府要注重引导人力资本投资方向，使劳动力具备各产业岗位所需求的知识和技能，促进产业结构调整顺畅进行。

二、劳动力市场不完善与失业

中国劳动力市场不完善导致大学生就业难、毕业即失业，这是高端人力资本承载者的失业。在以学历作为遴选雇员的信号时，大学毕业生曾经一度是市场上炙手可热的人才，但到21世纪初，中国的大学毕业生就业难成为不争的事实。与计划体制不同，随着市场经济体制的建立，中国的劳动力市场逐渐建立，双向选择、自主择业的市场机制成为大学毕业生失业的体制前提。另外，大学生市场的不完善影响了大学毕业生资源的配置。大学毕业生就业市场的不完善体现在以下三方面：

1.市场主体不完全市场化。其一，用人单位缺乏完整的人事权。户籍制度以及与之挂钩的职位升迁、福利待遇等限制了雇佣对象的遴选，大学毕业生的实际雇佣量大大小于市场均衡量。其二，大学毕业生缺乏市场意识。大学毕业生在苦苦寻找计划经济时期的"精英"岗位，但是高等教育的脚步已经迈入"大众"教育阶段，观念的差距限制了就业（黄敬宝，2007）[1]。

2.市场体系分割。其一，城乡分割。大学生的保留工资水平以其高校所在地相应人群的平均工资水平为参照。基于当前中国城乡分割的事实，农村市场的低工资水平和较差福利待遇远远低于大学生的保留工资水平，这无疑阻碍了他们到农村市场上进行工作搜寻。城乡分割是一种垂直分割[2]，返回城市的工作转换成本（包括交通通讯费、与工龄相关的福利损失、违约金等）很高。其二，地区分割。这也是劳动力市场的垂直分割。大学毕业生愿意选择工资高、福利好、环境优越的东部沿海地区，不愿意去中西部。其三，职业分割。这是劳动力市场的水平分割[3]，大学毕业生宁愿失业也不愿意选择"不对口"职业。其四，体制性分割。这是劳动力市场的垂直分割。体制内劳动力市场的需求者主要指国家机关事业单位和国有大中型企业，工资不高

---

[1] 黄敬宝：《劳动力市场不完善与大学毕业生失业》，《改革与战略》2007年第2期。
[2] 劳动力市场的垂直分割指，两个市场的工资水平、福利待遇等存在明显差别，劳动者"顺流而下"比较容易，但"逆流而上"非常困难。
[3] 水平分割指，两个市场的工资水平、福利待遇等条件极其相似、地位相当，劳动者进入对方市场的难易程度相当。

但工作稳定，福利保障全面。体制外的劳动力市场包括农村劳动力市场和城市体制外劳动力市场，需求主体是乡镇企业、三资企业，福利保障比体制内单位差。大学生期望去体制内市场就业。

3、市场环境欠佳。其一，户籍档案制度限制了大学生就业，尤其是到非公有制单位就业。其二，社会保障。中国社会保障制度实际上仅覆盖了体制内的单位，这限制了大学生到农村和体制外单位就业。其三，信息。目前中国并未建立全国统一的毕业生就业市场，就业信息极不健全，拉长了工作搜寻期，表现为失业时期延长。

完善劳动力市场是解决当前大学毕业生失业的主导措施之一，政府应当致力于培育市场主体，赋予用人单位以完整的人事权、引导学生树立合理的择业观念、促进高校为市场培养"对口"人才；提供充分信息促进流动；通过户籍制度、社会保障制度等的改革为大学生就业构建适宜的就业环境；通过提供岗前培训增强就业针对性。

三、体制转轨与失业

在中国由计划经济向市场经济体制转轨过程中，人力资本资源同样要实行市场化配制，这期间必然伴随着国有企业职工失业，这是低端人力资本承载者的失业。

在计划经济体制下，中国国有单位普遍形成了封闭的"小社会"（宋醒民，陈富良；2000）[1]，国有企业包揽了本应由社会和财政负担的各种社会保障，企业内部的冗员一般以隐蔽的形式存在。经济体制改革迫使国有企业进入市场成为自由竞争的主体，这要求扭转企业办社会的局面，隐蔽性失业逐渐显性化，国有企业失业问题浮出水面。

在推动国有企业市场化运作的进程中，解决下岗失业问题是在社会稳定前提下实现国有企业体制转轨的前提。由于知识陈旧、技能较低，下岗人员再就业非常困难，需要政府通过提供培训等后续教育的方式为其构建"造血"机制，掌握与市场需求匹配的技能、或自主创业。

---

[1] 宋醒民、陈富良：《劳动力市场发育的一个特殊环节——再就业工程评析》，《江西财经大学学报》2000年第3期。

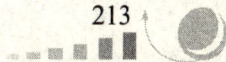

四、后续教育供给不足与失业

目前中国的后续教育供给严重不足。其一，产业结构调整和技术进步引致结构性失业、技术性失业，解决失业问题需要人力资本承载者通过后续的人力资本投资掌握新岗位所需的知识和技能。教育体制改革滞后使人力资本供需错位，致使结构性失业和技术性失业长期存在。其二，企业不愿意雇佣没有工作经验的应届毕业生的行为根源于其对"在职培训"的"免费搭车"心理。据调查，企业职工培训在中国很不普及，只有14.6%的企业建立了技能培训制度；11.1%的企业按国家规定提取和使用了职业培训经费；16.7%的职工参加了岗位培训班的学习，而绝大多数企业和职工与企业职工培训无缘（韩利红，2005）[1]。其三，体制转轨引致的下岗失业者或是缺乏技能、或是自身的技能落后于市场需求，但由于他们大多处于经济生命周期中后期，其人力资本投资效率较低，市场缺乏为其提供培训的积极性。总之，目前中国的后续人力资本投资供给不足是解决失业问题的不利因素。

政府的作用在于让市场自由运作，对市场失灵和缺陷的领域进行积极干预，比如，上述的结构性失业、技术性失业、大学毕业生失业和下岗失业都是后续教育供给不足的市场失灵和缺陷的领域。政府的干预主要表现为：其一，在产业结构调整升级中通过公共培训引导私人培训市场，批量培养新技术新岗位所需要的具有新知识技能的劳动者，减少结构性失业和技术性失业。其二，在教育体制改革中注意合理配置教育资源，调整好高等职业教育与普通高等教育的比例，建立就业导向的高等教育体制，指导高等教育供给以市场需求为导向。其三，对劳动力市场不完善引致的大学毕业生失业则要通过促进劳动力市场发育来解决，同时强制企业建立在职培训制度，通过财政资助等公共出资方式激发企业提供培训的积极性。其四，政府要扶助弱势群体，通过在公共培训机构设置特殊项目增强他们的就业能力，保持社会的稳定和谐。

总之，政府的干预旨在促进人力资本供给与需求匹配，减少失业、缩短失业期和工作搜寻期，促进劳动力顺畅转移，最终减缓、抑制人力资本存量

---

[1] 韩利红：《人力资本贬值及投资补偿策略》，《江淮论坛》2005年第3期。

贬损态势。本书重点探讨政府通过介入人力资本投资应对人力资本存量贬损的举措，从直接参与投资和构建适宜的投资环境两方面阐述政府的干预。

第二节 政府介入人力资本投资的原因

随着经济学家关于经济增长研究的深入，技术和知识被视为经济发展的内生性要素，人力资本成为经济增长中不可或缺的要素。在人力资本与经济增长关系的构建中，外部效应是一个关键纽带。外部效应是指在市场活动中没有得到补偿的额外成本或额外收益，有正外部效应和负外部效应两种情况。正外部效应指生产者的成本大于收益，利益外溢，得不到应有的效益补偿。负外部效应指生产者的成本小于收益，受损者得不到损失补偿。因此，当存在外部效应时，市场竞争不能形成理想的效率配置（陈共，2004）[1]。外部效应常由市场不完全和制度因素导致，因此外部性的消除往往需要政府的介入。人力资本投资的正外部性、市场失灵和缺陷以及人力资本投资活动的特点决定了政府必须介入该项投资。

一、人力资本投资具有正外部性

外部性使竞争性均衡为非帕累托最优，需要政府这只"看得见的手"干预经济走向最优均衡。政府对外部性的干预主要体现在对正外部性的支持和对负外部性的管制。本书重点阐述政府对人力资本投资正外部性的干预。

人力资本投资主体具有不唯一性，投资成本往往由政府、企业和个人共同承担，相应地，投资的收益也往往体现在三个方面：（1）个人收入的增加、自身能力的提高；（2）企业利润的提高、企业可持续发展潜力不断提升；（3）政府经济实力增强、社会进步（包玉香，张晓青，李香；2004）[2]。

人力资本投资所形成的知识以及由此引起的创新、发明具有极强的收

---

[1] 陈共：《财政学》，中国人民大学出版社2004年版。
[2] 包玉香、张晓青、李香：《基于政府视角的人力资本投资分析》，《中国人口资源与环境》2004年第5期。

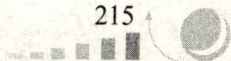

益外溢性，私人投资者的边际收益仅包括个人或家庭所获得的收益，因为外部性外溢给社会的收益私人无法得到，即私人的人力资本投资收益小于该项投资的社会收益，这里社会收益是私人投资收益与外溢给社会的收益之和。这显然违背了完全竞争市场中成本和收益内在化的要求，即谁投资谁受益原则。因此，人力资本投资如果仅仅由私人主体进行，会因"免费搭车"心理导致投资不足，即投资无法满足经济发展所需。政府通过经济、法律等手段能够弥补外部性，将人力资本投资增加到满足社会需要的数量。

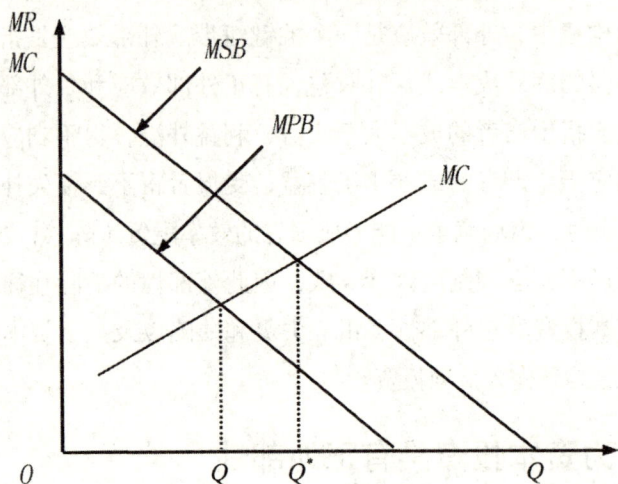

图7.1 人力资本投资的正外部性

图7.1中显示的是人力资本投资的正外部性，其中横轴代表人力资本投资量，纵轴代表边际成本（MC）和边际收益（MR），曲线MSB代表人力资本投资的社会边际收益，曲线MPB代表人力资本投资的私人边际收益，MC代表人力资本投资的边际成本。正外部效应使人力资本投资的私人收益与社会收益偏离——私人收益小于社会收益，即$MPB<MSB$。根据边际收益等于边际成本的利润最大化原则确定的私人投资者最有效率的投资量为Q，整个社会最有效率的投资量为Q^*。根据成本和收益内在化的要求，私人决策主体不会在私人人力资本投资决策中考虑社会收益，博弈的结果就是私人放弃人力资本投资，等待"免费搭车"，因而，私人人力资本投资量小于社会最优投资量（$Q<Q^*$）。政府的干预体现在促使人力资本投资量从竞争性均衡投资量Q增

加到有社会效率的最优均衡投资量Q^*，以获得人力资本投资的社会收益，满足一个经济社会对人力资本投资的需求。政策干预的对象为义务教育、基础研发、迁移导向、公共健康投入等方面。

二、市场失灵和缺陷

政府之所以介入市场运行是由于市场失灵和市场缺陷，即市场会失去效率。市场失灵和缺陷需要通过政府干预予以纠正和弥补。

人力资本形成中的市场失灵和缺陷主要表现在如下几方面（包玉香，张晓青，李香；2004）[1]：（1）市场信息不对称、不完全，导致个人人力资本投资缺乏全面科学的决策基础，若个人的投资选择与实际的社会需要错位，则会造成投资浪费，并影响个人、家庭、社会经济的发展。（2）纯公共物品和混合物品具有正外部性，个人或企业投资会导致资源配置不足，使诸如公共健康、贫困地区基础教育等物品的供给量小于社会实际需求量。（3）非自愿性劳动力迁移（比如生态移民）中的人力资本投资需要政府支持。（4）教育不均衡导致人力资本形成中的机会不均等，这也是产生贫富差距的根源之一，教育公平与均衡需要政府协调，政府必须保障每个人都能享有起码的营养、健康及平等接受教育的权利。（5）农民和下岗工人等弱势群体在失业后面临巨大的经济压力，情感失落与心理压力会使他们对社会产生很强的对立情绪，引发社会矛盾和冲突。基于政治稳定的考虑政府应针对这些群体提供人力资本投资。

三、人力资本投资的特点

人力资本投资具有机会成本高、投资期限长、投资收益具有不确定性的特点，这些特点使人力资本投资活动具备了政府干预的基本属性（于金富，刘修岩；2004）[2]。

---

[1] 包玉香、张晓青、李香：《基于政府视角的人力资本投资分析》，《中国人口资源与环境》2004年第5期。
[2] 于金富，刘修岩：《政府参与人力资本投资的经济学解释及对中国的启示》，《华北水利水电学院学报（社科版）》2004年第11期。

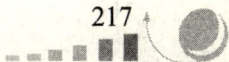

（一）人力资本投资的长期性和投资收益的不确定性

长期性和收益的不确定性会降低投资效率，个人和企业一般很难预测社会经济和科学技术的走势，无法像物质投资那样做出明确的成本与收益分析，投资的高风险性制约了个人特别是企业的人力资本投资。政府参与人力资本投资可以降低私人投资的风险、调动投资积极性。

（二）人力资本投资较高的机会成本造成私人投资不足

人力资本投资的机会成本占总投资成本的比重相当大（舒尔茨，1990）[1]。在风险较小而当前收益较大的其他投资机会面前，人力资本投资被选择的概率比较小。另外，教育决策一般由父母做主，父母很可能因为投资的巨大机会成本而放弃对孩子的教育，因而导致人力资本投资不足。

第三节　政府介入人力资本投资的途径

政府介入人力资本投资体现为由政府提供部分或全部投资，或者为人力资本投资构建适宜的环境氛围。

一、政府的公共投资

政府是除了个人和企业之外的重要人力资本投资主体，其在人力资本投资中的作用是任何私人主体所不能替代的。除了个人和企业等私人主体人力资本投资的领域外，还有很多人力资本投资具有纯公共物品和混合物品的特点，存在极强的正外部性，需要政府介入投资活动，为这些人力资本投资提供全部或部分投资成本。

（一）政府公共投资的领域

以是否具有竞争性和非竞争性、是否具有排他性和非排他性为划分标准，可以将物品划分为三大类：纯公共物品、混合物品和私人物品（如表7.1所示）。同时具有排他性和竞争性特征的物品被定义为私人物品，同时具有

---

[1]　[美]舒尔茨：《论人力资本投资》，北京经济学院出版社1990年版。

非排他性和非竞争性的物品被定义为纯公共物品，介于私人物品和纯公共物品之间，或者具有排他性和非竞争性、或者具有非排他性和竞争性的物品被定义为准公共物品。

排他性是私人物品的特征，指个人可以被排除在消费某种物品和服务的利益之外，消费者购买了私人物品之后，他人就不能享用此种物品和服务带来的利益。非排他性是公共物品的特征，指一些人享用公共物品带来的利益并不能排除其他人同时从该物品中获得利益，比如，每个适龄儿童都有权利和义务接受政府提供的义务教育。公共物品的非排他性意味着免费享用公共物品的"免费搭车"现象。竞争性是私人物品的特征，指增加消费者将引起生产成本的增加，每多提供一件私人物品，都要增加生产成本。非竞争性是公共物品的特征，指增加消费者不会引起生产成本增加，提供公共物品的生产成本为零（陈共，2004）[1]。

		排他性	
		有	无
竞争性	有	私人物品	混合物品
	无	混合物品	纯公共物品

1.私人物品

私人物品既不具有非竞争性也不具有非排他性，由市场提供即可获得效率，因此，不需要政府介入。比如，义务教育之外的正规教育、企业提供的在职培训，都旨在提高个人未来的收益能力和企业利润水平，对其他个人和企业的影响比较小。因此，个人和企业的投资动力很强。故不需要政府介入市场也能够提供足够的投资量。基本上个人和企业的人力资本投资具有私人物品的性质，只要由市场的私人主体（个人和企业）提供投资成本就可以满足市场的投资需求，因此，这些人力资本投资领域不需要政府提供投资成本。

2.纯公共物品

纯公共物品既具有非竞争性又具有非排他性，具有极强的正外部性特征，单纯由市场提供会因为"免费搭车"心理导致资源配置不足。比如，义

---

[1] 陈共：《财政学》，中国人民大学出版社2004年版。

务教育、公共健康投资、基础研发等，其在提高国民素质、身体健康水平、科研水平等方面具有非常重要的作用，投资的收益是全体国民都能够享受的。若由私人支付投资成本，那么私人所获得的收益远远小于社会收益，理性的私人主体当然会对这样的人力资本投资驻足不前，导致资源配置量远远小于有效率的社会需求量（如图7.2所示）。

图7.2的横轴和纵轴分别代表私人物品和公共物品数量，假定一个经济体将全部资源用于这两种产品的生产，那么私人物品和公共物品在有限的资源约束下的最大组合如曲线AB所示，AB为这个经济体的生产可能性边界线。图中的社会无差异曲线I_1和I_2表示社会对两种物品偏好的组合。社会有效率的均衡在点E达到，此时，社会资源可以生产出A_E的公共物品和B_E的私人物品，分别满足了社会的需求量。但是，如果由市场提供公共物品，整个社会的资源配置点会落在EB之间，因为公共物品由市场提供会导致资源配置不足，假定资源配置为C点，则社会资源可以生产出A_C的公共物品和B_C的私人物品，显然，$A_C<A_E$，而$B_C>B_E$，即若由私人提供公共物品，私人会将更少的资源配置到公共物品上，而将更多的资源配置到私人物品上，从而导致公共物品资源配置不足，无法满足社会的需要。

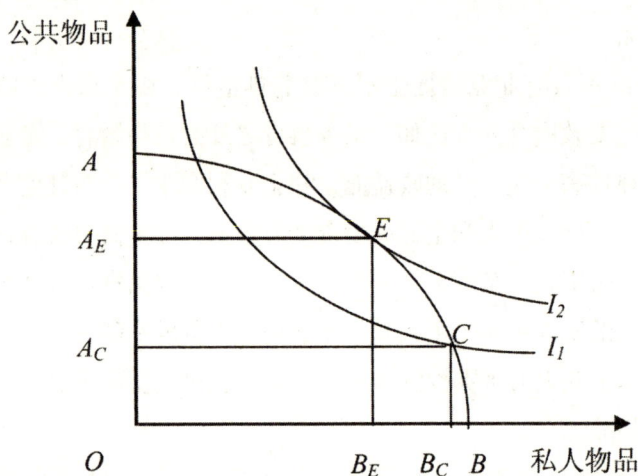

图7.2 公共物品市场提供的效率损失

综上所述，公共物品由私人提供会存在效率损失，为满足社会对公共物品的需求，需要政府介入增加对公共物品的资源配置量，从而满足社会对公共物品的需求，以获得最大的社会收益和社会效率。因此，若把具有极强正外部性的义务教育、公共健康投资、基础研发等看作公共物品，这些物品是需要政府提供的。

3.准公共物品

具有排他性和非竞争性的物品、具有非排他性和竞争性的物品被定义为准公共物品。准公共物品是一种兼具公共物品和私人物品特征的中间态产品，因为具有私人物品的特征，所以可以由私人提供，因为具有公共物品的特性，所以具有一定外部性，因而也需要政府的介入。比如，除了义务教育之外的各种正规教育就属于准公共物品，因为通过这些教育既可以提高个人的未来收入能力，同时也推动整个国家的经济和社会发展。

准公共物品也是需要政府介入的领域。比如，医疗保险是一种准公共物品，其主要作用是保障劳动者病有所医，实际上是一种基于健康的人力资本投资，旨在通过维护劳动力健康达到维持其生产率的目的。基于保险对或有事件予以保证的特征，消费者对医疗保险的效用评价很可能低于医疗保险实际给消费者带来的效用水平，将这种产品称为优值品（Merit Goods），因此，需要政府介入，纠正消费者不合理的消费偏好，使私人主体对医疗保险的消费量达到最优水平。与医疗保险相类似的工伤保险、失业保险、养老保险、生育保险等社会保险都是准公共物品。

综上所述，政府在提供人力资本投资的过程中，主要提供对象是纯公共物品和准公共物品。其中，纯公共物品包括义务教育、公共健康投资、基础研发等，准公共物品包括除了义务教育之外的其他正规教育、社会保险等。

（二）政府公共投资的特点

政府公共投资表现出如下特点：（1）由政府人力资本投资形成的人力资本是社会基础设施，具有巨大的社会收益，表现出极强的正外部性。（2）政府掌控巨大的资源，其人力资本投资可以充分覆盖人力资本的外部效益、规模效益和连锁效应，使个人和企业从中受益。个人和企业人力资本投资则不具备这种效益和效应。（3）政府的人力资本投资可以改善一个国家的个人收入分配状况，比如，通过政府人力资本投资提高国民素质以改善个人收入分

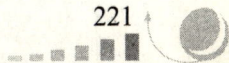

配差别；政府用税收作诸如义务教育和医疗保险等人力资本投资，本身就具有国民收入再分配的性质。（4）政府人力资本投资可以更大限度地开发人力资源，解除人力资本市场不完全带来的个人人力资本投资资金供给约束。

（三）政府的人力资本投资风险

国内学者程承坪等（程承坪，王飞军，黄小平；2001）[1]在其研究中阐述了来自于政府层面的人力资本投资风险。（1）投资结构不合理导致的风险。对任何国家的政府而言，面对稀缺的教育投资资源，如何合理布局才能够不浪费教育资源都是政府教育投资的核心问题。教育投资的布局体现在一定的教育投资结构上，也表明了政府在教育投资上的选择偏好。政府的教育投资结构构成主要体现在以下几个方面：投资于高等教育还是九年义务教育；在高等教育投资中，是侧重于普通高等教育还是高等职业技术教育；在教育学科设置中，是侧重于人文社会科学教育还是理工科教育；在专业设置上，是侧重于基础专业还是侧重于应用专业。若政府的教育投资结构不合理，会导致教育滞后或超前于市场需求，受教育者学非所用，用非所长，造成教育投资资源浪费。（2）产业政策调整带来的风险。不同的产业政策需要不同的人力资本支撑，无论基于任何原因导致政府调整产业政策都必然引致既有人力资本投资收益的不确定性。（3）技术进步带来的风险。技术进步导致人力资本被暴露于加速折旧的风险中，导致既有人力资本投资收益面临不确定性。（4）人力资本流失风险。政府投资形成的人力资本一旦流出国门，意味着政府人力资本投资成本彻底沉淀。

二、构建适宜的人力资本投资环境

纯公共物品和部分准公共物品需要政府主导提供，私人人力资本由个人和企业等私人主体提供。但是，私人的人力资本投资同样存在外部性，虽然私人人力资本投资不需要政府提供，但也需要政府为之提供适宜的环境。政府构建适宜的人力资本投资活动主要从提供信息、供给制度、合理引导等方面入手。

---

[1] 程承坪、王飞军、黄小平：《人力资本投资风险探讨》，《人才开发》2001年第2期。

（一）提供信息

提供公共信息是政府的职能之一，拥有充足有效的信息作为投资决策的依据是人力资本投资成功的前提。政府作为公共事务的管理者，拥有得天独厚的信息优势和政策引导优势，其在人力资本投资中起规划和引导作用。（1）根据社会经济发展需要调整教育结构，制定人力资本投资规划；（2）预测未来产业发展及所需知识与技能，预测未来人才市场的供需状况及发展趋势，定期发布宏观信息，引导个人和企业的人力资本投资方向；（3）通过加强信息基础设施建设，扶持人力资本投资服务产业的发展，降低社会获取、使用信息的成本。

通过引导和规划能为私人主体的人力资本投资选择提供充分信息，使人力资本供给满足于社会需求以更好地实现投资收益，防范因投资选择不当发生人力资本存量贬损。尤其是在经济结构、产业结构调整，技术进步的背景下，更要为人力资本投资提供充分信息并进行积极引导。

（二）供给制度

政府是制度的供给者，通过提供一系列制度充分调动企业和个人的投资积极性以促进人力资本投资。

1.供给合理的分配制度，使国民财富的分配有利于人力资本承载者，以激发、引导私人主体不断增加人力资本投资。建立完善的人才奖励制度，通过分配方式的创新来鼓励社会人力资本投资，如技术入股、管理者和科技人员的股票期权制等。比如，"杂交水稻之父"袁隆平院士以技术入股隆平高科而成为亿万富翁。

2.供给合理的人力资本投资制度，形成具有合理的基础教育、中等教育（包括中等职业教育）、高等教育（包括高等职业教育）结构的教育制度、培训制度。

3.改革公司会计制度，将员工的培训在会计报表中列入投资而非成本，那么，劳动者的能力和公司的人力资本被反映到公司的资本价值中，充分反映了知识经济中人力资本投资的重要性和战略作用。通过政府的减、免税激励，更好地刺激个人和企业人力资本投资的积极性。

4.培育和维护人力资本市场（陈捷，2003）[1]。（1）培育和完善人力资本市场，确立人力资本产权结构、人力资本投资的成本收益机制、劳动力价格机制，以及建立人力资本流动和劳动关系确立、变更及调整的场所、机制和制度，使市场机制能正常发挥作用。（2）规范人力资本市场秩序，使市场保持良性运行状态。主要通过立法形式和监察执行来规范政府行为和市场行为，以法的形式调节人力资本投资行为，保护契约关系和劳动关系，维护合理的市场竞争，创造良好的投资市场环境，调动企业和个人的投资积极性。（3）维护市场主体的权利，保证市场主体的投资行为所得到的相应收益，如建立和完善知识产权保护的法律体制，加强执法力度，防止不投资但通过非法手段受益的情况出现。（4）放松对人力资本流动的制度约束，促进人力资本承载者通过迁移防范和补偿人力资本存量贬损。

（三）合理引导

政府引导体现在对自愿性迁移和非自愿性迁移引导两个方面。（1）引导自愿性迁移的流向，使人力资本流动符合产业发展、地区平衡、行业平衡的要求，促进人力资本在经济体内部的合理分布，并发挥最大效率。（2）引导非自愿性迁移。在生态移民等非自愿性迁移中进行合理疏导和引导，并重建合理的生产生活环境，保证人力资本不随迁移而发生存量贬损。

第四节　政府应对人力资本存量贬损的行动策略

基于人力资本投资的外部性，无论是个人层面的人力资本存量贬损还是企业层面的人力资本资产减值，都会对整个社会产生负面影响，故急需政府介入。

一、供给大于需求引起的人力资本存量贬损

由市场供过于求引致的人力资本存量贬损是一种特殊形式的贬损，因为

---

[1]　陈捷：《人力资本投资中政府要扮演多重角色》，《广角论坛》2003年第9期。

此类贬损发生时，人力资本的市场价值和使用价值都完好如初，贬损仅仅来自于人力资本价格下跌。对企业而言，这种贬损意味着更低的生产成本，是利好因素。但对承载者而言，则是利空因素。尤其是对低端人力资本而言，与此类贬损相伴而生的收入下降甚至危及到承载者的生存状态。对整个社会而言，人力资本价格下跌通过降低生产成本促进经济增长，通过"过剩"信号引导人力资本生产资源重新配置，但同时会产生弊端。其一，高端人力资本承载者的收入下降往往引致高频率的地域迁移、职业和/或行业转换，这无疑增加了经济运行的交易成本。其二，若低端人力资本承载者的生存状态因此受到威胁，则意味着不稳定的社会秩序。教育肩负着生产社会所需人力资本的重任，因此，将生产人力资本的资源调配到最需要的领域需要政府审时度势，在充分了解市场需求的基础上设置合理的专业结构、各级教育结构。同时，政府需要通过信息提供引导民间部门人力资本的投向，缓解人力资本供过于求的市场状态。另外，基于人力资本培养的长周期性，政府的教育设置、信息提供要具有一定前瞻性，作到既不浪费生产资源、又能满足市场需求。

市场供给大于需求对承载者和企业的影响不同，故政府介入的方式和内容也有差异。

（一）个人人力资本存量贬损

供给大于需求引起人力资本价格下跌，承载者的人力资本发生存量贬损。政府的作用在于提供信息、引导迁移、完善人力资本资源配置机制。（1）通过预测技术发展前景，掌握并适时发布人力资本供求信息，指引人力资本投资的正确方向，以免人力资本投资过度、"学非所用"、"用非所学"从而浪费人力资本资源，防范人力资本投资盲目扩张带来的投资收益率递减，有效防止人力资本存量贬损。（2）引导人力资本流向。通过引导人力资本流向，均衡配置人力资本资源；既实现了最大化利用既有人力资本资源的目标、促进经济均衡发展，也避免了人力资本资源因为局部市场的供给大于需求而被浪费掉，从而有效补偿人力资本存量贬损。促进中国人力资本流动，政府可尝试如下做法：政府牵头加强职业信息系统和中介机构建设，减少盲目流动；减免不必要的收费，降低劳动者在流动中的成本支出；通过财

政援助推动高端人力资本承载者到劳动力富余地区创业；等等。（3）完善人力资本资源配置机制。通过改革户籍制度、就业制度、社会保障制度，不断完善人力资本资源的合理配置机制，使承载者能够自由流动，以建立起通过迁移防范或补偿人力资本存量贬损的有效市场机制。

目前中国大学毕业生的毕业即失业、就业困难、预期收益低等问题需要政府从信息提供、迁移引导、完善人力资本投资制度等方面加以干预。让大学生流动到最需要他们的内陆地区、西部地区、贫困地区；通过基于就业的岗前培训使这些接受过"通才"教育的大学生掌握一定的岗位技能以具备基本就业能力。从长期看，解决"大学生"就业问题需要政府调整教育结构，特别要抓好中、高等职业技术教育。中国政府已经着手推行劳动预备制度，对应届毕业生提供岗前职业技术培训，促进大学生顺利实现就业。《就业促进法<草案>》明确规定了反对各种就业歧视，包括用人单位对应届生的歧视。

（二）企业人力资产减值

人力资本供给大于需求时，其实际生产率并未发生改变，但却通过价格下降机制减少了企业的生产成本。因此，企业在人力资本价格下降时，反而会选择继续雇佣的决策，从而使社会的就业岗位增加。因为在人力资本供给与需求中企业处于强势，人力资本可能被超低价雇佣，此时需要政府出台相应的最低工资制度、劳动保护制度、社会保障制度等对承载者的收入水平、劳动权益、社会保障水平给予保障，以保护发生存量贬损的人力资本承载者的基本权益。

二、技术进步引起的人力资本存量贬损

技术进步是经济社会前进的动力引擎，由于新技术的传播和应用必须以具有一定人力资本水平的人为扩散媒介，故技术进步最终转化为生产力离不开人力资本。无疑，技术进步是经济社会不断前行的利好因素，但是，其所引致的一轮又一轮技术创新浪潮不断将一批批承载者推至人力资本存量贬损的风口浪尖。虽然承载者的生产率并未下降，但其市场价值贬值，结构性失业、技术性失业应运而生。个人、企业和社会都热切期盼人力资本随技术

进步同时更新，但实际行动却举步维艰。比如，在职培训在中国企业很不普及。有数据显示，只有14.6%的企业建立了技能培训制度；11.1%的企业按国家规定提取和使用了职业培训经费；16.7%的职工参加了岗位培训班的学习，而绝大多数企业和职工与企业的职工培训无缘（韩利红，2005）[1]。

应对此类人力资本存量贬损，国家应出台配套的政策和法规，确保劳动者在工作后适时补充技能、更新知识，以抵御人力资本贬值。需要政府提供信息推动承载者的职业和/或行业转换、地域上的迁移防止存量贬损。政府还可以借助政策导向为市场提供未来产业结构、经济结构变迁的信号，引导私人部门的投资流向朝阳行业/产业，减少人力资本存量贬损。当然，政府也可以介入人力资本投资市场，通过提供培训直接培养新技术所需的人力资本。

（一）个人人力资本存量贬损

技术进步不断淘汰既有人力资本，人力资本存量贬损风险不断增大。政府在技术进步引起的人力资本存量贬损中肩负着提供信息、引导迁移、提供培训的重要作用。

1.提供信息。加强对未来社会发展走向预测的科学性研究，研究、收集、发布社会人才需求信息，指导各类组织的人力资本投资行为，矫正人力资本投资偏差，防范技术进步带来的人力资本存量贬损。

2.引导迁移。对已确定发生存量贬损的人力资本，通过发布信息，预测技术走向，了解各地、各行业人力资本供需状况，促进承载者通过迁移、职业和/或行业转换补偿人力资本存量贬损。

3.提供培训。通过培训使人力资本承载者掌握新技术所需的技能，补偿已经发生的贬损，或者预防可能发生的贬损。尤其应该加强对在职中年人力资本承载者、下岗失业人力资本承载者的技能培训，防范人力资本存量贬损提前发生，或在贬损后使之拥有再次进入市场、提高收入能力的相应技能。

（二）企业人力资产减值

技术进步不断提出对新的人力资本的需求，这要求雇员不断更新技能以适应技术进步的需求。但既有人力资本承载者的新技能需要通过人力资本投

[1]　韩利红：《人力资本贬值及投资补偿策略》，《江淮论坛》2005年第3期。

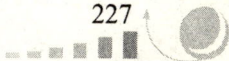

资方能获得，这需要个人和/或企业为这种人力资本投资付费。

人力资本首先是一种个人资产，所以承载者会非常积极地应对存量贬损。对整个社会而言，企业应对人力资产减值的措施却可能非常消极，比如，直接解雇发生减值的雇员，尤其是在人力资本供给大于需求的市场条件下，这种以新雇员替代减值雇员的成本相对较低，因此，企业人力资本投资的积极性差。这种直接解雇雇员的措施会给整个社会带来一系列的消极影响，比如，人力资本闲置、人力资本报废带来人力资本资源的浪费，人力资本低价格影响到个人的生存等等。

政府的作用在于积极促进企业以培训等形式提供人力资本投资机会，或由政府替代企业直接提供培训，或直接与个人和企业三方出资共同承担培训成本。不论政府如何介入企业培训以防范和补偿人力资本存量贬损，政府的介入都要时刻注意哪些领域是应当任由市场自由运作的，哪些领域是需要政府直接管制的，否则，政府的干预会带来负效应。比如，一般培训是需要政府介入的，而特殊培训则不需要政府介入。

三、相关资本引起的人力资本存量贬损

若相关人力资本和相关物质资本的变动引发了既有人力资本存量贬损，这种贬损源自人力资本市场价值贬值而非使用价值减小。在经济运行过程中，人力资本承载者时刻面临着来自相关人力资本和相关物质资本变动引致的存量贬损风险。对企业而言，只要是对利润最大化、成本最小化有利的都是可行的。政府的作用在于引导流动，提供技术进步、产业结构和经济结构调整的信息，使承载者能够从容应对来自相关资本的替代；或提供培训促进可能的职业和/或行业转换、地域上的迁移等。

从世界范围来看，10%左右的劳动力流动对经济的良性发展是有好处的（韩利红，2005）[1]。其一，人力资本从低向高流动促进了承载者的人力资本升值。承载者从经济发展较慢的地区向经济高速增长的地区流动，比如涌向大城市的"民工潮"，这种流动相当于人力资本投资，会推动人力资本贬值—补偿模型中的人力资本投资率曲线向右移动，延长承载者的工作胜任

---

[1] 韩利红：《人力资本贬值及投资补偿策略》，《江淮论坛》2005年第3期。

期。其二，人力资本由高向低流动延缓了人力资本贬值速度。比如，外出务工者回乡后用从城市潜移默化得到的新思想、新观念、新技能创业，或以其增值了的人力资本存量选择更具知识和技术含量的岗位就业，比如时下的"民工荒"，这种流动会推动人力资本贬值—补偿模型中的贬值率曲线向右移动，从而也延长了承载者的工作胜任期。可见，人力资本流动在实现资源有效配置的同时还能对人力资本存量贬损进行防范和补偿。

四、健康存量贬损

人力资本承载者首先具有健康的体魄才能成为合格的劳动者。由健康因素引致的存量贬损源自使用价值减小（生产率下降）。健康状态决定着个人能够花费在所有市场活动和非市场活动上的全部时间，健康存量贬损无论是对个人、企业还是对整个社会都是利空因素。因此健康是对合格劳动力的最起码要求。世界卫生组织把健康定义为"完好的生理心理并具有社会幸福感的状态，而并不仅仅指不虚弱和无病"。按照该定义，据中国卫生部调查，在中国35—64岁的人群中，约60%以上的人处于亚健康状态（韩利红，2005）[1]。亚健康状态影响人力资本的有效使用，加速人力资本存量贬损，人力资本贬值—补偿模型中的人力资本贬值率曲线因此发生左移。世界银行对8个发展中国家的研究表明，疾病造成的经济损失相当于当年收入的2.1%—7%（包玉香，张晓青，李香；2004）[2]，可见，维护人力资本承载者的健康水平是社会经济发展所必需的条件。

除了个人、企业等私人主体的健康投资外，政府对健康存量贬损的干预措施主要有公共健康投资支出、制定社会医疗保险制度等。公共健康投资支出旨在为生产合格的人力资本承载者提供适宜的环境，并为人力资本市场内的承载者提供适宜的劳动环境，防范基于健康存量下降的贬损。社会医疗保障制度通过强制形式将企业、个人纳入到为防范承载者健康存量贬损付费的制度中，政府也通过支付一定比例的费用直接介入制度运行。

另外，应对不同类型的人力资本存量贬损，政府介入的意义和策略选

[1] 韩利红：《人力资本贬值及投资补偿策略》，《江淮论坛》2005年第3期。
[2] 包玉香、张晓青、李香：《基于政府视角的人力资本投资分析》，《中国人口资源与环境》2004第5期。

择是不同的。根据有形贬损和无形贬损的划分方法，有形贬损是非市场性因素引致的，该贬损主要源自使用价值减小，更多体现为健康存量贬损，需要政府的防范型策略。无形贬损由市场性因素引致，政府的应对意义以及可能的应对措施已经在前面两个问题中论述过。根据可逆贬损和不可逆贬损的划分方法，可逆贬损往往基于人力资本市场价值贬值，可以先期防范和后期补偿，政府可以采用直接提供培训等投资方式介入其中。不可逆贬损是无法后期补偿的，因此，需要政府先期的防范型策略。

（一）个人人力资本存量贬损

以中国为例，国家有关部门（如劳动部、人事部、卫生部等）要制定与《劳动法》配套的卫生、健康保护条例，加大对医疗服务的软硬件投入，加大公共健康支出。公共健康支出是政府人力资本投资的重要形式之一，它实际上是一种保健支出，包括医疗卫生费用，劳动者卫生、安全保护费用。公共健康支出旨在通过减轻或消除疾病维护承载者的劳动能力，其作用体现在以下两方面：（1）延长人口平均寿命以增加劳动年限，是变相的廉价生产人力资本，实际上节约了社会的潜在人力资本支出。（2）保护和提高人力资本承载者的智力和体力，提高等量人力资本的产出率。公共健康投资支出既能减少人力资本承载者健康存量贬损导致的经济损失，也能避免可能的巨额医疗费用。

（二）企业人力资产减值

企业的健康支出意味着增加企业生产成本，在利润最大化的驱动下，企业对人力资本承载者健康状况的关注远远小于个人和政府。政府的作用体现在以下三个方面：（1）提供制度，通过政治和法律力量将企业囊括在有利于人力资本承载者健康的制度中，强制企业为承载者的健康付费。个人、企业和政府三方出资的医疗保险制度就是政府强制企业维护承载者健康的最佳例证。政府还可以通过制度安排要求企业定期为员工做体检，要求企业为肩负重任的技术骨干和管理者安排强行的休息时间以保证他们能恢复体力和脑力，呼唤企业塑造健康和谐的企业文化，创造有利于员工心理健康的工作环境。（2）改革会计制度，将企业对员工的健康支出记入投资，并给予适当的税收优惠，激发企业健康投资的积极性。（3）通过法律的形式强制企业保有一定的劳动者卫生、安全保护支出，保障劳动者合法享受健康保护的权益。

五、政府介入人力资本存量贬损

政府对人力资本存量贬损的介入体现为提供人力资本投资和构建适宜的投资环境两个方面。

（一）政府提供人力资本投资

政府介入人力资本投资活动，首先意味着政府的人力资本投资支出，但这并不必然表现为政府为整个投资活动支付全部费用。具有纯公共物品特征的人力资本投资需要政府提供全部投资成本，具有准公共物品特征的人力资本投资可以政府全部出资、私人主体全部出资、或政府与私人主体共同出资。政府提供人力资本强调的是政府介入投资成本支出，有政府全部出资、政府部分出资、政府管制价格和私人主体的经济运行等形式。

在混合提供人力资本中，政府为人力资本投资付费是核心问题。政府为人力资本投资付费主要基于两点原因：（1）在人力资本市场上，个人人力资本投资受制于资源约束，而人力资本借贷市场的不完全特征导致基于人力资本投资预期收益的私人借贷行为很难真正达成，亟待政府介入。（2）人力资本的外部性导致市场对人力资本投资资源配置不足，亟待政府介入。

个人、企业和政府都有各自特定的人力资本投资领域和范围，政府介入要符合市场经济的内在要求，原则上首先充分发挥个人和企业对人力资本投资的积极作用，当私人主体的人力资本投资行为受到干扰，可能出现供给结构不合理或供给不足时，政府以社会经济活动调节者的角色对人力资本投资进行必要的补充、或制定政策对个人投资加以引导，以弥补个人和企业对人力资本投资的不足，保证经济均衡发展对人力资本的需要。政府在人力资本投资活动中的资金介入主要表现为以下两种形式：（1）政府提供。政府提供全部的人力资本投资成本，比如以公共物品形式出现的义务教育、公共健康投资、基础研发等。（2）混合提供。政府支出一部分人力资本投资成本，比如，义务教育之外的各种正规教育、社会保险、劳动者安全和卫生等准公共物品。

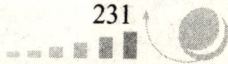

（二）构建适宜的人力资本投资环境

即使具有私人物品特征的人力资本投资应该由私人主体提供，这种人力资本投资效率的获得也离不开政府的干预，需要政府构建适宜的投资环境。个人人力资本存量贬损和企业人力资产减值对个人就业、企业利润实现、乃至社会发展会产生负面影响，更需要政府介入。

1.人力资本存量贬损。人力资本存量贬损首先影响个人收入能力和就业状态。就业问题是一个关系到国计民生的宏观问题，在微观个体层面上则是关系到人力资本承载者生存的问题。一旦人力资本存量发生贬损，承载者收入能力下降、实际收入下降，将危及到社会稳定，政府有责任为发生人力资本存量贬损的个体提供一定的就业机会、培训机会，为其构建"造血"机制，以补偿存量贬损为个人和社会带来的损失。

2.企业人力资产减值。人力资产减值影响企业的利润实现，鉴于人力资本投资增加企业的成本支出，再加上接受过培训的个人离职会给企业带来实际人力资产损失，企业缺乏提供培训的积极性，尤其是一般培训更促使企业秉承"免费搭车"心理，导致企业的人力资本投资不足，在实际中表现为承载者因为存量贬损而遭到解雇。技术进步要求承载者不断掌握新技能，故企业培训资源配置不足会影响时代的进步。政府应该介入到企业的培训投资中，通过税收优惠、政府补贴、政府直接出资等形式激发企业人力资本投资的积极性，防范、补偿企业人力资产减值给企业、社会和个人带来的损失。

第八章　解析：中国大学毕业生的人力资本存量贬损

　　当前中国大学毕业生的就业压力前所未有。来自教育部的数字显示，"十五"期间，全国普通高校毕业生累计1090万人，年均增幅27%。教育部预测，"十一五"时期，全国将有2700万名以上的普通高校毕业生需要就业，每年净增70万到100万人，大学毕业生的就业形势进一步趋紧。中国自高等教育实行扩招政策后，大学毕业生就业难已成不争的事实，数据显示，2002年全国有近50万应届大学毕业生处于未就业状态，被称为"漂族"；2005—2008年，全国大约每年有100多万大学毕业生未能顺利一次就业；2009年应届大学毕业生多达610万，在国际金融危机影响下，就业困难的比例可能占到1/4（杨重光，2009）[1]。在理论和实践层面，大学毕业生就业成为继国有企业职工下岗和再就业、农村劳动力进程寻求就业两大问题之外的一个新的关注点（曾湘泉，2004）[2]。中国社科院人口与劳动经济研究所副所长张车伟表示，大学毕业生就业难以后将成为常态，而且会变得越来越难[3]。

　　大学生"毕业即失业"的真实写照发出了人力资本存量贬损的信号。在中国高等教育人才培养尚不能满足经济社会发展需求的背景下，作为稀缺的高端人力资本资源，大学毕业生暴露于过度教育[4]、失业、不充分就业等"人力资本存量贬损"风险的状态必将造成高等教育资源、人力资本资源的浪费，从而弱化高等教育在经济社会发展中的作用。同时，大学毕业生的高

---

[1] 杨重光：《国际金融危机冲击下的2008年中国城市经济》，《中国城市经济》2009年第3版。

[2] 曾湘泉：《变革中的就业环境与中国大学生就业》，《经济研究》2004年第6版。

[3] 郭晋晖：《中国大学生初次就业率70% 高出教育部官员预期》，《第一财经日报》2005年11月17日。

[4] 过度教育指，个人教育水平高于工作所需教育水平。

人力资本存量得益于政府、社会、家庭和个人长期的人力资本投资与积累，"就业难"无疑会导致这一多元投资主体的投资损失，并将对经济发展产生负面影响。另外，大学毕业生本应是劳动力市场上的优势就业群体，其就业理应不成问题，其就业问题更不应成为整个社会高度关注的焦点。因此，诠释中国大学毕业生人力资本存量贬损的论题同时具有重要的理论意义与实践价值。本章旨在界定大学毕业生人力资本存量贬损的概念、剖析原因，并在借鉴国外大学生就业促进经验的基础上提出应对中国大学毕业生人力资本存量贬损的策略。

第一节　大学毕业生人力资本存量贬损的形态

国际经验表明，无论是发达国家还是发展中国家，在高等教育快速发展的过程中都会出现"知识失业"(educated unemployment)现象，即受过一定教育者的失业（田永坡，2006）[1]。本研究将中国大学生"毕业即失业"的"知识失业"现象界定为该群体既有人力资本的存量贬损。由于毕业后未能顺利就业，大学毕业生在其职业生涯伊始即遭遇坎坷，既有人力资本的收入能力弱化、为承载者拓展收入空间的能力弱化，人力资本发生存量贬损。然而，一旦选择"将就"就业，陷入过度教育、人职不匹配、专业不对口等情况，仍会暴露于人力资本存量贬损的风险中。大学毕业生人力资本存量贬损的主要原因是人力资本闲置，表现为非就业状态的"主动选择失业"、就业状态中的"最优人力资本失业"和"不充分就业"三种形态。

一、主动选择失业

在中国，初次就业往往影响一生职业行业的选择，一旦"将就"就业引致入错行，人力资本存量贬损的风险很高。由于大学毕业生人力资本的专用性很高，一旦选择到中初等教育水平劳动力市场就业，其专用性的人力资本会因长期处于闲置状态面临存量贬损风险（包括因既有人力资本未被利用

---

[1]　田永坡：《高等教育扩展与"知识失业"：国外的研究和经验》，《高等教育研究》2006年第7期。

而浪费了既有的投资资源；既有人力资本因技术进步面临着被市场淘汰的风险；或者即使增加后续投资也因体力、精力等原因导致投资收效很差），等到未来市场需求旺盛时，恐怕很难再进入高等教育水平劳动力市场。因为预期到进入中等教育水平劳动力市场可能带来的自身专用性人力资本的存量贬损，该群体宁愿选择在高等教育水平劳动力市场上处于失业状态。失业加大了其在经济生命周期后半段回收人力资本投资收益的风险，既有人力资本暴露于存量贬损的风险中。

在从计划经济体制向市场经济体制转轨的过程中，中国大学毕业生的自愿性失业已经逐渐演变为一种社会现象（温海燕，陈平水；2006）[1]。2001年教育部组织的"首届大学生就业首选企业调查"结果显示，约5%的大学生选择不就业[2]，按2001年全国117万高校毕业生人数计算，约有5.85万选择不就业。七年以后，这个数字有增无减：来自中国大学生就业研究课题组撰写的2009年就业蓝皮书《中国大学毕业生就业报告（2009）》的数据显示，在2008届大学毕业生中，有16.51万人既无工作无学业，也没有求职求学行为，成为"待定族"，即时下的"啃老族"，约占2008年559万应届毕业生人数的3%（王伯庆，2009）[3]。另有来自中国劳动统计年鉴（2005，2008）的数据显示，2004年，大学专科、大学本科、研究生学历的毕业生中毕业后未就业的比例分别为37.1%、52%、42.9%，该比例均高于其他受教育程度的劳动者（如表4.12所示）；2007年，大学专科、大学本科、研究生学历的毕业生中毕业后未就业的比例分别为43.6%、60.4%、31.3%，该比例均高于其他受教育程度的劳动者（如表4.13所示），与2004年相比，除了研究生外，大学专科和本科毕业生中毕业后未就业的比例均有所提高。

与大学生主动选择不就业人数不断攀升相对应的是该群体初次就业率的不断降低。来自中国教育统计年鉴的数据表明，1993—2003年间，全国普通高校毕业生初次就业率分别为90.8%、94.98%、70.14%、74%、76.06%、69.6%、64.7%、64%[4]；2004年，本科院校初次就业率为61.3%,高职院校初次

[1] 温海燕、陈平水：《劳动力市场分割条件下大学毕业生自愿性失业问题初探》，《生产力研究》2006年第5期。
[2] 《文汇报》2001年12月14日
[3] 王伯庆：《中国大学毕业生就业报告（2009）》，社会科学文献出版社2009年版。
[4] 教育部发展规划司：《中国教育统计年鉴（1996—2003）》，人民教育出版社。

就业率不到40%；2005年，本科院校初次就业率为70%,大专生为40%；2009年高校毕业生初次就业率的目标值是70%[1]。综上所述，中国大学毕业生的初次就业率在15年间呈现出下降的趋势。

二、最优人力资本失业

具有多种技能的人力资本承载者会对其技能给出供给序列，该供给序列由市场价格或收益率确定，先供给价格高或收益率高的人力资本，当这种人力资本价值实现比较困难时，转而选择供给次优的人力资本。因此，虽然承载者处于就业状态，很可能并未使用能够给其带来最大收益的人力资本，此时，最优的人力资本处于失业状态。一旦"将就"就业引致入错行、人职不匹配，则会导致其最优人力资本得不到最有效利用，最优人力资本因闲置而暴露于存量贬损的风险中。

中国大学毕业生一般对自己的专业看得比较重，表现为在工作搜寻中强调"专业对口"。但是，高校不可能准确预测几年后市场对人才的需要，而只能根据当年或预测今后几年社会对人才需求的情况和办学条件确定专业。学生在报考之时更是挤"热门"，弃"冷门"，但现在的经济快速发展，使人才需求市场不断发生变化，几年过后，原先看好的专业现在可能成了"冷门"，无人需要（赵运林，2009）[2]。若一味地强调专业对口不愿改行，只会给自己堵死就业门路，结构性失业在所难免；若改行，则面临着最优人力资本失业的人力资本存量贬损风险。

国外大学毕业生最优人力资本失业现象也比比皆是[3]。（1）俄罗斯的大学毕业生不介意改行。在俄罗斯，所从事的工作和所学专业相去甚远的大学毕业生比比皆是。俄罗斯是一个高等教育普及程度相当高的国家，因此，跨入大学校门只是被看作成年生活的起步，他们往往在毕业后根据自己的实际工作需要再进行相关专业的再学习和再培训。（2）印度的大学毕业生甘心

---

[1] 2008年12月29日，在第一次由人力资源和社会保障部、教育部、中华全国总工会、共青团中央、全国妇联、中国残联等六部门联合发起的就业服务系列活动启动仪式上，人力资源和社会保障部部长尹蔚民指出，"针对高校毕业生的就业服务主要是组织开展校企对接、民营企业招聘周、网络大招聘等活动，2009年高校毕业生就业服务系列活动的目标之一是，力争应届普通高校毕业生初次就业率达到70%左右"。

[2] 赵运林：《关于大学生就业难问题的思考与对策》，《湖南社会科学》2009年第3版。

[3] 《扶助大学生就业各国政府纷纷出妙招》，《广州日报》2009年2月11日。

低就。印度普通高校的毕业生只有10%的人能找到自己理想的工作，大部分大学毕业生甚至放弃专长去做一些根本不需要高学历的工作，使得社会上出现了越来越多的大学生售货员、大学生司机。（3）瑞典的大学毕业生不求高薪。面对劳动力"买方市场"，瑞典大学毕业生不得不调整自己的就业预期，找工作的态度由被动变主动，不再对薪水提出过高要求。（4）巴西的大学毕业生先就业后择业。巴西大学毕业生增长速度迅猛，大学生普遍认为毕业后只能先就业后择业，故虽然巴西的小企业和服务行业的收入低且工作流动性大，但大学毕业生应聘者却只增不减。

三、不充分就业

"将就"就业意味着作为人力资本承载者，大学毕业生可能处于不充分就业状态，那么，承载者的部分人力资本被闲置，其人力资本未能得到最大化利用，当然也不能收获最大化利用人力资本的收益，人力资本存量发生贬损。根据《中国人口与就业统计年鉴（2008）》数据整理，2007年，中国拥有大学专科学历的劳动者中约有4.2%处于就业不充分状态，拥有大学本科学历的劳动者中约有4.3%处于就业不充分状态，拥有研究生学历的劳动者中有3.9%处于就业不充分状态（如表4.7所示）。

第二节　大学毕业生人力资本存量贬损的影响因素

洞悉大学毕业生人力资本存量贬损的影响因素是提出应对贬损的有效策略之前提。如前所述，大学毕业生的人力资本存量贬损多由失业、不充分就业等人力资本闲置引致，这是由该群体的人口特征决定的。从生理上讲，大学毕业生是年富力强的一个年轻群体，处于经济生命周期的前期，因此，在本研究中，我们将基于其生理健康状况的使用价值存量贬损忽略不计，重点探讨市场因素（当然，也略有涉及非市场因素中的心理因素、社会因素）对其人力资本存量的影响。具体而言，市场性因素等对大学毕业生人力资本存量贬损的影响又直接体现为来自大学毕业生自身的内在因素和外在经济社会环境因素两个方面。

一、来自大学生投资主体的内在影响因素

大学毕业生的人力资本存量贬损与其自身的投资决策及进入人力资本市场后的选择行为、理念密不可分。

（一）初始人力资本投资决策失误

"毕业即失业"预示着大学生既有人力资本投资在未来回收预期投资收益的不确定性，与物质资本投资类似，仅从短期来看，这意味着人力资本投资的失败。投资失败归因之一是其初始人力资本投资决策的失误，比如，在经历四年的市场选择后，既有的专业技能已经被市场淘汰，既有人力资本失去了实现价值为其承载者获得收入的机会；或者在既有投资决策时点上选择的专业技能在市场上趋于或已经饱和，待其毕业时已经供大于求，那么失业在所难免，人力资本存量贬损也就成为必然；或者选择了基础研究的专业、长线专业，由于缺乏使用价值在就业时遭到企业拒绝。大学生"毕业即失业"反映了人力资本投资的预期收益与实际收益的偏离，初始人力资本投资决策失误直接导致其陷入结构性失业状态。

（二）保留工资[1]水平亟待修正

国外学者Smith和Pawell的研究表明，由于大多数大学毕业生都认为自己的资质高于平均水平，导致整体的预期收入水平偏高（Smith, Herbert L., Brian Powell; 1999）[2]。但是，中国的这种高估幅度（2000年为41.2%，2002年为37.7%）[3]远高于美国（10%）（Jerry A.Jacobs, 2000）[4]和瑞士等一些欧洲国

---

[1] 对现实经济中的求职者来说，一般而言，根据自身能力水平和观察到的劳动力市场的工资分布，对未来职业的工资有一个预期，这一心理价位的工资水平被称为"保留工资"（reserved wage）。理论上，保留工资应该是劳动者"次佳职位"所能带来的报酬（机会成本）。

[2] Smith, Herbert L., Brian Powell, *Great Expectations: Variation in Income Expectations among College Seniors*. Sociology of Education, 63（1990）:194—207.

[3] 数据来自中国青年政治学院的李家庆、吴庆等人2000—2002年连续三年的"北京地区大学生就业状况调查"数据，高估幅度的计算方法为：（1月份收入预期－6月份实际起薪）/6月份实际起薪。2000年和2002年1月份收入预期分别为2071元和2156元，6月份实际起薪分别为1467元和1586元。

[4] Jerry A.Jacobs, *Gender and the Earnings Expectations of College Seniors*.Economics of Education Review, V.19(2000):229—243.

家（略高于10%）(Stefan C. Wolter, Andre Zbinden; 2002)[1]。国内学者赖德胜和田永坡的研究表明（2009）[2]，中国主要劳动力市场和次要劳动力市场的分割导致人力资本承载者在不同人力资本市场之间流动时，往往需要跨越各种制度障碍，工作转换成本非常高——不但要支付正常的工作搜寻成本，还要额外承担劳动力市场分割带来的成本，比如，从次要劳动力市场进入主要劳动力市场时除了"进入成本"还要付出高昂的"离去成本"（2005）[3]。高工作转换成本导致大学毕业生减少工作转换次数，追求稳定且高收益职位，以保障水平高的单位和行业的收益为参照体系，因此该群体求职时的保留工资水平偏高。来自华南师范大学高等教育研究所2002年对上海地区大学生就业市场的调查数据表明，大学毕业生初次就业的工资价格区间为月薪1500—2000元，大学毕业生的期望工资区间为2000—4000元，应届大学毕业生普遍存在对预期收入高估的现象。

　　然而，经过四年的大学教育，受经济发展状况、市场供求状况及其他经济因素的影响，实际的大学毕业生工资水平会有所变动，需要毕业生在初次就业时修正投资决策时点的参照工资水平，即修正保留工资水平。中国大中城市人力资本市场上的过度教育现象的表现之一即企业对大学毕业生的低水平出价。来自2009年《中国大学毕业生就业报告》的数据显示，2008届大学毕业生收入明显下降，211院校、非211院校和高职高专院校毕业生平均月收入分别比上年下降14%、11%和5%，高者不过2549元，低者仅为1647元。换言之，他们的月收入刚刚达到或尚未达到新近公布的全国城镇职工月收入的平均水平（王伯庆，2009）[4]。另据《每日经济新闻》从广州智联招聘对全国2517家企业的薪酬调查结果显示，受国际金融危机的影响，2009年度大学毕业生起薪将会普遍降低，2008年本科毕业生的起薪每月平均为2094元，2009年则为1846元，下滑了11.84%。而新浪网对2009届大学毕业生"薪情"调查的结果显示，仅有9.78%的人可以接受起薪在1500元以下，约超过四成的人认为大学生起薪在1500—2000元比较适合，约有32.88%的网友能够接受起薪在

[1]　Stefan C. Wolter, Andre Zbinden, *Labour Market Expectations of Swiss University Students*. International Journal of Manpower, V.23, N.5(2002):458—470.
[2]　赖德胜、田永坡：《当前大学生就业难的成因和政策选择》，《红旗文稿》2009年第7期。
[3]　赖德胜、田永坡：《对中国"知识失业"成因的一个解释》，《经济研究》2005年第11期。
[4]　王伯庆：《中国大学毕业生就业报告（2009）》，社会科学文献出版社2009年版。

2000—3000元之间，12.01%的人预期起薪在3000元以上，其中四成以上的大学毕业生起薪要求超出企业的出价。共青团中央学校部等单位完成的"2006年中国大学生就业状况调查"显示，77.3%的用人单位认为大学生仍存在期望过高的现象，主要表现在薪酬、地域、个人发展机会和要求专业对口等方面。可见，未能及时修正保留工资水平至低位，一味固守投资决策时点的预期收入水平，必然导致大学毕业生在就业岗位前的踯躅不前，从而表现为"毕业即失业"，其人力资本发生存量贬损。

（三）人力资本投资收益回收路径过少

大学毕业生在大中城市和沿海发达城市就业的偏好导致其人力资本投资收益回收的路径过少。由于该群体对大学教育投资的预期收益要求（包括预期收入和生活方式）比较高，导致在求职时对收入、单位性质、岗位类型、办公条件、就业地点的选择标准偏高。在中国二元社会结构下，城乡、地区间发展不平衡表现为大中城市的迅速发展和农村发展的滞后，现代化经济组织和社会组织（如大型企业、政府机关、学校等）集中于大中城市，而广大农村缺乏能够吸纳接受过较高教育的劳动者的就业单位，致使大学毕业生集中选择在大中城市争夺有限的工作岗位（吴克明，赖德胜；2004）[1]，使过度教育、失业、不充分就业成为必然。对大学毕业生而言，在大中城市和沿海发达城市的主要劳动力市场上进行工作搜寻是其作为理性经济人的理性选择。1994年，中国开始实行高等教育收费制度，大批收入水平低的父母节衣缩食甚至不惜债台高筑以供养子女上大学，期望子女在毕业后的工作中获得高投资回报，表现之一即进入主要劳动力市场谋得高薪高福利的职位，而这些职位往往存在于大中城市、沿海发达城市的主要劳动力市场上。因为大中城市和东部沿海地区的市场化水平和经济增长水平相对较高，这些地区产业聚集，对高素质劳动者的有效需求大，能够提供较高的收入报酬，人力资本

---

[1] 吴克明、赖德胜：《大学生自愿性失业的经济学分析》，《高等教育研究》2004年第2期。

投资的回报率较高[1]。另据2005年对全国34 所高校21220 位毕业生的调查数据显示，在当年已经落实就业单位的毕业生中，在大中城市工作的毕业生占70.7%，在县城的占21.9%，在乡镇的占5.5%，在农村的为1.9%。与地区、城乡经济发展很不平衡一样，大学毕业生就业区域分布也极不平衡，经济越发达的地区和城市，大学毕业生越集中。来自中国劳动力市场信息网监测中心的数据显示，约60.5%的毕业生选择沿海开放城市；17.63%的毕业生选择回家乡就业；选择到内地省会城市发展的比例为17.56%；愿意到国家急需人才的边远地区就业的比例仅为2.63%。

大学毕业生群体的就业风险完全不同于城市下岗失业工人和农民工群体，对该群体而言，重要的并不在于是否可能找到工作，而在于能否进入主要劳动力市场工作，这是其面对的最大就业风险和人力资本存量贬损风险（孟大虎，2005）[2]。经过扩招后，中国大学生的教育已经逐渐走出"精英"教育的时段，相对于人力资本市场上激增的大学毕业生供给量，大中城市的就业容纳能力是有限的。因此，仅仅将就业范围圈定在大中城市无疑人为减少了实现其人力资本价值的路径。

由于过多的高等教育人口拥挤在城市特别是大中城市和东部沿海发达城市，直接导致这些地域的高等教育的就业弹性和就业效应[3]越来越低。数据显示，京津沪地区的高等教育就业效应仅为0.83万人，与之形成鲜明对比的是西部地区的高等教育就业效应则很大，为8.02万人；京津沪地区的高等教育就业弹性最小，仅为0.3，东部地区的高等教育就业弹性次之，为0.66，中部地区的高等教育就业弹性相对较大，为0.83，西部地区的高等教育就业弹性最大，为1.08（岳昌君，丁小浩；2003）[4]。一方面，大学毕业生拥塞在大中城市和沿海发达城市，供给相对过剩，另一方面，西部内陆地区和农村地区以及低薪部门招收大学毕业生困难，形成了典型的岗位空缺与失业并存的结构

---

[1] 大学生就业对地域的关注源自中国巨大的地区收入差距。在全国收入差距的增量中，东中西三大地区之间的收入差距的增量所占比例高达13.5%。在城镇体系内部同样存在地区收入差距，张东辉和徐启福的实证研究揭示了1985—1999年地区间城镇居民收入差距整体上呈扩大趋势，地区收入差距变异系数由1985年的0.1735上升到1999 年的0.2832，上升了63.23%。可见，在东部地区特别是东部城市形成了就业的主要劳动力市场，在这些地域就业能够获得更高的人力资本收益。引自"孟大虎.风险条件下的个人选择与大学生就业[J].复旦教育论坛，2005（1）：70—73"。
[2] 孟大虎：《风险条件下的个人选择与大学生就业》，《复旦教育论坛》2005年第1期。
[3] 就业效应是指，相应行业增加值增长一个百分点时带来的从业人员人数的增加。
[4] 岳昌君、丁小浩：《受高等教育者就业的经济学分析》，《高等教育研究》2003年第3期。

性失业。显然，大学毕业生在大中城市和沿海发达城市的集聚是市场对该稀缺资源配置缺乏效率的表现。大学毕业生顺利实现就业需要政府的介入，通过政府拆除形成"二元"社会的制度障碍和藩篱，以增加该群体就业的有效路径。

（四）社会资源禀赋缺乏的就业困难

在大学毕业生中有一个特殊的群体，在其入学伊始即被贴上了"就业困难"的标签，他们或者家境贫困、来自不发达地区，因而社会资本缺乏；或者选择了基础研究专业、长线专业，不能在短期内给企业带来效益；或者缺乏创业条件，需要外界助推；或者受到了就业歧视，比如女大学毕业生。大学毕业生中的就业困难群体更难实现人力资本的价值，也就更易发生人力资本存量贬损。

在大学毕业生中，女性在人力资本市场遭遇歧视的现象比较严重，女性是目前高校毕业生中"就业困难"群体的重要组成部分，由于工作搜寻中遭遇性别歧视，女性的就业困难程度难于男性，女大学毕业生投递简历的份数比男生多，获得面试的机会却少于男生，心理压力和挫折感也大于男生，故女性人力资本存量贬损的风险高于男性。女性就业难首先表现为女生自我感受上的就业难，其次表现为已落实用人单位的男生比例高于女生（曾湘泉，2004）[1]。北京大学公共政策研究所于2006年5—6月份对全中国16所大学的应届本科毕业生进行的"2006年中国大学毕业生就业状况调查"结果显示，截止到2006年5月底，男性毕业生的"已签约"和"已有意向但没有签约"的比例为55.71%，而女性毕业生的"已签约"和"已有意向但没有签约"的比例仅为41.08%[2]。另有厦门大学人口所曾对2002年1068名本科毕业生进行调查，结果显示，"在相同条件下，女生一次就业率仅为63.4%，比男生低8.7个百分点。对数据的多元线性回归检验表明，在控制其他影响因素的条件下，性别确实会减小女大学毕业生落实就业单位的概率"（于安秀，2009）[3]。国外大学毕业生就业困难群体构成中也以女性比较突出，比如，

[1] 曾湘泉：《变革中的就业环境与中国大学生就业》，《经济研究》2004年第6期。
[2] 共青团中央学校部和北京大学公共政策研究所：《关于大学生求职与就业状况的调查报告》，2006年。
[3] 于安秀：《关注劳动力市场中的性别平等》，《科技广场》2009年第4期。

在法国的高校毕业生中，1996年，19.5%的男性毕业生产生了过度教育，而女性这一比例则高达40%。

女性天然承担着履行"母性"职责，这无疑为整个人类社会做出了巨大贡献。但是，在有限的时间约束下，"母性"活动耗费的时间越多，市场投入时间就越少，这是雇主对女性实施就业歧视的根本原因，最终使之在市场活动中受损，结果即其人力资本存量发生贬损。因此，相对于男性，女性倾向于减少人力资本投资水平，故其人力资本的质量相对较低，存量水平也低于男性，从而进一步提高了其人力资本存量贬损的概率。可见，女性履行社会责任的代价由个人承担的比例越大，其人力资本积累越困难，在市场中受损的概率增大，最终成为人力资本存量贬损的高发人群。根据社会公平和正义原则，女性因为"社会"贡献而遭致的人力资本存量贬损风险应该由社会来补偿与防范（许叶萍，石秀印；2009）[1]，由政府主导提供制度，激发雇主责任，并调动民间组织的积极性。

二、来自经济社会环境的外在影响因素

（一）经济环境引致人力资本市场有效需求不足

1.经济不景气引致人力资本市场需求总量不足

就业压力大是中国一个长期的基本国情，据测算，中国目前在城镇要求就业的，包括当年新增城镇劳动力和上一年结转下来未能就业的有2400万人，而每年能提供的城镇就业岗位只有1200多万个，再加上每年农村富余劳动力向城镇转移大约800万人，劳动就业的供需缺口非常大（陈柳钦，2009）[2]。而2008年源自美国次贷危机的全球性金融危机令中国的就业形势进一步恶化，也使大学毕业生就业难雪上加霜。

对人力资本的需求是一种派生需求，派生于经济体对人力资本所能生产的产品和服务的需求，故对人力资本的需求取决于产品和服务市场的需求状况，因此，经济景气状况影响着对人力资本的需求。数据显示，国民经济每增长一个百分点可为社会提供的新增就业岗位为80—100万个，可见，经济因

---

[1] 许叶萍、石秀印：《在"社会"上贡献，于"市场"中受损》，《江苏社会科学》2009第3期。
[2] 陈柳钦：《金融危机对我国就业的影响及应对》，《中国城市经济》2009年第7期。

素是影响毕业生就业最直接、最重要的因素（赵运林，2009）[1]。受国际金融危机影响，经济不景气导致市场主体的需求萎缩，银行收缩银根，企业减员增效，整个经济氛围即就业岗位减少、失业增加。来自中国劳动力市场信息网监测中心的数据显示，2008年前三季度劳动力市场的用人需求比2007年同期减少了24.6万人。工业和信息化部公布的数据显示，到2008年底，中国中小企业破产者占总数的7.5%。而中国社科院中小企业研究中心关于"中小企业在金融危机复苏中的作用"的调研报告显示，中国已经有40%的中小企业已经在此次金融危机中倒闭，金融危机对各行业的影响逐渐显现。中国国务院参事陈全生指出，在全球金融危机重压下，2009年中国已有67万家小企业被迫关门，约有670万的"就业岗位蒸发"，使失业人数远高于官方统计的830万。金融危机对就业的冲击从求人倍率指标的变化上也可以窥见一斑：根据人力资源和社会保障部在全国88个城市收集的劳动力市场供求信息，劳动力市场求人倍率[2]从2001年的0.75大幅度逐年回升，并持续到2007年的0.98，但到2008年第四季度时则急剧下降至0.85，系2002年以来的最低点（陈柳钦，2009）[3]。就大学毕业生的供需而言，2009—2010年全国每年需求高校毕业生的人数预计分别为580万、589万，而全国普通高校毕业生的总人数分别为610万、652万（钟秋明，郭园兰；2009）[4]，对大学毕业生的有效需求严重不足。在这样的背景下，即便大学毕业生既有投资决策正确，可能也会因在市场上的就业岗位竞争中失败而失业进而陷入人力资本存量贬损的窘境。

2.现有产业结构引致大学毕业生结构性失业

按照奥肯定律，经济增长会拉动就业增长。但实践表明，经济增长和就业扩大并非完全同步，以中国为例，一方面，就业增长率明显低于GDP增长率，"九五"到"十五"期间经济增长由8.6%上升至9.5%，而新增就业人口却由804万下降至748万；另一方面，就业弹性逐年下降，从"九五"期间的0.14下降至"十五"期间的0.12，2008年仅为0.08。可见，中国经济的高速增长并未对就业产生多大拉动，反而在一定程度上对就业施加了挤出作用（陈

[1] 赵运林：《关于大学生就业难问题的思考与对策》，《湖南社会科学》2009年第3期。
[2] 求人倍率是指，劳动力市场岗位供给数与岗位需求数之比。求人倍率高，劳动力市场的岗位供给相对于需求比较充足；求人倍率低，则劳动力市场的岗位供给相对于需求比较缺乏。
[3] 陈柳钦：《金融危机对我国就业的影响及应对》，《中国城市经济》2009年第7期。
[4] 钟秋明、郭园兰：《高校毕业生就业应实现五个统筹》，《当代教育论坛》2009年第1期。

柳钦，2009）[1]。分三次产业看，中国进入21世纪后经济增长的就业弹性也明显呈下降趋势（如表8.1所示），经济增长对就业的拉动作用减弱，从而恶化了大学毕业生的就业环境。其一，20世纪90年代中后期以来，中国经济结构发生了向外向型经济和重化工业的根本性转变，主要以投资和出口为驱动力。一方面，"三来一补"、"两头在外"（原料和销售在外）的出口战略使市场调研、市场开发、产品设计、原料采购、渠道销售、订单处理、服务跟踪等需求量大、要求高等教育层次的岗位几乎都在国外，形成了高端岗位在国外、低端岗位在国内的格局，导致在经济高速增长时期东南沿海地区凸显"民工荒"，大学毕业生就业却非常困难（张曙光，2009）[2]。另一方面，20世纪90年代以后中国进入重化工时期，其特点即对资金需求高，而对劳动力需求低。在20世纪80年代，以发展轻工业劳动密集型产业为主，国民经济每增长一个百分点即可解决120万人就业，但到21世纪初，国民经济每增长一个百分点，只能提供70万个就业岗位。而在经济结构中最能吸纳大学毕业生就业的第三产业（邮电通讯业、物流仓储业、金融业、保险业、旅游业、信息咨询业和各类技术服务业等）却恰恰是欠发达的，据统计，第三产业增加值占国民生产总值的比重世界平均水平是50%左右，发达国家一般为60—70%，发展中国家平均在40%以上，而我国在2002年、2003年、2004年该比例分别仅为34.3%、33.4%、31.9%，2005年才达到40.3%。可见，在上述产业结构和发展模式下，经济增长对大学毕业生的就业拉动作用非常有限（赖德胜，田永坡；2009）[3]。其二，大学毕业生聚集在就业弹性低但高福利、低市场化的行业。来自《中国劳动统计年鉴2006》中关于各行业受教育程度的数据显示，大学毕业生最集中的行业有卫生、社会保障和社会福利业，制造业，公共管理和社会组织，教育，其中大专、大学本科和研究生在这些行业就业人数占这些行业就业总人数的比例均超过50%（赖德胜，田永坡；2009）[4]，尤以本科生比例最高。然而，这四个产业的就业弹性都比较低，吸纳就业的能力较弱，从而出现了结构性的大学毕业生失业。

---

[1]　陈柳钦：《金融危机对我国就业的影响及应对》，《中国城市经济》2009年第7期。
[2]　张曙光：《破解大学生就业结构性难题》，《中国城市经济》2009年第7期。
[3]　赖德胜、田永坡：《当前大学生就业难的成因和政策选择》，《红旗文稿》2009年第7期。
[4]　赖德胜、田永坡：《当前大学生就业难的成因和政策选择》，《红旗文稿》2009年第7期。

表8.1 中国1990—2007年三次产业的就业弹性

年份	第一产业就业弹性	第二产业就业弹性	第三产业就业弹性
1990	2.346	4.906	7.941
1991	0.197	0.083	0.374
1992	—0.217	0.114	0.469
1993	—0.560	0.214	0.666
1994	—0.698	0.126	0.860
1995	—0.600	0.161	0.898
1996	—0.392	0.289	0.660
1997	0.016	0.202	0.263
1998	0.276	0.036	0.276
1999	0.600	—0.133	0.197
2000	0.320	—0.131	0.332
2001	0.466	0.048	0.198
2002	0.337	—0.316	0.410
2003	—0.352	0.148	0.359
2004	—0.555	0.472	0.546
2005	—0.708	0.588	0.315
2006	—0.830	0.485	0.259
2007	—0.927	0.545	0.098

数据来源：中国统计年鉴编写组：《中国统计年鉴（2008）》，中国统计出版社2008年版。

说明：经济增长的就业弹性=就业增长率/经济增长率。根据中国统计年鉴（2008）中的"2—4国内生产总值指数"和"4—3按三次产业分就业人员数（年底数）"计算三次产业的经济增长率和就业增长率。

岳昌君等（2003）的研究表明，中国就业弹性和就业效应[1]最大的6个行业分别为建筑业、交通运输仓储和邮电通信业、批发零售贸易和餐饮业、金融保险业、房地产业、社会服务业。但是，批发零售贸易和餐饮业、社会服务业更多吸纳的是一般就业人员，对受高等教育者就业的促进作用不大；建筑业则由于较差福利和工作条件令大学毕业生望而却步。

[1] 就业弹性反应的是就业的相对变化率，而非绝对数量。除了考虑就业弹性，还应使用经济增长的就业效应来衡量经济增长对就业人员需求的绝对量。

（二）高等教育扩招诱发城市人力资本市场供给激增

既有人力资本的市场供求状况影响着人力资本存量水平的变动，如果供大于求，承载者面临失业风险，该人力资本便被暴露于存量贬损风险中。20世纪80年代，全国高校毕业生只有20多万人，自高等教育实行扩招政策后，2001年激增至117万人，2002年145万人，2003年212万人，2004年280万人，2005年338万人，2006年413万人，2007年495万人，2008年559万人，2009年610万人，2001—2009年间，当年毕业生数量从117万人增加到610万人，增加至原来的5.21倍。另据统计，2008年至2012年这5年中国普通高校毕业生人数每年将持续在600—700万之间，总量将有3000万高校毕业生需要就业，比前5年即2003—2007年的总量1738万增长72%。大学毕业生数量的剧增给劳动力市场带来了巨大吸纳压力，未就业的大学毕业生人数随之激增：2002年50万人，2003年64万人，2004年80万人，2005至2008年每年约100多万人，2009年150多万人，大约每2.8个大学生中，就有1人毕业时未落实去向（钟秋明，郭园兰；2009）[1]。大学毕业生供给量逐年激增，再加上其偏好在大中城市就业，引发了城市人力资本市场的供求失衡，既有人力资本投资回收收益的风险加大，面临着存量贬损的风险。

（三）高校专业设置和人才培养与市场人力资本需求错位

"十年树木，百年树人"，可见正规教育周期较长、且教育收益具有迟效性。故大学教育长达四至五年的投资期限、贯穿整个经济生命周期[2]（即职业生涯）的投资收益回收期本身就蕴藏着因人力资本被市场淘汰引致的贬损风险。因为，随着经济社会的不断发展，以经济结构调整、技术进步、体制转轨、经济增长方式转变为主的多种综合因素不断淘汰既有人力资本，使人力资本承载者在包括技能、经验、工种、知识、年龄、性别、主观意愿、地区等方面的供给结构与需求结构不相一致而导致结构性失业。可见，高等院校的专业设置、人才培养必须紧随市场需求调整，否则其所培养的大学毕业生发生人力资本存量贬损的风险很高。然而，中国高等教育专业设置和人

---

[1]　钟秋明、郭园兰：《高校毕业生就业应实现五个统筹》，《当代教育论坛》2009年第1期。
[2]　经济生命周期指，从人力资本承载者进入市场到彻底退出市场的时段。

才培养与市场人力资本需求存在错位现象，表现为培养层次错位、市场职业结构的人才需求错位、对公众需求的理解错位、人才培养与市场需求状况错位、专业调整速度与市场变化节奏错位（冯皓，2009）[1]。这些错位的直接后果即大学毕业生的结构性失业，引致人力资本存量贬损。"2006年中国大学毕业生就业状况调查"表明，有59.1%的用人单位认为当前大学的课程设置不合理，其中50%的用人单位明确提出，当前大学的课程设置不合理制约了大学毕业生就业[2]。

高等教育结构的失衡也促成了大学毕业生在某些行业产业的集聚，就业呈现出结构性差异。在国家大力发展高等教育的方针指导下，为了满足规模的扩展，短期内可以迅速增加入学人数的专业（比如文科类专业）得到迅速发展，各高校该类专业重复设置现象相当普遍，导致在市场需求容量有限的条件下，该类专业的大学毕业生就业难。国家统计局山西调查总队2008年在太原、长治、运城、忻州、临汾等地专项调查数据显示，工科和应用性较强的学科专业就业形势较好，而文科专业（如汉语言文学、戏剧影视文学）和长线专业（如哲学、社会学）等类别的毕业生需求数量较少，就业率处于60%的地位（赖德胜，田永坡；2009）[3]。

（四）微观企业在该群体的人力资本投资上选择"搭便车"

微观企业是大学毕业生实现人力资本价值的主干道。然而，"有经验者优先录用"的温馨提示人为设置了一道大学毕业生进入企业就业的屏障。企业不愿意接收应届大学毕业生已是一个长期存在的社会现象，其实质是企业不愿意对缺乏工作技能的大学毕业生进行人力资本投资——岗前培训，只想直接雇佣有经验求职者——其他市场经济主体已经进行了初步人力资本投资，这是典型的躲避人力资本投资成本、只愿直接享受投资收益的"搭便车"心理（张学英，2003）[4]。无疑，"搭便车"能使企业在不付出投资成本的同时直接享受收益，可谓"无本万利"。而当前中国供给大于需求的人力

---

[1] 冯皓：《高校专业设置、人才培养与市场需求间的错位研究》，《中国大学教育》2009年第2期。

[2] 共青团中央学校部和北京大学公共政策研究所：《关于大学生求职与就业状况的调查报告》，2006年。

[3] 赖德胜、田永坡：《当前大学生就业难的成因和政策选择》，《红旗文稿》2009年第7期。

[4] 张学英：《企业对应届毕业生就业歧视的经济学分析》，《经济论坛》2003年第9期。

資本市場成就了企業對大學畢業生的歧視，導致該群體就業難。

（五）政府應對高等教育擴招的後續職業教育供給缺乏

政府的高等教育擴招政策在增加為市場輸送大學畢業生的同時，沒能在用人單位歧視應屆畢業生的基礎上出台相應的就業、職業推進措施，缺乏實際工作技能的大學畢業生擁擠在熙熙攘攘的人力資本市場上，卻苦於找不到出口，無法實現自身人力資本價值。

第三節 國外大學畢業生人力資本存量貶損及應對

世界各國在高等教育快速發展的階段，都曾出現過大學畢業生就業困難、甚至失業的現象，該現象引起了世界各國政府、高校和企業的高度重視，並採取了不同的措施積極促進就業，這些措施能為本研究中關於應對大學畢業生人力資本存量貶損提供有益的借鑒。

一、世界各國大學生畢業生人力資本存量貶損概況

（一）美國

美國是當今世界上高等教育發展最快的國家，也是世界上第一個高等教育大眾化與普及化的國家，高等教育毛入學率在1996年已達80.9％。美國的一項調查表明，大學畢業之後四年之內每年的就業率分別為86%、85%、88%、89%[1]，其中，1997年，畢業四年之內的大學生失業率僅為2%，而同期美國的總體失業率為5%。儘管如此，平均有39.5%的畢業生曾經歷失業，工作穩定性很差。在經歷2001年新經濟挫折後，經濟增長乏力加上富有經驗失業者的激烈競爭，就業形勢異常嚴峻：根據全美高校和雇主協會的研究，2001—2002年度，雇主計劃招聘的新大學生總數比上年減少了36%（黃紫

---

[1] National Center for Education Statisites(2001), *Competing Choices:Men`s and Women`s Paths after Earning a Bachelor`s Degree*. NCES 2001—154,pp:34—39.

华，李雪如；2005）^[1]；2002年美国120万春季大学毕业生中有近1/3在离开校园六个月后仍处于失业状态；进入2003年后，他们中还有超过36万人继续在市场上进行工作搜寻；根据美国劳工统计局（BLS）当时的预测，到2005年，在进入劳动力市场的大学毕业生中仍有30%会面临失业，或所在岗位的资格要求远低于实际水平，存在过度教育（杨伟国，王飞；2004）^[2]。

（二）日本

20世纪90年代之前，以"应届生采用制度"^[3]和"终身雇用制"为基础，日本的大学生就业比较顺利，以1962年为例，就业率高达86.6%（李颖，杨秋芬，张如意；2007）^[4]。随着泡沫经济的崩溃，自1991年以来，大学毕业生就业率呈下降趋势：2000年为55.8%（属历年中最低），2001年为57.3%，2002年为56.9%^[5]。据统计，2006年大学毕业生总数为55万人，其中有找工作意愿的人仅为38万（实际就业36万），剩下的1/3为"非"希望就业者^[6]，其人力资本闲置量非常大。2009年，在国际金融危机带来的经济不景气寒流中，日本的千余名大学生未开工就被"裁员"，毕业等于失业。另据日本职业介绍公司立库乐特2009年4月15日的预测，日本经济如不在2009年年底复苏，2010年大学毕业生的就业处境将更加严峻，大学毕业生的雇用率将继续减少23%，比其11年前陷入经济低谷时更糟^[7]。

（三）英国

英国的高等教育从20世纪90年代开始由精英教育转变为大众教育，一大批工艺学校升格为大学，中学毕业生进入大学的比例急剧提高。2002年，高

---

[1] 黄紫华、李雪如：《美国大学生就业状况及其启示》，《黑龙江高教研究》2005年第1期。

[2] 杨伟国、王飞：《大学生就业：国外促进政策及对中国的借鉴》，《中国人口科学》2004年第4期。

[3] 应届生采用制度，是一种以大企业为中心，以长期培养员工为目的，于每年4月对应届大学生进行统一录用的一种制度。这项制度一方面意味着被录用者的生活有了保障；另一方面，对企业来说也有利于长期展开对员工职业能力等方面的培训，培养企业自己的人才。

[4] 李颖、杨秋芬、张如意：《日本大学生就业现状及就业指导》，《河北大学成人教育学院学报》2007年第6期。

[5] 日本书部科学省：《平成14年度学校基本调查[J/OL]》，http://www.mext.go.jp/b_menu/toukei/001/003/030202a.html，2003—04—01.

[6] 日本厚生劳动省：《平成17年度大学等毕业者就业状况调查[J/OL]》，http://www.mhlw.go.jp/hou2dou/2006/05/h0512—3.html，2006—05—02.

[7] 《日本千余大学生未上班就被"裁员" 毕业即失业》，[日]《中文导报》2009年4月16日。

等教育入学率已达38%，远高于90年代初的15%。"扩招"带来了激烈的就业竞争，据英国高等教育统计局的资料，2001—2002年度，大学毕业生的67%找到了全职或兼职的工作，20%接受继续教育和培训，另有7%处于失业状态，失业率比上年度提高了1%（刘志坚，2006）[1]；2003年，走上工作岗位的大学毕业生中有38%在毕业六个月之后从事的工作与自己的专业不对口，很多学生迫于无奈选择了跟所学专业关联很小甚至毫无关系的职业[2]。

（四）法国

从20世纪70年代开始是法国高等教育迅猛发展的阶段：以18岁人口为例，1970—1998年，高等教育入学人数占同龄人口的比例由20%增加到60%；以21岁的人口为例，大学毕业生数占同龄人口的比例从1970年的7%上升至1996年的41%，是1970年的6倍（Jean—Jacques Paul, Jake Murdoch；2000）[3]。大学毕业生的"知识失业"问题随之凸显：1996年，劳动力市场新增42000个要求拥有高等教育文凭的高级职位，但是却有110000符合要求的新增劳动供给者。一部分大学毕业生选择继续教育防范可能的人力资本存量贬损，一部分成为失业者，另一部分虽然实现了就业却经历着过度教育（据统计，过度教育的数字高达男性毕业生的19.2%和女性毕业生的40%），其最优人力资本失业。

（五）挪威

挪威高等教育的大发展始于1987年：从1987—1992年,高等学校在校生人数从105014增至162168，增幅达50%，年均增长率10.9%。大学毕业生的就业难度随之增加：综合性大学毕业生的失业率从1987年的3%上升到1993年的11%；地方性大学毕业生的失业率从1987年的4%上升到1993年的13%。受大学毕业生人力资本存量贬损的影响，选择继续读书的毕业生比例则从1987年的5%上升至1993年的8%（Per Olaf Aamodt, Clara Ase Arnesen；2000）[4]。

---

[1] 刘志坚：《英国大学生就业工作及其对我国的启示》，《江苏高教》2006年第4期。

[2] 《外国大学生就业也不易》，《科学与文化》2005年第9）期。

[3] Jean—Jacques Paul, Jake Murdoch, *Higher Education and Graduate Employment in France.* European Journal of Education, 2000, 35 (2): 179—187.

[4] Per Olaf Aamodt, Clara Ase Arnesen, *The Relation between Expansion in Higher Education and the Labor Market in Norway* . European Journal of Education, 2000,30 (1):65—76.

（六）西班牙

西班牙高等教育的扩大发展始于20世纪70年代：1970—1996年，高等教育在校生人数从35.7万增至150万。大学毕业生同样因为高等教育规模的扩大而面临就业困难：1977—1997年，毕业生人数增加了3.7倍，但能够找到工作的毕业生却只增加了3.4倍；此间经济发展可以为受过高等教育的人提供150万个工作岗位，但仍有20万毕业生面临失业（Jose—Gines Mora, Jose Garcia—Montalvo, Adela Garcia—Aracil；2000）[1]。

（七）印度

印度的高等教育比较发达，"知识失业"问题也比较严重（J D Sethi，1983）[2]。根据印度人力资源部2001年教育统计公报的数据，印度目前有237所大学，10600所学院，在校生707.8万名，教师33.1万名。另据印度劳动和就业部门的统计数据，印度"知识失业"的人数在1951年为24.4万人，1966年为92万人，1972年为328万人，1992年为680万人，是1951年的27倍（Warren F Ilchman, Trilondhar；1971）[3]。据最近的调查数据，印度大学毕业生的失业率高达27%。

（八）尼日利亚

依据世界标准，尼日利亚的高等教育发展速度是比较快的，大学在校生人数从1980年的74331人增加到了1998年的275515人，年增长率为15%（Andrew Dabalena, Bankole Onib, Olatunde A Adekolac；2001）[4]。根据尼日利亚联邦统计局的调查数据，1992—1996年，失业率从2%增至3%，而中学以上教育水平的劳动力的失业率则由6.1%增至17%。另据一项关于8个中心城市的调查数据：城市平均失业率为17%，但大学毕业生的失业率则高达22%。

---

[1] Jose—Gines Mora, Jose Garcia—Montalvo, Adela Garcia—Aracil, *Higher Education and Graduate Employment in Spain*. European Journalof Education, 2000, 35 (2):229—237.

[2] J D Sethi, *The Crisis and Collapse of Higher Education in India.* New Delhi: Vikas Publishing House Pvt. Ltd, 1983. 61.

[3] Warren F Ilchman, Trilondhar, *Optimal Ignorance and Excessive Education: Education Inflation in India.* Asian Survey, 1971, 11(6): 523—554.

[4] Andrew Dabalena, Bankole Onib, Olatunde A Adekolac, *Labor Market Prospects for University Graduates in Nigeria.* Higher Education Policy, 2001,14(2):141—159.

二、世界各国大学毕业生就业难的原因分析

本研究从供给、需求和供需匹配三个视角透视世界各国大学毕业生就业难的原因。

（一）供给总量激增且供给结构失衡

从总量上讲，上述各国均经历了高等教育规模迅速扩大的阶段，大学毕业生供给量的激增直接导致其在劳动力市场上的激烈竞争与就业难甚至失业。从结构上看，高等教育在总量扩张的同时忽视了专业结构的优化，就业难问题一般出现在总量扩张容易的专业：在挪威，1987—1993年间，工商管理专业毕业生的失业率从1987年的2%增至1993年的9%；在印度，1971年和1976年，文科生的失业比率分别为41.5%、44.9%，而理科生则分别为28%、26%，商科生为14.7%、14.8%，其他各科(包括工程技术、医学、农业、教育、法律)为15.8%、14.3%（郑勤华，2005）[1]。

（二）需求总量骤减且需求结构变化

在需求总量上，经济衰退的直接结果即劳动力市场对大学生就业总需求量骤减，从而导致部分大学毕业生失业：在美国，2001年新经济受挫后，2001—2002年度，雇主计划招聘的新大学生总数比上年减少了36%；在日本，受本轮国际金融危机的影响，2010年大学毕业生的雇用率将继续减少23%。在需求结构上，各国大学毕业生均青睐公共管理部门，但由于结构调整，这些部门实际能提供给大学毕业生的职位却趋于减少。在20世纪90年代的尼日利亚，联邦政府吸收就业的能力逐渐下降，政府的雇佣人数与申请人数之比基本上不超过10%；到1999年，被雇佣的人数不超过具有资格人数的1%（Andrew Dabalena, Bankole Onib, Olatunde A Adekolac；2001）[2]。

（三）来自高等教育和劳动力市场的供给与市场需求不匹配

其一，除了高等教育在扩张中因规模和专业结构不均衡导致大学毕业生就业难之外，教学内容陈旧和教学质量下降直接使其所培养的大学毕业生

---

[1] 郑勤华：《印度的高等教育扩展与知识失业》，《教育与经济》2005年第1期。
[2] Andrew Dabalena, Bankole Onib, Olatunde A Adekolac, *Labor Market Prospects for University Graduates in Nigeria.* Higher Education Policy, 2001,14(2):141—159.

与市场的需求错位。在教学内容上，教学内容陈旧导致大学毕业生"英雄无用武之地"：在西班牙，僵化的教育体系导致所传授的专业知识和技能跟不上劳动力市场的快速变化；在印度，知识经济的迅猛发展使教学内容相对显得陈旧而导致大学毕业生缺乏市场敏感度。在教学质量上，高等教育的快速扩张引致大学毕业生质量下降，同时知识经济对毕业生却提出了更高要求，使得大学毕业生因难以满足岗位需求而就业难；在法国，企业要求毕业生具有自治、主动、领导和沟通等技能，但传统教育方式并未赋予大学毕业生相应的能力（Jean—Jacques Paul, Jake Murdoch；2000）[1]；在尼日利亚，雇主普遍认为，与20世纪80年代相比，20世纪90年代的大学毕业生"理论太多，实践太少"，缺少解决问题的能力（Andrew Dabalena, Bankole Onib, Olatunde A Adekolac；2001）[2]。

其二，劳动力市场运行不完善也导致大学毕业生的供需不匹配。比如，在印度，劳动力市场非常不完善，劳动力流动不畅，一方面，个人获得工作空缺信息的主要渠道是朋友和亲戚，交易成本很高；另一方面，职业间的流动非常困难。因此，大学生的保留工资水平非常高，导致该群体的失业与岗位空缺同时存在，大学毕业生等待1—3年才就业的现象屡有发生（Blaug M, Layard R, Woodhall M；1969）[3]。

三、世界各国促进大学毕业生就业的对策

世界各国解决大学毕业生就业问题的对策主要着眼于增加就业需求、促进有效供给以及提高供需匹配性三个方面。

（一）就业需求促进

各国针对大学毕业生的就业需求促进举措体现在增量就业需求促进和存量就业需求促进两个方面。就业是民生之本，创业是就业之源，就业最终需

[1] Jean—Jacques Paul, Jake Murdoch，*Higher Education and Graduate Employment in France.* European Journal of Education, 2000, 35(2): 179—187.
[2] Andrew Dabalena, Bankole Onib, Olatunde A Adekolac，*Labor Market Prospects for University Graduates in Nigeria.* Higher Education Policy, 2001, 14(2):141—159.
[3] Blaug M, Layard R, Woodhall M，*The Causes of Graduate Unemployment in India, in Richard Layard: Tackling Unemploymen.* New York: ST. Martin's Press, 1969.289—292.

要通过工作岗位的创造得以解决（杨伟国，王飞；2004）[1]，这是以美国为首的世界各国激励创业以产生就业需求增量的依据。同时，盘活经济体的就业存量则是解决大学毕业生就业问题的低成本路径之一。

1.增量就业需求促进

美国的创业激励与创业教育在全世界名列前茅。一方面，美国是鼓励创业精神的典型代表。根据2002年哈佛大学的Laporta与Shleifer、耶鲁大学的Lopez—de—Silanes和世界银行的Djankov教授对85个国家和地区成立新公司所需步骤的情况所作的系统统计，美国在企业创立上各种限制措施非常少(诸如审批步骤、等待时间、注册资金等)（杨伟国，王飞；2004）[2]。另一方面，美国高校的创业教育做得非常周全。美国的创业教育已有20多年的历史，有些学校甚至专注于创业领域的研究和教学，作为学校的策略重心及竞争优势。目前已有超过500家大学院校设立了毕业生自主创业课程[3]。其三，美国是创业投资最发达的国家，资本市场成熟，风险投资资金充足，增加了大学毕业生创业计划的可行性。创业激励、创业教育与风险投资的完美结合不仅创造了更多就业机会，也鼓励更多大学毕业生加入了自主创业者的行列。

印度在1966年提出了"自我就业教育"的概念。印度科技部于1982年成立了"国家科技创业人才开发委员会"，为提高在校大学生的创业意识组织了一系列"科技创业营"活动，为大学毕业生提供与各类企业家、银行家以及技术研究开发机构的专家接触与交流的机会[4]。

日本在创造工作岗位方面的政策措施最为突出。为有效遏制日益恶化的就业形势，日本劳动省于1994年启动"全面就业支持计划（TESP）"，旨在协助企业努力维持就业，鼓励失业工人重新就业并创造新的工作岗位，期望通过该计划能创造大约100万个工作岗位[5]。1999年，日本政府启动《第九个基本就业计划》，核心目标之一即创造工作和提供稳定就业，以应对经济与产业结构的变化，通过制度改革支持新企业创立，促进新兴与成长型产业的

---

[1] 杨伟国、王飞：《大学生就业：国外促进政策及对中国的借鉴》，《.中国人口科学》2004年第4期。

[2] 杨伟国、王飞：《大学生就业：国外促进政策及对中国的借鉴》，《.中国人口科学》2004年第4期。

[3] 《扶助大学生就业各国政府纷纷出妙招》，《广州日报》2009年2月11日。

[4] 《扶助大学生就业各国政府纷纷出妙招》，《广州日报》2009年2月11日。

[5] *Total Employment—Support Program(1994).*In Japan Bulletin, V.33, N.5, May 1.

发展[1]。该计划高度重视工作创造与就业稳定。

2.存量就业需求促进

除了激励创业以产生增量就业需求，法国政府则采取优惠措施鼓励企业聘用应届大学毕业生，以激活存量就业需求。对那些聘用应届和失业大学毕业生的企业，政府在一定期限内对其社会福利分摊金及一些税收予以免除，并且视情况按聘用大学毕业生人数给予一定补贴[2]。

（二）供给促进

高等教育改革在提升大学毕业生素质、改进知识结构以促进就业上具有不可替代的作用。在法国，高等教育机构(学校)和公司之间签订定向培养合同，毕业后学生可以直接到这些公司工作（万晓玲，吴松，邵松林；2006）[3]。在印度，各高校纷纷实施职业定位教育——职业化教育，旨在赋予大学毕业生就业意识、就业知识、就业技能。在加拿大，高等院校普遍实行一种企业和学校合作的教育模式——合作教育课程，大二以上的学生都可以申请参加。学生一方面到企业"带薪实习"，将教学和实践紧密结合，另一方面，为用人单位创造提前发现和培养适合本单位所需人才的机会。在企业普遍需要有工作经验的劳动力的背景下，参加过"合作教育课程"的学生不仅更容易找到专业对口的工作，起薪也比一般的毕业生要高[4]。

供给促进还体现在对大学毕业生的就业援助上。在日本，首相麻生太郎2008年底在首相官邸召集日本经济团体联合会会长御手洗富士夫和日本商工会议所所长冈村正等众多经济界要人，呼吁共同努力确保就业稳定和提高员工工资，希望企业加强自律，尽可能避免取消录用已签订协议的毕业生。在英国，由于经济不景气，政府于2009年推出"国家实习计划"，专门用于解决大学生就业问题。该计划的核心思想是：帮助未找到工作的学生到企业或其他机构带薪实习3个月，培养职业技能，希望通过实习提高毕业生的技能和经验，毕业生实习完毕后还有机会获得全职工作[5]。

[1] *Government Promotes Start—ups to Create New Jobs(2003).* In Japan Bulletin, V.42, N.4, April.

[2] 《扶助大学生就业各国政府纷纷出妙招》，《广州日报》2009年2月11日。

[3] 万晓玲、吴松、邵松林：《印度高校毕业生就业状况评估及启示》，《比较教育研究》2006年第2期。

[4] 《国外大学生就业》，中新网：http:// news3. xinhuanet.com/mrdx/2007—06/06/ content_6204395.htm .

[5] 《扶助大学生就业各国政府纷纷出妙招》，《广州日报》2009年2月11日。

（三）供需匹配促进

1.鼓励进行地域、行业迁移平衡就业结构

世界各国大学毕业生就业分布的共同点是地区就业不均衡，表现为：有些地区就业竞争异常激烈，就业难，这些地区是大学毕业生的人力资本存量贬损的高发区；而有些地区急需人才却高度稀缺，这些地区有利于大学毕业生人力资本存量增值。为此，各国政府纷纷采取不同鼓励措施，引导大学毕业生进行地域、行业的迁移，在平衡就业结构的同时还能够防范人力资本存量贬损并促进人力资本存量增值，另外又促进特定行业和地区的发展。

在美国，鼓励大学毕业生到特定行业或从事特定职业的激励措施中最常见的做法是免除学生的贷款（杨伟国，王飞；2004）[1]。美国政府贷款主要有FFEL/直接贷款和联邦帕金斯贷款两类，就FFEL/直接贷款而言，除了借款者完全和永久性残疾或死亡等原因之外，对于连续5年在指定的小学或中学作为全职教师从事低收入家庭学生的教学服务工作的大学生，可以享受贷款免除的政策，最高免除额可达完成5年教学工作后未偿总额中的5000美元；就联邦帕金斯贷款而言，如果满足规定的条件，大学生最高可以免除100%的贷款。如果大学毕业生成为Vista/Peace Corps志愿者，最高可免70%贷款；如果毕业生参加美国军队并在敌对或高危险地区服役，最高可免50%贷款[2]。

在印度，政府专门实施了农村就业计划(例如"九五"计划中的"农村服务中心计划"、"农村工程计划")，向失业的大学毕业生和文凭持有者自谋就业提供援助，鼓励在农村建立车间，从事技术服务工作，并提供就业的财政支持（万晓玲，吴松，邵松林；2006）[3]。

2.加快信息网络建设保障供求信息畅通

劳动力市场的效率损失主要源于信息不对称和未对信息进行有效利用，促进大学毕业生供求匹配的关键在于向其提供就业信息并根据这些信息接

---

[1]　杨伟国、王飞：《大学生就业：国外促进政策及对中国的借鉴》，《中国人口科学》2004年第4期。

[2]　Federal Student Aid Information Center(2003), Repaying Your Student Loans2003—2004,pp23—26.

[3]　万晓玲、吴松、邵松林：《印度高校毕业生就业状况评估及启示》，《比较教育研究》2006年第2期。

受职业指导，进行有效的职业决策（杨伟国，王飞；2004）[1]。就业信息的传递渠道越通畅，工作岗位信息越透明，大学毕业生越容易找到工作。英国高等职业服务被公认为全球的领导者，高校一般都设有"毕业生就业指导服务部"，这既是学生们就业信息的主要"数据库"，又肩负着为他们排忧解难、对症下药的心理辅导任务，同时与用人单位保持长久联系（田永坡，2006）[2]，在雇佣活动中很好地促进了毕业生与用人单位的供需匹配。除了帮助毕业生找工作，还为难以进入劳动力市场的毕业生提供特别服务，甚至在学生毕业两年之后还为其提供服务，以牛津大学为例，其职业服务不仅为现在的毕业生提供服务，而且为所有在校学生服务，还为毕业四年之内的毕业生服务。

在日本，由于持续下降的大学生初次就业率，政府采取了许多专门针对毕业生的措施，其目的主要是促进就业匹配，为新毕业生的就业提供支持。针对新大学毕业生，公共就业保障办公室根据毕业生的特定需求提供就业信息、就业咨询与配置服务（杨伟国，王飞；2004）[3]；针对尚未找到工作的毕业生，除了提供就业咨询与就业信息，还提供与寻找工作有关的课程，以外包的方式由公司和指定学校提供职业培训；对在校生实施就业指导和实习政策，在为各类人员提供的公共职业培训中，对在校生的培训期限通常为1—2年；由厚生劳动省主导建立了专门提供招聘信息和求职者信息的"工作信息网站"。

第四节　中国大学毕业生人力资本
存量贬损的对策

中国大学毕业生的就业困难仅表明其在大中城市人力资本市场上的相对供给过剩，就全国范围而言，其总量供给并未过剩。教育部数据显示，近年来中国高等教育的毛入学率一直处于不断提高的态势，1994—2007年间，该比率分别为6.0%、7.2%、8.3%、9.1%、9.8%、10.5%、12.5%、13.3%、15%、17%、19%、21%、22%、23%[1]。截至2007年底，尽管中国高等教育的毛入学率已达23%，高于全世界14.5%的平均水平，但仍远低于美国82%和日本、英国、法国等发达国家50%以上的水平，甚至韩国、菲律宾也在30%以上。高等教育发达的国家的经验表明，中国的高等教育毛入学率达到25%—30%才能适应社会发展的需求，可见，中国的高等教育规模仍有扩大的空间（朱绵庆、黄金辉；2006）[2]。在上述论断下，当前大学生毕业即失业发生人力资本存量贬损俨然是一个悖论。问题的关键在于，在扩大高等教育规模提供人力资本投资入口的同时，也要疏通出口，必须通过助推和保障机制架起毕业与就业之间的桥梁，为其提供合理的就业出口，促使其人力资本被社会有效、最大化利用，防范可能的贬损。本研究认为，可通过人力资本的直接受益主体个人（及家庭）的后续投资、高校构建就业助推机制、以政府为主体的社会力量营造就业援助氛围，形成个体层面，高校层面，以及包括政府、企业和社会其他组织与机构在内的社会层面应对大学毕业生人力资本存量贬损的三维动力体系。

一、个体应对

人力资本承载者及其家庭在应对大学毕业生人力资本存量贬损的三维动

---

[1]　中华人民共和国教育部：《全国教育事业发展统计公报（2003—2007年）》. http://www.moe.edu.cn/edoas/website18/level2.jsp?tablename=1068

[2]　朱绵庆、黄金辉：《大学生就业现状与观念的转变》，《河北师范大学学报》2006年第3期。

力体系中是核心要素，无论是高校的助推机制还是政府的救助氛围营造，最终都要通过个体积极的行为反馈实现对人力资本存量贬损的有效防范与补偿。

是否能够获益取决于投资者的眼光，然而，对于已经在校、已经毕业尚未就业的大学生而言，通过后续投资防范人力资本存量贬损的风险可以弥补眼光不准的缺憾。这里的个体应对主要指由以学生及其家庭为主体的人力资本投资应对，包括培养提升职业技能的再投资，职业和/或地域的迁移等。

（一）在校生

该群体的首选策略是为进入人力资本市场做防范型投资——可通过延缓进入人力资本市场或为准备进入人力资本市场进行再投资，比如，20世纪末以来漫卷中国大地的大学生"考研热"、"考证热"。

1.考研旨在通过延缓进入市场，以再投资获得的更高人力资本水平进入市场，规避既有的贬损。学校教育、工作经验和在职培训这三种人力资本投资之间可以相互替代和补偿，用较多的教育可以补偿工作经验和在职培训的不足，故投资于研究生教育可以防范、规避大学毕业生人力资本存量贬损。

2.考证旨在通过进入市场前先期的技能培训提高与市场需求对接的准确性，防范进入市场后可能的人力资本存量贬损。

（二）毕业生

1.提升职业技能的人力资本投资。该群体的首选人力资本投资策略是为顺利实现就业做补偿型投资。对该群体而言，面对失业，抓紧投资于岗前的就业预备类培训是迫在眉睫的。

2.调整就业理念寻找就业机会。其一，及时修正保留工资水平至市场现行均衡工资率水平能够增加就业机会。其二，通过拓展工作搜寻范围增加就业机会。比如，可将工作搜寻范围从大中城市人力资本市场扩大到小城市；从东部沿海拓展到中西部地区；从城市就业拓展到为农村服务；从企业事业单位拓展到社区服务；等等。工作搜寻范围的拓展能拓宽大学毕业生的就业空间。

二、高校应对

高校应对指以高校为主体构建毕业生就业助推机制，助推毕业生顺利、合理就业。高校应对大学毕业生人力资本存量贬损首选防范型策略，从在校生的培养入手，旨在做好先期的防范工作。

（一）宽口径专业设置推动

教育部部长周济曾多次表示，中国高等教育新一轮的改革要以社会需求为导向，利用就业反馈，大力调整学科专业结构。高校应制定宽口径人才培养目标。高等教育专业设置忌过于细化，要注重所培养人才与市场需求的对接，可通过宽口径人才培养策略，加大人力资本承载者应对市场人力资本需求的灵活性，从而规避由教育收益的迟效性和人力资本使用面过窄带来的人力资本存量贬损风险。

（二）人才的供需匹配推动

中国人民大学劳动人事学院院长曾湘泉在2003年所做的"用人单位对大学生需求意愿与需求行为的调查"结果显示，用人单位最看重大学生的素质中前五个指标分别是：专业知识和技艺，敬业精神，学习意愿强、可塑性高，沟通协调能力，基本的解决问题能力。专业知识和技艺水平排在首位说明企业对大学毕业生的知识和能力的需求非常强列，而敬业精神等四个指标则反应了企业对大学毕业生非认知技能的需求。需特别指出的是，非认知技能的培育问题是当前高等教育中的一个突出问题（James Heckman，2003）[1]。目前，中国大学对在校生职业技能和非认知技能的培养效果均欠佳。

曾湘泉在接受《第一财经日报》采访时指出，中国高等教育在近年来的扩招演进过程中过度重视了规模扩张，却忽视了机制体制的改革。这直接导致教育对劳动力市场的快速反应能力非常欠缺，所有的大学都要办研究所大学，而中国的劳动力市场却需要大量技能型人才（郭晋晖，2005）[2]。著名

---

[1] James Heckman：《提升人力资本投资的政策（中译本）》，复旦大学出版社2003年版。
[2] 郭晋晖：《中国大学生初次就业率70% 高出教育部官员预期》，《第一财经日报》2005年11月17日。

国际咨询公司麦肯锡在其公布的《应对中国隐现的人才短缺》报告中指出，虽然中国大学生的数量是美国的2倍多，但只有不到10%能够满足跨国公司的要求。中国拥有160万年轻的专业人士，是所有国家中最多的，占全部大学生的33%，德国只有20%，印度则只有4%。然而，教育体系偏重理论，使适于在跨国公司中工作的中国年轻工程师的数量仅有16万人，这就形成了中国高级人才的供应悖论（郭晋晖，2005）[1]。

高校作为大学学历人才的供给者，以市场需求确定人才供给，从而提高人才供给与市场需求的匹配度，才能更好地履行社会服务职能，也是其应对大学毕业生人力资本存量贬损的关键。以市场需求为导向，把握社会实时经济走势和就业市场动态，按社会发展方向设置专业，是有效防范人力资本投资失误、消除结构性失业的根本点。市场需求丰富多样且瞬息万变，因此，高校培养的学生必须跳出"千篇一律的同质型人才"的窠臼，具有"以不变应万变"的宽口径就业素质，才能有效防范人力资本存量贬损或降低贬损发生的概率。因此，在大学生的四年学习生涯中，高校除了赋予其专业所必须的理论知识，更应通过有目的的训练培养其职业从业能力和核心竞争力，甚至包括心理素质训练和社会适应能力训练等等，从技术技能、人际技能和解决问题技能等多个角度培养和提升大学生的综合技能，从而有效适应多变的市场需求。

1. 职业能力推动。其一，推行提升职业能力的制度化设计，以实训课程提升职业技能，以指导类课程提升职业素养，提升毕业生的岗位适应性。其二，推行以市场需求为导向的制度设计，以培训为杠杆，推动校企合作的早期规划，订单式培养，提高专业技能与市场需求的匹配性。其三，在需求量上，评估和预测长线专业等人力资本的市场需求量，切忌基于学校收益而盲目扩招导致人力资本供过于求而带来的个体投资者初始投资的盲目性和投资失误，防范可能的人力资本存量贬损。

2. 核心竞争力推动。通过推行注重个性化职业生涯设计的制度，培养毕业生的核心职业能力，以核心竞争力取胜。学生的专业素质主要通过课堂教

---

[1] 郭晋晖：《中国大学生初次就业率70% 高出教育部官员预期》，《第一财经日报》2005年11月17日。

学完成，但用人单位对毕业生素质的需求是多方面的，因此，包括心理素质和社会适应能力在内的大学毕业生综合素质培养及核心竞争力培养还需作为课堂教学延伸线的课堂外活动完成，通过实习、就业基地等手段和方式加强学校与用人单位的长期稳定联系，作为培养学生核心职业能力、沟通能力、敬业精神、团队合作精神和社会责任感以提高就业、创业意识的有效手段，学生也能在此过程中不断调整自己的职业生涯规划，最终做出适合自己的职业选择（赵运林，2009）[1]。

（三）长线推动

高校的就业指导工作需注重激发和调动学生的内在动力，以系统的观点作为指导原则，构建完善的就业指导工作体系：将就业指导工作与学生的职业发展愿望相结合，与高校的培养目标相结合，与市场的需求相结合（赵运林，2009）[2]。就业指导工作注重早着手和长期推动，并非仅仅局限于大四，而是根据不同年级的不同任务和特点贯穿融入于整个大学四年，甚至延长至毕业后的几年，是全程的就业指导：大一着重职业生涯设计教育；二三年级进行职业能力培养，其中二年级着重基本能力培养，三年级着重职业定向指导；四年级着重择业指导与就业服务；毕业后针对就业困难群体提供特别服务，针对一般群体提供开发职业管理技巧等服务，提高就业的成功率和稳定性。这些指导工作彼此相互呼应、相互连接，促使学生水到渠成地完成职业选择和工作搜寻。

需要特别指出一点，创业教育是启发大学生自主创业、并为社会创造更多就业岗位的重要前提。在长线推动大学生就业的工作中，创业教育无疑为防范该群体失业开辟了崭新的路径。但是，目前中国高校的创业教育甚至还未起步，是亟待加强的领域。

三、政府应对

政府应对指以政府为主体营造应对大学毕业生人力资本存量贬损的适宜氛围。人力资本理论认为，在完全竞争市场上，供给大于需求带来的工资率

---

[1] 赵运林：《关于大学生就业难问题的思考与对策》，《湖南社会科学》2009年第3期。
[2] 赵运林：《关于大学生就业难问题的思考与对策》，《湖南社会科学》2009年第3期。

下降会迫使人力资本承载者调整教育投资计划，推迟或减少对高等教育的投资，长期中人力资本会得到有效利用，过度教育只是短期现象。但是，目前中国的人力资本市场并非完全竞争市场，且存在严重的城市、农村"二元"分割特征，因此，表现在大中城市人力资本市场上的过度教育、失业、不充分就业无法通过市场机制的自发调节趋向于大学毕业生人力资本资源得到有效利用的均衡，需要政府的干预。经验表明，任何国家都难以完全依靠市场机制来解决大学毕业生从事艰苦职业的问题，这些艰苦职业包括特定地区就业（落后地区、危险地区）、特定企业就业（中小企业、微型企业）、特定职业就业（中小学教师、护理），而是需要国家通过有效的政策激励以促进劳动力市场实现均衡（杨伟国，王飞；2004）[1]。目前，在中国，除了通过财政和货币政策刺激经济回复景气，从而市场能够增加提供就业岗位之外，政府还需从更多维度关注、推动大学毕业生顺利就业，以应对人力资本存量贬损。

大学生就业难的问题引起了各级政府的高度关注，国务院连续四年出台重要文件，连续两年召开会议，确立了包括毕业生到基层就业、到民营企业就业、自主创业、技能培训、失业登记、临时救助、待就业服务、高校就业指导等各个方面的优惠政策。另外，近几年来，国家和地方制定和出台了一系列促进毕业生就业的法规政策，包括《劳动合同法》、《就业促进法》、《劳动争议调解仲裁法》、《劳动合同法实施条例》等劳动法律法规以及党中央、国务院连续出台的10余个合计百余项毕业生就业政策，为促进就业、保护就业权利提供了更好的法律和政策环境。但在激励各类用人单位积极选用高校毕业生、开拓就业渠道引导毕业生灵活就业和自主创业、社会保障异地流转、户籍、编制等方面还有待出台刚性政策措施（钟秋明，2009）[2]。

（一）创造更多就业机会

1.调控吸引大学毕业生的产业分布

岳昌君（2003）等的研究表明，在各个行业和地区中，高等教育就业弹

---

[1]　杨伟国、王飞：《大学生就业：国外促进政策及对中国的借鉴》，《中国人口科学》2004年第4期。

[2]　钟秋明、郭园兰：《高校毕业生就业应实现五个统筹》，《当代教育论坛》2009年第1期。

性全部为正且均大于一般就业弹性，表明所有行业和地区对高等教育者都有需求，可见大学毕业生的就业领域本应非常宽广，相应的就业机会也应相对丰裕。该群体就业难的人力资本存量贬损风险与现下的产业结构和就业结构渊源甚深。从深层次分析，当前中国高校毕业生就业的主要矛盾是大幅增长的毕业生与社会有效需求不足之间的矛盾。（1）从经济结构上看，中国尚处于社会主义初级阶段中的工业化发展阶段，经济欠发达且产业结构不尽合理，此间对实物资本的投资量远大于对劳动力的投资，对第三产业和劳动密集型产业投资不足，使已经具有高等教育学历的劳动力出现技术性失业和结构性失业。（2）从经济总量上看，高校毕业生在短期内大幅度增长，同时中国已进入劳动年龄人口增长高峰期，每年劳动力供求缺口仍在1300—1400万人左右，但此间对毕业生有效需求的增长却相对滞后，供需缺口较大，结构性矛盾非常突出。一方面，经济社会发展关键靠人才，而高校毕业生恰是高端人力资本集聚的群体，是经济社会发展的中流砥柱之一；另一方面，解决高校毕业生就业问题，归根结底要靠加快经济社会发展，在经济社会发展中创造更多的、更有吸引力的就业岗位（钟秋明，郭园兰；2009）[1]。否则，在中国16—64岁劳动力人口占总人口的比例达70%的就业压力下（根据中国2000年第五次人口普查结果），若中国经济不能快速增长，而高等教育入学率保持增长的话，那么，就只能等到相当长一段时间青年人口自然下降以后，高校毕业生人数大幅度下降，就业压力才可能减轻（崔玉平，2006）[2]。

（1）基于产业类型的就业机会创造。其一，中国产业发展政策中的技术选择应该考虑到扩大就业的可能性，基于中国的低劳动成本，劳动密集型的发展模式优于资本密集型发展模式。就一般规律而言，产业结构升级都是从劳动密集型向资本、技术密集型演进的，但是，中国还没有发展到此阶段，故在公共资源配置和政策指引上要允许大量劳动密集型企业的存在，鼓励和支持有利于扩大就业的劳动密集型产业的发展（陈柳钦，2009）[3]。有数据显示，美国在1975—1980年间每年近一百万个新增工作岗位中有90%来自于劳动密集型的服务部门。技术进步虽然会引致机器对人力的替代，但同时会创造

---

[1] 钟秋明、郭园兰：《高校毕业生就业应实现五个统筹》，《当代教育论坛》2009年第1期。
[2] 崔玉平：《关于大学毕业生就业与失业问题的探讨》．http://cuiyuping.usors.cn.
[3] 陈柳钦：《金融危机对我国就业的影响及应对》，《中国城市经济》2009年第7期。

出发明、设计、策划、销售、派送、教育和个人生活服务等更具增加就业潜力的服务部门。在当前技术飞速进步产业结构不断优化升级的背景下，中国需要大力发展技术密集、知识含量高、附加价值大的制造业和现代服务业；在发展高新技术产业的同时发展劳动密集型产业，大力发展各类经济主体，增强其活力，积极发展民营经济，构筑良好的经济发展和就业基础，以经济发展拉动社会人才需求，促进高校毕业生就业。其二，在行业上，积极促进高等教育就业弹性高、就业效应大的行业，如房地产业、金融保险业、交通运输仓储和邮电通讯业、批发零售贸易和餐饮业、社会服务业等行业的发展（岳昌君，丁小浩；2003）[1]。

（2）基于产业布局的就业机会创造。一方面通过政策上的优惠对中小城市、乡镇、非公有制企业有所倾斜，鼓励他们吸纳大学毕业生，另一方面加强法律、法规的建立和健全，保障大学毕业生在这些企业就业的相对稳定性。

（3）激活第二产业的存量就业机会。固然第三产业对劳动力的吸纳能力相对较大，但目前中国的产业结构仍以第二产业为主。来自中国统计年鉴2008年的数据显示，改革开放30年来，中国第二产业占GDP的比重徘徊大致在40%—50%之间（1978年、1990年、2000年和2007年该比重分别为47.9%、41.3%、45.9%、48.6%），同期就业结构中第二产业的就业比重则徘徊在17%—27%之间（1978年、1990年、2000年和2007年该比重分别为17.3%、21.4%、22.5%、26.8%）。诚然，壮大发展第三产业以吸纳大学毕业生就业是长期策略，但基于中国第二产业偏大的产业结构现状，短期内需要引导和激励大学毕业生到第二产业就业。目前大学毕业生在工业和建筑业中的就业比重非常低，分别只有5.7%、2.9%，远低于第三产业的水平。根本原因在于生产领域的工资低、工作稳定性差、社会地位低。无疑，改善生产领域的福利现状是引导大学毕业生流向该领域就业的有力杠杆。

2.建立职业资格体系严格执行就业准入制度

对新增加的就业岗位，要优先录用符合相应资格条件的高校毕业生。将执业资格的入口迁移到高等教育阶段，为大学毕业生与相关专业领域的对接

---

[1]　岳昌君、丁小浩：《受高等教育者就业的经济学分析》，《高等教育研究》2003年第3期。

奠定基础（赵运林，2009）[1]。

3.利用经济和制度杠杆引导毕业生到企业特别是民营企业就业

利用经费补贴等经济杠杆引导大学毕业生走向企业，特别是民营企业（赵运林，2009）[2]，严格按照国家法律规定在民营企业建立相应的社会保障制度，规范人力资本市场用人的薪酬机制，在解决大学毕业生后顾之忧的同时，更能够强化市场在大学毕业生资源配置中的作用，真正促进大学毕业生就业与创业。完善就业市场机制是解决大学毕业生就业难问题的制度保障。

2009年1月19日，国务院办公厅在《关于加强普通高等学校毕业生就业工作的通知》[国办发(2009)3号]中指出，要鼓励高校毕业生到中小企业和非公有制企业就业，进一步清理影响高校毕业生就业的制度性障碍和限制，为他们提供档案管理、人事代理、社会保险办理和接续、职称评定以及权益保障等方面的服务，形成有利于高校毕业生到企业就业的社会环境。

（二）拓展大学毕业生的就业路径

1.引导大学毕业生去基层就业

通过政策倾斜改变大学毕业生在大中城市和沿海发达城市人力资本市场进行工作搜寻的偏好，引导其去基层、下农村，到西部内陆就业，将实现人力资本价值的路径从大中城市的人力资本市场拓展到包括城镇和农村在内的全国范围，"大学生村官"即成功的典范。该工作搜寻偏好的培养和构建需要政府推动户籍制度、社会保障制度等各项制度的配套改革，弱化附着在这些制度上的经济和社会利益，以最终逐渐弱化中国的"二元"社会特征，从而扫除"离城"、"离心"就业的藩篱。

Acemoglu (2002)[3] 认为，在短期内，熟练劳动力的大量增加会使就业难度增加；但在长期内，熟练劳动力的增加会引致"技能偏向"型技术进步，反过来又会扩大对教育水平较高者的需求。可见，在长期中，熟练劳动力的供需遵循萨伊定律，即熟练劳动力的供给会自行创造对自身的需求。也就是说，如果大学毕业生到西部和农村就业，一方面会促进当地的技术进步和经

[1] 赵运林：《关于大学生就业难问题的思考与对策》，《湖南社会科学》2009年第3期。
[2] 赵运林：《关于大学生就业难问题的思考与对策》，《湖南社会科学》2009年第3期。
[3] Acemoglu, D., *Technical Change, Inequality, and the Labor Market.* Journal of Economic Literature,V.40, (Mar., 2002):7—72.

济发展，在长期中能够增加该类地区对大学毕业生的就业吸引力，收到拓宽大学毕业生择业范围的良好效果；另一方面，随着"技能偏向"型技术进步的出现，对大学毕业生的需求会增加(赖德胜，田永坡；2005)[1]。

2009年1月19日，国务院办公厅在《关于加强普通高等学校毕业生就业工作的通知》[国办发(2009)3号]中指出，应鼓励和引导高校毕业生到城乡基层就业，鼓励高校毕业生积极参加社会主义新农村建设、城市社区建设和应征入伍。在围绕基层面向群众的社会管理、公共服务、生产服务、生活服务、救助服务等领域，大力开发适合高校毕业生就业的基层社会管理和公共服务岗位，引导高校毕业生到基层就业。配套措施有：第一，对到农村基层和城市社区从事社会管理和公共服务工作的高校毕业生，符合公益性岗位就业条件并在公益性岗位就业的，按照国家现行促进就业政策的规定，给予社会保险补贴和公益性岗位补贴，所需资金从就业专项资金列支；第二，对到农村基层和城市社区及其他社会管理和公共服务岗位就业的，给予薪酬或生活补贴，所需资金按现行渠道解决，同时按规定参加有关社会保险；第三，对到中西部地区和艰苦边远地区县以下农村基层单位就业、并履行一定服务期限的高校毕业生，以及应征入伍服义务兵役的高校毕业生，按规定实施相应的学费和助学贷款代偿；第四，对具有基层工作经历的高校毕业生，在研究生招录和事业单位选聘时实行优先，在地市级以上党政机关考录公务员时也要进一步扩大招考录用的比例。

另外，继续实施和完善面向基层就业的专门项目，扩大项目范围。2009年，继续组织实施"选聘高校毕业生到村任职"、"三支一扶"（支教、支农、支医和扶贫）、"大学生志愿服务西部计划"、"农村义务教育阶段学校教师特设岗位计划"等项目，鼓励和引导高校毕业生报名参加。并鼓励高校毕业生在项目结束后留在当地就业，今后相对应的自然减员空岗全部聘用服务期满的高校毕业生。对参加项目的高校毕业生给予生活补贴，所需资金按现行资金渠道解决，同时按规定参加有关社会保险。

财政部和教育部联合出台了《高等学校毕业生学费和国家助学贷款代偿暂行办法》，决定从2009年起，对中央部门所属全日制普通高等学校应届毕

---

[1] 赖德胜、田永坡：《对中国"知识失业"成因的一个解释》，《经济研究》2005年第11期。

业生[1]，自愿到中西部地区和艰苦边远地区[2]县以下基层单位工作、服务期达到三年以上（含三年）的学生，实施相应的学费和助学贷款代偿，即国家对到中西部地区和艰苦边远地区基层单位就业的获得学费和国家助学贷款代偿资格的高校毕业生采取分年度代偿的办法，学生毕业后每年代偿学费或国家助学贷款总额的1/3，三年代偿完毕。每个高校毕业生每学年代偿学费和国家助学贷款的金额最高不超过6000元。代偿所需资金，由中央财政安排。

据教育部的统计，中国全国公办和民办全日制普通高等学校在校生中，家庭经济困难学生约为473.96万人，占在校生总数的22.53%；家庭经济特别困难学生约为158.32万人，占在校生总数的7.53%。2008年度，全国高校共资助经济困难学生约4156.24万人次，资助总金额达到293.7亿元，资助金额比2007年度增长7.6%[3]。如果该《办法》的实施能够激励这个占大学毕业生总量30.06%的群体拓展工作搜寻范围，不但能解决该群体的就业难问题，同时能够起到引导人力资本流动，刺激中西部地区和艰苦边远地区社会经济发展的作用。

2.激励大学毕业生自主创业

就业是民生之本，创业是就业之源，就业最终需要通过工作岗位的创造得以解决（杨伟国，王飞；2004）[4]。可见，自主创业是大学生就业的重要增长点。通过自主创业，大学毕业生能最大限度地发挥其人力资本作用，减少外部环境对人力资本存量的扰动。然而，目前中国应届毕业生中自主创业的比例仅为0.3%，创业难度很大。据2002年哈佛大学的LaPorta等四位教授的统计，在中国成立新公司的难度远大于美国（如表8.2所示）。另外，中国的风险投资市场也远不如美国发达，存在大学生自主创业的资金瓶颈。

---

[1] 高校毕业生包括中央部门所属普通高等学校中的全日制本专科生（含高职）、研究生、第二学士学位应届毕业生。定向、委培以及在校学习期间已享受免除学费政策的学生除外。
[2] 西部地区是指西藏、内蒙古、广西、重庆、四川、贵州、云南、陕西、甘肃、青海、宁夏、新疆等12个省（自治区、直辖市）；中部地区是指河北、山西、吉林、黑龙江、安徽、江西、河南、湖北、湖南、海南等10个省；艰苦边远地区是指除上述地区外，国务院规定的艰苦边远地区。
[3] 中华人民共和国教育部：《2008年全国普通高校家庭经济困难学生资助政策执行情况》（2009—08—06）. http://www.moe.gov.cn/edoas/website18/71/info1249547614294671.htm.
[4] 杨伟国，王飞：《大学生就业：国外促进政策及对中国的借鉴》，《中国人口科学》2004年第4期。

表8.2 美国和中国创立新公司所涉及项目的比较

创立新公司涉及的项目	中国	美国
从注册到开业的审批步骤	7步	4步
从申请注册到开业的等待时间	111天	7天
完成注册和审批所需支付的官方费用	人均年薪的11%	人均年薪的1%
成立新公司（有限公司）的注册资金底线	10万元	0

鉴于自主创业在解决大学毕业生就业难问题上的巨大潜力，以及中国目前广泛存在的创业障碍和创业限制，政府应加大政策扶持和服务力度以鼓励自主创业。鉴于此，2009年1月19日，国务院办公厅在《关于加强普通高等学校毕业生就业工作的通知》[国办发(2009)3号]中对鼓励大学生自主创业提出了四点要求：第一，鼓励高校积极开展创业教育和实践活动。第二，税费减免和小额贷款。对毕业生从事个体经营符合条件的，三年内免收行政事业性收费；按规定落实残疾人就业、下岗失业人员再就业以及中小企业、高新技术企业发展等现行税收政策和创业经营场所安排；登记失业高校毕业生可申请不超过5万元的小额担保贷款，合伙经营和组织起来就业的，适当扩大贷款规模，从事微利项目的享受贴息扶持。第三，创业服务。对有创业意愿的高校毕业生参加创业培训的，给予职业培训补贴；强化高校毕业生的创业指导服务，提供"一条龙"创业服务。建设完善一批大学生创业园和创业孵化基地，给予相关政策扶持。第四，鼓励支持高校毕业生灵活就业。鼓励高校毕业生从事灵活就业，符合就业困难人员条件的可享受社保补贴政策。

（三）制定完备的就业预备体系

配合高等教育扩招政策，在增加大学毕业生供给的同时，为其寻找出口。

1.制定就业预备培训制度提升毕业生就业能力

目前，中国高等教育的很多专业仍然具有通识教育的特征，学生毕业后并未获得明确的职业技能，可以考虑在学生毕业后，先通过技能培训获得就业准入资格实现其与市场需求的对接，做好对人力资本存量贬损的先期防范。

2006年2月27日，人事部、教育部、财政部、劳动和社会保障部、国务院国有资产监督管理委员会、国防科学技术工业委员会联合下发了《关于建立高校毕业生就业见习制度的通知》，旨在帮助未就业高校毕业生通过就业见习拓展就业机会。见习期限一般为六个月，最长不超过一年。见习期间由见习单位和地方财政部门根据当地实际情况，对见习高校毕业生提供基本生活补助。见习期满仍未落实就业单位的高校毕业生，由政府所属人才中介服务机构、公共职业介绍机构和高校毕业生就业服务机构继续进行就业指导和推荐就业，切实把高校毕业生就业见习制度建设作为促进毕业生就业的一项重要工作抓好。

2009年1月19日，国务院办公厅在《关于加强普通高等学校毕业生就业工作的通知》[国办发(2009)3号]中提出提升高校毕业生的就业能力：第一，大力组织以促进就业为目的的实习实践，确保高校毕业生在离校前都能参加实习实践活动。第二，完善离校未就业高校毕业生见习制度，鼓励见习单位优先录用见习高校毕业生。第三，拓展一批社会责任感强、管理规范的用人单位作为高校毕业生实习见习基地。从2009年起，用3年时间组织100万未就业的高校毕业生参加见习。第四，加强高等职业院校学生的技能培训，实施毕业证书和职业资格证书"双证书"制度，努力使相关专业符合条件的应届毕业生通过职业技能鉴定获得相应职业资格证书。人力资源社会保障部门根据高校毕业生需要，提供专场或其他形式的职业技能鉴定服务，教育部门及高校要给予积极配合。第五，对符合就业困难人员条件的高校毕业生，按规定给予鉴定补贴。

2.通过激励机制鼓励企业录用高校毕业生

第一，设立岗前培训基金。岗前培训基金是一种激励企业接纳大学毕业生的措施，在政府部分出资的基础上，鼓励企业缴费，共同设立基金，对接纳大学毕业生的企业给予奖励。企业的"搭便车"行为是其作为市场主体的理性选择，但在实现其自身利润最大化的同时却带来了社会收益的损失——大学毕业生人力资本存量贬损，产生了负外部性，故需政府介入，将此负外部性内化。2009年8月6日，中国国务院法制办公室在其官方网站公布《职业技能培训和鉴定条例(征求意见稿)》全文，提出用人单位应当按照职工工资总额的1.5%—2.5%提取职工教育培训经费，列入成本费用，依法在税前扣除，用人单位用于一线职工教育培训的经费不得低于本单位职工教育培训经费总额的70%。

第二，录用高校毕业生的激励机制。2009年1月19日，国务院办公厅在《关于加强普通高等学校毕业生就业工作的通知》[国办发(2009)3号]中指出，各类中小企业和非公有制企业是高校毕业生就业的主要渠道。据统计，70%以上的大学生去中小企业和非公有制企业就业，这已成为大学生就业的主要渠道，但这一渠道还不够通畅，相关制度和政策有待进一步完善。政府激励和促进大学毕业生到这类企业就业的措施主要有：（1）进一步清理影响高校毕业生就业的制度性障碍和限制，为他们提供档案管理、人事代理、社会保险办理和接续、职称评定以及权益保障等方面的服务，形成有利于高校毕业生到企业就业的社会环境；（2）对企业招用非本地户籍的普通高校专科以上毕业生，各地城市应取消落户限制（直辖市按有关规定执行）；（3）企业招用符合条件的高校毕业生，可按规定享受相关就业扶持政策；（4）劳动密集型小企业招用登记失业高校毕业生等城镇登记失业人员达到规定比例的，可按规定享受最高为200万元的小额担保贷款扶持。另外，要鼓励骨干企业和科研项目单位积极吸纳和稳定高校毕业生就业，尤其是支持困难企业更多地保留高校毕业生技术骨干。（1）政府对符合条件的困难企业可按规定在2009年内给予6个月以内的社会保险补贴或岗位补贴，由失业保险基金支付；（2）困难企业开展在岗培训的，按规定给予资金补助；（3）承担国家和地方重大科研项目的单位要积极聘用优秀高校毕业生参与研究，其劳务性费用和有关社会保险费补助按规定从项目经费中列支。人力资源社会保障部、财政部、税务总局《关于采取积极措施减轻企业负担稳定就业局势有关问题的通知》[人社部发(2008)117号]对上述政策有具体规定。

（三）借助援助措施促进就业困难群体就业

大学毕业生中的就业困难群体是就业难的内核，最不易攻破，故该群体最需要来自以政府为主的社会各界的救助。政府的救助措施主要基于两方面：第一，要有拓展多渠道就业的政策设计，比如，创业优惠、区域人才配置优惠、长线专业就业援助等。第二，要有拓展多渠道就业的制度设计，比如，完善的岗前培训或就业预备制度、企业用人制度、高校内部制度、调动非政府组织的积极性等。第三，要有保证信息畅通的信息披露制度，作为高端人力资源的大学毕业生目前面临的问题仍然是摩擦性失业和结构性失业，政府必须做的是加大岗位信息和职位空缺信息的发布力度（郭晋晖，2009）[1]。第四，要有保障大学毕业生利益的法律援助制度，比如，基于各种不法目的的虚假招聘旨在欺骗缺乏社会阅历的大学毕业生，作为弱势群体，政府应该为其提供诉诸法律手段维护自身合法劳动权益的渠道。第五，要有保证大学毕业生就业市场化的制度设计，大学毕业生就业市场化的关键在于就业市场的法制化和规范化。通过政府的监管，引导大学毕业生就业市场健康发展，建立用人单位招聘毕业生的信用制度，严厉打击招聘中的欺诈行为，切实维护毕业生的合法权益。目前，政府在谁能进入市场、谁能举办市场和怎样举办市场等问题的监督和管理上尚处于缺位状态。

2009年1月19日，国务院办公厅在《关于加强普通高等学校毕业生就业工作的通知》[国办发(2009)3号]中提出，强化对困难高校毕业生的就业援助。第一，对困难家庭的高校毕业生，高校可根据实际情况给予适当的求职补贴。各级机关考录公务员、事业单位招聘工作人员时，免收困难家庭高校毕业生的报名费和体检费。第二，对离校后未就业回到原籍的高校毕业生，各地公共就业服务机构要摸清底数，免费提供政策咨询、职业指导、职业介绍和人事档案托管等服务，并组织他们参加就业见习、职业技能培训等促进就业的活动。第三，对登记失业的高校毕业生，各地要将他们纳入当地失业人员扶持政策体系。第四，对就业困难的高校毕业生和零就业家庭的高校毕业生，实施一对一职业指导、向用人单位重点推荐、公益性岗位安置等帮扶措施，按规定落实社会保险补贴、公益性岗位补贴等就业援助政策。

另外，除了政府，非政府、非高校的组织或团体也要积极介入，探索包括慈善机构、市场的培训主体、企业、个人、家庭参与的稳定就业援助与促进机制。

---

[1] 郭晋晖：《人大人事学院院长曾湘泉："调查失业率"应尽快公布》，《第一财经日报》2009年1月6日。

参考文献

中文书籍

[1]　R•索洛编著，平新乔翻译：《经济增长论文集》，北京经济学院出版社1989年版

[2]　菜昉、白南生：《中国转轨时期劳动力流动》，社会科学文献出版社2006年版

[3]　陈昌曙、远德玉：《技术选择论》，辽宁人民出版社1990年版

[4]　陈共：《财政学》，中国人民大学出版社2004年版

[5]　范先仕：《教育经济学》，中国人民大学出版社2008年版

[6]　冯子标：《人力资本运营论》，经济科学出版社2000年版

[7]　高书国、杨晓明：《中国人口文化素质报告》，社会科学文献出版社2004年版

[8]　国家统计局人口和就业统计司、劳动和社会保障部规划财务司：《中国劳动统计年鉴》（2002、2003、2004、2005、2006、2007、2008），中国统计出版社2003、2004、2005、2006、2007、2008、2009年版

[9]　国家统计局人口和就业统计司：《中国人口和就业统计年鉴》（2005、2008），中国统计出版社2005、2008年版

[10]　国家统计局国民经济综合统计司：《中国区域经济统计年鉴》（2003、2004、2005），中国财政经济出版社2004、2005、2006年版

[11]　国务院全国1%人口抽样调查领导办公室、国家统计局人口和就业统计司：《2005年全国1%人口抽样调查资料》，中国统计出版社2007年版

[12]　何承金：《人力资本管理》，四川大学出版社2000年版

[13]　James Heckman：《提升人力资本投资的政策（中译本）》，复旦大学出版社2003年版

[14]　教育部发展规划司：《中国教育统计年鉴》（1996、1997、1998、1999、2000、2001、2002、2003），人民教育出版社1997、1998、1999、2000、2001、2002、2003、2004年版

[15]　蒋洪、朱萍：《财政学》，上海财经大学出版社2000年版

[16]　卡尔•马克思：《资本论（中文版第一卷）》，人民出版社1963年版

[17]　克里夫•R•贝尔菲尔德著，曹淑江主译：《教育经济学》，中国人民大学出版社2007年版

[18]　《跨世纪的中国人口》[北京卷]编委会：《跨世纪的中国人口》［北京卷］，中国统计出版社1994年版

[19]　劳动和社会保障部劳动科学研究所：《2002年中国就业报告——经济体制改革和结构调整中的就业问题》，中国劳动社会保障出版社2003年版

[20]　连玉明、武建忠：《中国国策报告》，中国时代经济出版社2005年版

[21]　李宝元：《人力资本与经济发展》，北京师范大学出版社2000年版

[22]　李嘉图：《政治经济学与赋税原理（中文版）》，商务印书馆1987年版

[23]　李建民：《人力资本通论》，上海三联书店1999年版

[24]　李竞能：《人口经济理论研究》，南开大学出版社2000年版

[25]　李忠民：《人力资本——一个理论框架及其对中国一些问题的解释》，经济科学出版社1999年版

[26]　厉以宁、吴世泰：《西方就业理论的转变》，华夏出版社1988年版

[27]　刘泽云：《教育经济学》，华东师范大学出版社2008年版

[28]　刘泽云：《教育投资收益分析——基于中国企业职工工资收入的研究》，北京师范大学出版社2004年版

[29]　刘志民：《教育经济学》，北京大学出版社2007年版

[30]　陆铭：《劳动经济学——当代经济体制的视角》，复旦大学出版社2002年版

[31] 莫志宏：《人力资本的经济学分析》，经济管理出版社2004年版

[32] 邱苑华：《管理决策与应用熵学》，机械工业出版社2002年版

[33] 谭崇台：《发展经济学》，山西经济出版社2001年版

[34] 王伯庆：《中国大学毕业生就业报告（2009）》，社会科学文献出版社2009年版

[35] 王爱华：《人力资本投资风险》，经济管理出版社2005年版

[36] 王金营：《人力资本与经济增长：理论与实证》，财政经济出版社2001年版

[37] 王培欣：《中级财务会计》，机械工业出版社2004年版

[38] 西奥多·W·舒尔茨：《报酬递增的源泉》，北京大学出版社2001年版

[39] 西奥多·W·舒尔茨著，吴珠华等译：《论人力资本投资》，北京经济学院出版社1992年版

[40] 雅各布·明塞尔著，张风林译：《人力资本研究》，中国经济出版社2001年版

[41] 杨河清：《劳动经济学》，中国人民大学出版社2002年版

[42] 伊兰伯格、史密斯著，潘功胜、刘昕译：《现代劳动经济学：理论与公共政策（第六版）》，中国人民大学出版社1999年版

[43] 约瑟夫·熊彼特：《经济分析史（中文版第二卷）》，商务印书馆1996年版

[44] 袁志刚：《失业经济学》，上海人民出版社1997年版

[45] 曾湘泉：《中国就业战略报告2005—2006面向市场的中国就业与失业测量研究》，中国人民大学出版社2006年版

[46] 曾湘泉：《劳动经济学》，中国劳动社会保障出版社、复旦大学出版社2005年版

[47] 谌新民、刘善敏：《人力资源会计》，广东经济出版社2002年版

[48] 郑道文：《人力资本国际流动与经济发展》，中国财政经济出版社2004年版

[49] 中华人民共和国卫生部：《中国卫生统计年鉴（2008）》，中国协和医科大学出版社2008年版

[50] 蔡昉、张车伟、王德文、王美艳：《中国人口与劳动问题报告：转轨中的城市贫困问题（2003）》，社会科学文献出版社2003年版

[51] 蔡昉、都阳：《中国人口与劳动问题报告：刘易斯转折点及其政策挑战（2007）》，社会科学文献出版社2007年版

[52] 中国统计年鉴编写组：《中国统计年鉴（2005）》，中国统计出版社2005年版

[53] 中国统计年鉴编写组：《中国统计年鉴（2008）》，中国统计出版社2008年版

中文期刊

[1] 安果：《技术进步、就业兼容理论与中国就业问题》，《经济体制改革》2004年第2期

[2] 白颖、杨淑莲、栾本平：《论通过技术进步促进经济增长与就业》，《吉林省经济管理干部学院学报》2004年第1期

[3] 包玉香、张晓青、李香：《基于政府视角的人力资本投资分析》，《中国人口资源与环境》2004年第5期

[4] 毕先萍：《技术进步对就业的总量及结构的影响》，西南交通大学2004年硕士学位论文

[5] 宾斌、谢安衡：《高校毕业生就业"人力资本失灵"现象及对策》，《长沙铁道学院学报（社会科学版）》2004年第1期

[6] 蔡昉：《中国地区经济增长的趋同与差异》，《经济研究》2000年第10期

[7] 蔡昉、王德文：《比较优势差异、变化及其对地区差距的影响》，《中国社会科学》2002年第5期

[8] 陈碧霞：《农村居民人力资本投资行为分析》，《中州学刊》2001年第1期

[9] 陈捷：《人力资本投资中政府要扮演多重角色》，《广角论坛》2003年第9期

[10] 陈柳钦：《金融危机对我国就业的影响及应对》，《中国城市经

济》2009年第7期

[11]　陈钰：《论技术进步对人力资本就业的作用及中国技术发展原则》，《冶金经济与管理》2003年第3期

[12]　程承坪、王飞军、黄小平：《人力资本投资风险探讨》，《人才开发》2001年第2期

[13]　程功武：《人力资本存量转换模型及其应用》，《长江职工大学学报》2002年第1期

[14]　程文文、陈戈、黄洁纲：《人力资本投资的消费效用分析》，《华东船舶工业学院学报》1997年第2期

[15]　程永宏：《技术性失业：虚构还是现实》，《经济学家》2003年第5期

[16]　陈晓燕：《教育深化与"知识失业"的经济学分析》，《武汉市经济管理干部学院学报》2003年第2期

[17]　崔友平：《利用技术进步增加就业》，《.当代经济研究》2001年第10期

[18]　丁仁船、杨军昌：《技术进步对中国人力资本就业的影响》，《统计与决策》2002年第12期

[19]　财政部、教育部联合颁布《高等学校毕业生国家助学贷款代偿资助暂行办法》，《中国财经报》2006年9月15日

[20]　董奋义、应纪来：《就业、投资、技术进步与经济增长》，《农业系统科学与综合研究》2000年第3期

[21]　冯皓：《高校专业设置、人才培养与市场需求间的错位研究》，《中国大学教育》2009年第2期

[22]　傅志明：《个人人力资本投资行为分析》，《中国煤炭经济学院学报》1995年第3期

[23]　高德步：《个人投资的重要领域——人力资本投资》，《中国软科学》1994年第3—4期

[24]　高艳：《企业如何变人力资源为人力资本》，《经济管理》2002年第13期

[25]　高永刚、李海瑛：《经济增长、技术进步与就业》，《管理现代化》2002年第3期

[26]　共青团中央学校部和北京大学公共政策研究所：《关于大学生求职与就业状况的调查报告》，2006年

[27]　龚益：《技术进步对就业状态的影响》，《数量经济技术经济研究》2001年第9期

[28]　郭晋晖：《中国大学生初次就业率70%高出教育部官员预期》，《第一财经日报》2005年11月17日

[29]　郭晋晖：《人大人事学院院长曾湘泉："调查失业率"应尽快公布》，《第一财经日报》2009年1月6日

[30]　国务院办公厅：《关于加强普通高等学校毕业生就业工作的通知[国办发（2009）3号]》，2009年1月19日

[31]　国务院办公厅：《关于建立高校毕业生就业见习制度的通知[国人部发（2006）17号]，2006年2月27日

[32]　韩利红：《人力资本贬值及投资补偿策略》，《江淮论坛》2005年第3期

[33]　何静慧：《经济增长、技术进步与就业的关系——以浙江为例》，《统计与决策》2005年第5期

[34]　侯亚非、曹颖：《人力资本存量质量浅析》，《中国人口科学》2000年第6期

[35]　胡振平：《科学技术进步与扩大劳动就业》，《江汉石油工业大学学刊》1996年第3期

[36]　黄敬宝：《劳动力市场不完善与大学毕业生失业》，《改革与战略》2007年第2期

[37]　黄紫华、李雪如：《美国大学生就业状况及其启示》，《黑龙江高教研究》2005年第1期

[38]　孔令锋：《论人力资本投资的风险》，《当代经济科学》2002年第2期

[39]　赖德胜、田永坡：《对中国"知识失业"成因的一个解释》，《经

济研究》2005年第11期

[40] 赖德胜、田永坡：《当前大学生就业难的成因和政策选择》，《红旗文稿》2009年第7期

[41] 李勃：《论技术进步对就业的作用与发展第三产业》，《武汉汽车工业大学学报》1998年第5期

[42] 李松柏：《用人口质量指数分析人口质量的缺陷》，《西北农林科技大学学报（社会科学版）》2006年第1期

[43] 李广旭、林金淑：《论科学技术进步对就业观念的影响》，《武汉冶金管理干部学院学报》1995年第2期.

[44] 李汉通、李霆：《人力资本投资收益与风险分析》，《东北电力学院学报》2001年第2期

[45] 李红松：《中国经济增长与就业弹性问题研究》，《财经研究》2003年第4期

[46] 李培林、张翼：《走出生活逆境的阴影——失业下岗职工再就业中的"人力资本失灵"研究》，《中国社会科学》2003年第5期

[47] 李颖、杨秋芬、张如意：《日本大学生就业现状及就业指导》，《河北大学成人教育学院学报》2007年第6期

[48] 李勇：《人力资本流动性探析》，《财贸研究》2003年第6期

[49] 李正友、毕先萍：《技术进步的就业效应：一个理论分析框架》，《经济评论》2004年第2期

[50] 刘相勇、高强：《中国居民高等教育投资决策分析》，《重庆工商大学学报》2004年第1期

[51] 刘星：《论技术进步与积极就业政策》，《经济研究》2003年第8期

[52] 刘志坚：《英国大学生就业工作及其对我国的启示》，《江苏高教》2006年第4期

[53] 刘志坚：《个人教育投资决策的期权方法》，《统计与决策》2004年第10期

[54] 卢爱华：《技术进步与就业的关系探讨》，《经济与社会发展》2003年第10期

[55]　马杰：《人力资本"失灵"与"悖论"之理论解释》，《江苏工业学院学报》2005年第2期

[56]　苗万龙、万杰：《经济运行中的技术进步与选择——基于中国技术发展路径与经济增长、就业关系的实证分析》，《经济评论》2005年第3期

[57]　孟大虎：《风险条件下的个人选择与大学生就业》，《复旦教育论坛》2005年第1期

[58]　彭新育、侯先荣：《高等教育门槛的经济学分析》，《华南理工大学学报》1999年第1期

[59]　彭绪庶、齐建国：《对美国技术进步与就业关系的研究》，《数量经济技术经济研究》2002年第11期

[60]　齐建国：《中国总量就业与科技进步的关系研究》，《数量经济技术经济研究》2002年第12期

[61]　钱雪亚：《人力资本存量计量的合理视角》，《浙江社会科学》2005年第5期

[62]　钱雪亚：《度量人力资本水平的三类统计方法》，《统计与决策》2003年第10期

[63]　钱雪亚、周颖：《人力资本存量水平的计量发法及实证评价》，《商业经济与管理》2005年第2期

[64]　钱永坤、宁学锋、董靖：《经济增长与就业关系实证研究——以江苏省城镇就业为例》，《经济科学》2003年第1期

[65]　乔国锋：《人力资本投资的效用性分析》，《郑州航空工业管理学院学报》2004年第4期

[66]　任晓：《个人高等教育投资决策行为分析》，《教育与经济》1998年第2期

[67]　沈陈孝兵：《论劳动力就业与技术进步的技术选择原则和战略思路》，《社会科学辑刊》1998年第5期

[68]　沈利生、朱运法：《人力资源开发与经济增长关系的定量研究》，《数量经济技术经济研究》1997年第12期

[69]　石车伟：《人力资本流动模型及其模型分析》，《上海经济研究》

2001年第6期

[70] 孙宸：《论人力资本的保值增值》，《青岛科技大学学报》2004年第2期

[71] 宋良荣、徐福缘：《人力资本投资与个人收入能力》，《上海理工大学学报》2002年第2期

[72] 宋醒民、陈富良：《劳动力市场发育的一个特殊环节——再就业工程评析》，《江西财经大学学报》2000年第3期．

[73] 唐晓云：《人力资本的正常贬值和非正常贬值》，《中国中小企业》1998年第9期

[74] 汤以本：《浅议技术进步中的就业补偿机制》，《中国劳动科学》1996年第12期

[75] 田永坡：《高等教育扩展与"知识失业"：国外的研究和经验》，《高等教育研究》2006年第7期

[76] 向志强：《企业人力资本投资与人力资本生命周期》，《山西财经大学学报》2002年第4期

[77] 向志强：《人力资本生命周期与人力资本投资》，《中国人口科学》2002年第5期

[78] 肖延方：《正确认识技术进步与增加就业的辩证关系》，《郑州大学学报》2001年第2期

[79] 徐仁璋：《人力资本投资的风险与对策》，《中南财经大学学报》2001年第2期

[80] 许叶萍、石秀印：《在"社会"上贡献，于"市场"中受损》，《江苏社会科学》2009年第3期

[81] 许正中、吴要武：《人力资本的定价与开发》，《新东方》1999年第3期

[82] 《外国大学生就业也不易》，《科学与文化》2005年第9期

[83] 万晓玲、吴松、邵松林：《印度高校毕业生就业状况评估及启示》，《比较教育研究》2006年第2期

[84] 王艾青、安立仁：《中国人力资本存量分析》，《学术研究》2004

年第9期

　　[85]　王立慧:《中国在推进科学技术进步过程中的就业压力及其对策分析》,《中国冶金教育》2002年第4期

　　[86]　王霏:《调整和优化产业结构与减少失业》,《石家庄经济学院学报》2001年第8期

　　[87]　吴克明、赖德胜:《大学生自愿性失业的经济学分析》,《高等教育研究》2004年第2期

　　[88]　温海燕、陈平水:《劳动力市场分割条件下大学毕业生自愿性失业问题初探》,《生产力研究》2006年第5期

　　[89]　温源、贾洪波:《论技术进步与就业模式》,《沈阳教育学院学报》2003年第2期

　　[90]　吴宏梅:《运用马克思的资本技术构成理论论述技术进步对就业的影响》,《合肥联合大学学报》2000年第3期

　　[91]　武秀波:《下岗失业职工人力资本贬值的经济学分析》,《辽宁行政学院学报》2004年第3期

　　[92]　杨重光:《国际金融危机冲击下的2008年中国城市经济》,《中国城市经济》2009年第3期

　　[93]　杨青:《教育深化与知识失业——对大学生就业问题的分析》,《云南财贸学院学报》2004年第4期

　　[94]　杨伟国、王飞:《大学生就业:国外促进政策及对中国的借鉴》,《中国人口科学》2004年第4期

　　[95]　杨竹节:《论教育深化与知识失业》,《江苏高教》2003年第2期

　　[96]　姚峰:《国企优秀大学生流失的溯因与求解》,《人才资源开发》2005年第10期

　　[97]　姚占琪、夏杰长:《资本深化、技术进步对中国就业效应的经验分析》,《世界经济》2005年第1期

　　[98]　熊云飚:《个人人力资本投资决策分析》,《经济问题探索》2002年第7期

　　[99]　熊文才:《产业结构与失业》,《重庆师院学报(哲学社会科学

版）》2003年第2期

[100]　于安秀：《关注劳动力市场中的性别平等》，《科技广场》2009年第4期

[101]　于金富、刘修岩：《政府参与人力资本投资的经济学解释及对中国的启示》，《华北水利水电学院学报(社科版)》2004年第11期

[102]　岳昌君、丁小浩：《受高等教育者就业的经济学分析》，《高等教育研究》2003年第3期

[103]　岳琳琳、张敏、陈东景：《浅析人力资本的保值与增值》，《物流科技》2005年第2期

[104]　曾湘泉：《变革中的就业环境与中国大学生就业》，《经济研究》2004年第6期

[105]　翟莉、王晓渝：《中国产业结构偏差对失业影响的实证分析》，《生产力研究》2001年第1期

[106]　张帆：《中国的物质资本和人力资本估算经济研究》，《经济研究》2000年第8期

[107]　张国初：《技术进步对就业水平的影响》，《管理评论》2003年第1期

[108]　张红芳、郭亚军：《技术进步、结构变革与经济增长》，《人文杂志》2003年第2期

[109]　张杰、马斌：《论人力资本贬值的方式、成因及防范》，《岭南学刊》2005年第2期

[110]　张亚莉、杨乃定：《论企业人力资本贬值风险》，《科研管理》2000年第7期

[111]　张本波：《解读中国经济增长的就业弹性》，《宏观经济研究》2002年第10期

[112]　张金麟：《个人（家庭）人力资本投资的均衡分析》，《经济问题探索》2001年第9期

[113]　张全红：《技术进步对就业的影响分析》，《安阳工业学院学报》2005年第3期

[114]　张屈征、曾乐、王桅：《个人人力资本投资积极性及其成本收益关系》，《西安联合大学学报》2002年第3期

[115]　张曙光：《破解大学生就业结构性难题》，《中国城市经济》2009年第7期

[116]　张素梅：《妇女劳动参与率的研究——联立模型分析》，《（台北）经济论文丛刊》1988年第2期

[117]　张学英：《企业对应届毕业生就业歧视的经济学分析》，《经济论坛》2003年第9期

[118]　张学英：《人力资本存量贬损研究》，《开放导报》2008年第5期

[119]　张学英：《基于技术进步的人力资本存量贬损研究》，《生产力研究》2009年第5期

[120]　张学英：《生育女性人力资本存量变动轨迹研究》，《湖北经济学院学报》2009年第5期

[121]　张智勇：《技术进步的就业效应——兼论中小企业对就业增长的作用》，《科技进步与对策》2004年第1期

[122]　郑勤华：《印度的高等教育扩展与知识失业》，《教育与经济》2005年第1期

[123]　赵建国：《经济增长促进就业的实证分析》，《财经问题研究》2003年第5期

[124]　赵运林：《关于大学生就业难问题的思考与对策》，《湖南社会科学》2009年第3期

[125]　郑文力：《"教育深化"与"知识失业"》，《福建论坛（人文社会科学版）》2005年第1期

[126]　钟秋明、郭园兰：《高校毕业生就业应实现五个统筹》，《当代教育论坛》2009年第1期

[127]　中华人民共和国教育部：《全国教育事业发展统计公报（2003—2007年）》. http://www.moe.edu.cn/edoas/website18/level2.jsp?tablename=1068

[128]　中华人民共和国教育部：《2008年全国普通高校家庭经济困难学生资助政策执行情况（2009—08—06）》. http://www.moe.gov.cn/edoas/

website18/71/info1249547614294671.htm

[129] 周源：《人力资本：贬值与增值》，《人才开发》2003年第3期.

[130] 诸建芳、王伯庆，恩斯特·使君多福：中国人力资本投资的个人收益率研究》，《经济研究》1995年第12期

[131] 朱绵庆、黄金辉：《大学生就业现状与观念的转变》，《河北师范大学学报》2006年第3期

[132] 《摩托罗拉：每人每年培训至少40小时》. http://train.846. cn/2005/12—22/23144.html

[133] 《摩托罗拉的培训体制》. http://edu.sina.com.cn/l/2004—04—29/66761.html

[134] 《全球危机引爆全球裁员降薪潮》.凤凰网.http://finance.ifeng. com/topic/caiyuanjianxizhuantigai/

[135] 傅洋：《自费出差、调岗调职 企业软裁员悄然蔓延》，《北京晚报》2009年5月15日

[136] 程志超：《"狼"来了：金融危机下企业如何裁员降薪》. http:// finance.QQ.com

[137] 崔玉平：《关于大学毕业生就业与失业问题的探讨》. http:// cuiyuping.usors.cn

[138] 人大经济论坛. http://www.pinggu.org/bbs/.

[139] 文汇报.2001年12月14日

[140] 《扶助大学生就业各国政府纷纷出妙招》，《广州日报》2009年2月11日

[141] 《中国少数民族人口问题研究详细内容》.绿色论文网. http:// www.yout.cn/Lunwen/Lvsee_7017783/

[142] 《中华人民共和国国家统计局全国年度统计公报（2005—2006）》. http://www.stats.gov.cn/tjgb/

[143] 《国外大学生就业》.中新网：http://news3.xinhuanet.com/ mrdx/2007—06/06/ content_6204395.htm

[144] 日本书部科学省：《平成14年度学校基本调查[J/OL]》.http://

www.mext.go.jp/b_ menu/ toukei/001/003/030202a.html,2003—04—01

[145]　日本厚生劳动省：《平成17年度大学等毕业者就业状况调查[J/OL]》.http://www.mhlw.go.jp/hou2dou/2006/05/h0512—3.html,2006—05—02

[146]　《日本千余大学生未上班就被"裁员"毕业即失业》，《[日]中文导报》2009年4月16日

英文文献

[1]　Acemoglu, D., Tchnical Change, Inequality, and the Labor Market. Journal of Economic Literature, V.40, (Mar., 2002):7—72.

[2]　Andrew Dabalena, Bankole Onib, Olatunde A Adekolac, Labor Market Prospects for University Graduates in Nigeria. Higher Education Policy, 2001,14 (2):141—159.

[3]　Alice S Rossi, Life—Span Theories and Women's Lives. Signs, V.6, N.1, Women: Sex and Sexuality, Part 2. (Autumn., 1980):4—32.

[4]　Almarin Phillps, Concerntration, Sale and Technological Change in Selected Manufacturing Industries 1899—1939.The Journal of Industrial Economics, V.4, N.3 (Jun., 1956）:179—193.

[5]　Anders Klevmarken, John M. Quigley, Age, Experience, Earnings, and Investments in Human Capital. The Journal of Political Economy, V.84, N.1 (Feb., 1976):47—72.

[6]　Arthur Wubnig, The Measurement of the Technological Factor in Labor Productivity. Journal of the American Statistical Association, V.34, N. 206 (Jun., 1939）:319—325.

[7]　Blaug M, Layard R, Woodhall M, The Causes of Graduate Unemployment in India, in Richard Layard: Tackling Unemployment. New York: ST. Martin's Press, 1969.289—292.

[8]　Drobnic, S., H. P. Blossfeld, and G. Rohwer., Dynamics of Women's Employment Patterns over the Family Life Course: A Comparison of the United States and Germany. Journal of Marriage and the Family, V.61,N.1 (1984):133—146.

[9]　G.S.Becker，Investment in Human Capital: Effects on Earnings. 1975.

[10]　G.S.Becker，Investment in　Human Capital :A Theoretical Analysis. The Journal of Political Economy, V.70, Supplement, 1964(Oct.):9—49.

[11]　Birren James E，Age Changes in Mental Abilities.The Journal of Business, V.27, N.2, Part 1: Retirement.(Apr., 1954)：156—163.

[12]　Blinder Alan S，Yoram Weiss，Human Capital and Labor Supply: A Synthesis. The Journal of Political Economy, V. 84, N.3 (Jun., 1976): 449—472.

[13]　C. Dagum, D. Slottje, A New Method to Estimate the Leve l and Distribution of Household Human Capital with Application. Structural Change and Economic Dynamics, 11(1—2) (2000):67—94

[14]　Chun Chang, Yijiang Wang，Human Capital Investment under Asymmetric Information: the Pigovian Conjecture Revisited. Journal of Labor Economics, V.14, N.3 (Jul., 1996):505—519.

[15]　Dominique Goux，Eric Maurin，The Decline in Demand for Unskilled Labor: An Empirical Analysis Method and Its Application to France. The Review of Economics and Statistics, V.82, N.4 (Nov., 2000): 596—607.

[16]　Donald Cox，Inequality in the Lifetime Earnings of Women. The Review of Economics and Statistics, V.64, N.3 (Aug., 1982):501—504.

[17]　Driffill E J, Life—Cycles with Terminal Retirement .Journal of Labor Economics, V.9, N.3 (Jul., 1991):236—254.

[18]　Edward Lazear，Age, Experience, and Wage Growth. The American Economic Review, V.66, N. 4 (Sep., 1976): 548—558.

[19]　Federal Student Aid Information Center (2003), Repaying Your Student Loans2003—2004, pp23—26.

[20]　Felmlee, D. H., A Dynamic Analysis of Women's Employment Exit. Demography, V.21, N.2（May, 1984）:171—183.

[21]　Felmlee, D.H., Causes and Consequences of Women's Employment Discontinuity, 1967—1973. Work and Occupations, V.22, N2 (1995):167—187.

[22]　Ferguson C E，On the Theory and Technological Change. The Journal

of Political Economy，V.75, N.1 (Feb., 1967) :108—109.

[23] Ferguson C E, Substitution, Technological Progress, and Returns to Scale. The American Economic Review, V.55, N.1/2 (Mar., 1965) :296—305.

[24] Finis Welch, Human Capital Theory: Education, Discrimination, and Life Cycles. The American Economic Review, V. 65, N.2, Papers and Proceedings of the Eighty—seventh Annual Meeting of the American Economic Association(May, 1975):63—73.

[25] Frederick OGoddard, Harrod—Neutral Economic Growth with Hicks—Biased Technological Progress.SouthernEconomicJournal, V.36, N.3 (Jan., 1970) :300—308.

[26] Freeman R B, The Facts About the Declining Economic Value of College. Journal of Human Resources, V.15, N. 1 (Sep., 1970):124—142.

[27] George J Borjas, Job Mobility and Earnings Over the Life Cycle. Industrial and Labor Relations Review, V.34, N.3 (Apr., 1981):365—367.

[28] George Liagouras, Aimilia Prutogerou, Yannis Caloghirou, Exploring Mismatches between Higher Education and the Labour Market in Greece. European Journal of Education, 2003, 38 (4): 413—426.

[29] Goran Eriksson, Human Capital Investment and Labor Mobility. International Economic Review, V.21, N.1 (Feb., 1980):45—62.

[30] Government Promotes Start—ups to Create New Jobs (2003). In Japan Bulletin, V.42, N.4, April.

[31] Graham John W, An Explaination for the Correlation of Stocks of Nonhuman Capital with Investment in Human Capital. The American Economic Review, V.71, N.1 (Mar., 1981):248—255.

[32] Hans Staehle, Employment in Relation to Technical Progress.The Review of Economic Statistics,V.22, N.2 (May 1940) :94—100.

[33] Hanushek Eric A, John M Quigley, Life—Cycle Earning Capacity and the OJT Investment Model. International Economic Review, V.26, N.2 (Jun., 1985):365—385.

[34] Harry Jerome, The Measurement of Productivity Changes and the Displacement of Labor. The American Economic, V.22, N.1, Supplement, Papers and Proceedings of the Forty—fourth Annual Meeting of the American Economic Association (Mar., 1932) :32—40.

[35] Heckman James J, A life—Cycle Model of Earnings, Learning, and Consumption. The Journal of Political Economy, V.84, N.4,Part 2: Essays in Labor Economics in Honor of H.Gregg Lewis (Aug., 1976):S11—44.

[36] Henry Y Wan, Technological Change and Relative Factor Shares in Indian Agriculture: An Empirical Analysis: Comment. American Journal of Agricultural Economics, V.5, N.1 (Feb., 1977) :228—231.

[37] Holtmann A G, On—the—Job Training, Obsolescence, Options, and Retraining. Southern Economic Journal, V.38, N.3 (Jan., 1972):414—417.

[38] J D Sethi, The Crisis and Collapse of Higher Education in India . New Delhi: Vikas Publishing House Pvt. Ltd, 1983. 61.

[39] Jean—Jacques Paul, Jake Murdoch.Higher Education and Graduate Employment in France.European Journal of Education, 2000, 35(2): 179—187.

[40] Jerry A.Jacobs, Gender and the Earnings Expectations of College Seniors. Economics of Education Review, V,19 (2000):229—243.

[41] Jose—Gines Mora, Jose Garcia—Montalvo, Adela Garcia—Aracil, Higher Education and Graduate Employment in Spain. European Journalof Education, 2000, 35(2):229—237.

[42] Jozef M Ritzen, Donald R Winkler, On the Optimal Allocation of Resources in the Production of Human Capital. The Journal of the Operational Research Society, V.30, N.1 (Jan., 1979):33—41.

[43] Kathryn L Shaw, Life—Cycle Labor Supply with Human Capital Accumulation. International Economic Review, V.30, N.2 (May, 1989):431—456.

[44] Kendrick, J. W. , The Formation and Stocks of Total Cap ital. Columbia University Press, New York, 1976

[45] Kendrick, J. W, Total Cap ital and EconomicGrowth,

Atlantic Economic Journal, Vol. 22，N.1 (March, 1994):1—18.

[46]　Lance Lochner，Education, Work, and Crime: A Human capital Approach. International Economic Review, V.45, N.3 (Aug., 2004):811—843.

[47]　Lawrence D Haber，Age and Capacity Devaluation.Journal of Health and Social Behavior, V.11, N.3 (Sep., 1970):167—182.

[48]　Lee Benham，Benefits of Women's Education within Marriage. The Journal of Political Economy, V.82, N.2, Part 2: Marriage, Family Human Capital, and Fertility (Mar.—Apr., 1974):S57—S71.

[49]　L.I. Dublin, A. Lotka, The Money Value of Man.Ronald. New York,1930

[50]　Lillard Lee A.，Inequality: Earnings vs. Human Wealth. The American Economic Review, V.67, N.2 (Mar., 1977):42—53.

[51]　Lillard, L. A.，Human Capital Life Cycle of Earning Models: A Specific Solution and Estimation. Working Paper No. 4, Center for Economic Analysis of Human Behavior and Social Institutions, NBER, New York, 1973.

[52]　Martin Browning，Thomas F Crossley，The Life—Cycle Model of Consumption and Saving.The Journal of Economic Perspectives，V.15, N.3 (Summer, 2001)：3—22.

[53]　Martin M G Fase，On the Estimation of Lifetime Income. Journal of the American Statistical Association, V.66, N.336 (Dec., 1971):686—692.

[54]　Meier E，Kerr E，Capabilities of Middle—aged Workers: A Survey of the Literature. Industrial Gerontology, N.3 (1976):147—156.

[55]　Jacob Mincer, The Production of Human Capital and the Life Cycle of Earnings:Variations on A Theme. Journal of Labor Economics, V.15, N.1, Part 2: Essays in Honor of Yoram Ben—Porath (Jan., 1997):S26—S47.

[56]　Jacob Mincer, On—the—Job Training: Costs, Returns, and Some Implications. Journal of Political Economy 70 (October 1962, supplement): 50—79.

[57]　Jacob Mincer,, The Distribution of Labor Income: A Survey with Special Reference to the Human Capital Approach. Journal of Economic Literature 8 (March

1970): 1—26.

[58] Jacob Mincer, Schooling, Experience and Earnings. National Bureau of Economic Research, New York, 1974.

[59] Jacob Mincer, Investment in Human Capital and Personal Income Distribution. Journal of Political Economy 66 (August 1958): 281—302.

[60] Moreh J., Human Capital: Deterioration and Net Investment. Review of Income & Wealth, V.19(Mar., 1973) :279—302.

[61] Murray Brown, Joel Popkin, A Measurement of Technological Change and Returns to Scale. The Review of Economics and Statistics,V.44, N.4 (Nov., 1962) :402—411.

[62] Murray Brown, John S de Cani, A Measure of Technological Employment. The Review of Economics and Statistics,V.45, N.4 (Nov., 1963) :386—394.

[63] National Center for Education Statisitcs(2001),Competing Choices:Men's and Women's Paths after Earning a Bachelor's Degree. NCES 2001—154,pp:34—39

[64] Osmo Kivinen, Jouni Nirmi Nurmi, Ritvasalnuniity, Higher Education and Graduate Employment in Finland. European Journal of Education, 2000,35 (2):165—177.

[65] Paul Kellermann, Gunhild Sagmeister, Higher Education and Graduate Employment in Austria. European Journal of Education, 2000, 35(2):157—164.

[66] Per Olaf Aamodt, Clara Ase Arnesen, The Relation between Expansion in Higher Education and the Labor Market in Norway. European Journal of Education, 2000,30 (1):65—76.

[67] Principles in the valuation of human capital review of income and wealth 1968

[68] Rhodes SR, Age Related Differences in Work Attitudes and Behavior: A Review and Conceptual Analysis. Psychological Bulletin, N.93 (1983):328—367.

[69] Richard B Freeman. The Changing Economic Value of Education in Developed Economies: a Report to the OECD [R]. NBER Working Papers,

1981.820.

[70] Richard Mchugh, Jullia Lane, The Role of Embodied Technological Change in the Decline of Labor Productivity.

[71] Ritzen Jozef M, Winkler Donald R, The Production of Human Capital Over Time. The Review of Economics and Statistics, V.59, N.4 (Nov., 1977):427—437.

[72] Ronnie J Straw, Lorel E Foged, Technological Employment in Telecommunications. Annals of the American Academy of Political and Social Science, V.470, Robotics: Future Factories, Future Workers (Nov., 1983) :163—170.

[73] Ryder Harl E, Frank P Stafford, Paula E Stephen, Labor, Leisure and Training Over the Life Cycle .International Economic Review, V.17, N.3 (Oct., 1976):651—674.

[74] Saul D Hoffman, Black—White Life Cycle Earnings Differences and the Vintage Hypothesis: A Longgitudinal Analysis. The American Economic Review, V.69, N.5 (Dec., 1979):855—867.

[75] Schwab D, Heneman H, Effects of Age and Experience on Productivity. Industrial Gerontology, N.4 (1977):113—117.

[76] Shephard Roy J, Aging and Productivity: Some Physiological Issues. International Journal of Industrial Ergonomics, V.25, N.5 (May, 2000):535—545.

[77] Shephard R J, Worksite Health Promotion and the Older Worker. International Journal of Industrial Ergonomics, in Press.

[78] Sherwin Rosen, A Theory of Life Earnings. The Journal of Political Economy, V.84,N.4,Part 2: Essays in Labor Economics in Honor of H. Gregg Lewis (Aug., 1976):S45—S67.

[79] Smith, Herbert L., Brian Powell, Great Expectations: Variation in Income Expectations among College Seniors. Sociology of Education, 63 (1990):194—207.

[80] Smith James P, On the Labor—Supply Effects of Age—Related Income Maintenance Programs. The Journal of Human Resources, V.10, N.1 (Winter., 1975):25—43.

[81] Schultz, Theodore W., 1972. Human Resource. New York and London: Columbia University Press.

[82] Schultz, Theodore W., Resources for Higher Education: An Economist's View. Journal of Political Economy, Vol.76, No.3 (May—Jun., 1968): 327—347.

[83] Schultz, Theodore W., Reflections on Investment in Man. Journal of Political Economy 70 (October 1962, supplement): 1—18.

[84] Schultz, Theodore W., Investment in Human Capital. American Economic Review 51 (March 1961): 1—17.

[85] Sohlman, ASA., Education, Labour Market and Human Capital Models: Swedish Experiences and Theoretical Analysis, Gotab, Stockholm, 1981.

[86] Stefan C. Wolter, Andre Zbinden, Labour Market Expectations of Swiss University Students. International Journal of Manpower, V.23, N.5 (2002): 458—470.

[87] Total Employment—Support Program (1994). in Japan Bulletin, V.33, N.5, May 1.

[88] Warren F Ilchman, Trilokndhar, Optimal Ignorance and Excessive Education: Education Inflation in India. Asian Survey, 1971, 11(6): 523—554.

[89] Wait, L, J., Working Wives and the Family Life Cycle.American Journal of Sociology, V.88,N2 (1980): 272—294.

[90] Wallace T D, Ihen L A, Full—Time Schooling in Life—Cycle Models of Human Capital Accumulation. The Journal of Political Economy, V.83, N. 1 (Feb., 1975):137—156.

[91] Willian J Haley, Human Capital: The Choice Between Investment and Income. The American Economic Review, V.63, N. 5 (Dec., 1973):929—944.

[92] Willian J Haley, Estimation of the Earnings Profile from Optimal Human Capital Accumulation. Econometric, V.44, N.6 (Nov., 1976):1223—1238.

[93] Winer Leon, A Profit—Oriented Decision System. Journal of Marketing, V.30, N.2 (Apr., 1966):38—44.

[94] W.S.Woytinsky Lecture, No.1. Human Capital and the Personal Distribution of Income.

[95] Yakov Amibud, A Note on the Measurement of Technological Progress and Experience in Production.American Journal of Agricultural Economics, V.59, N.4 (Nov., 1977) :728—730.

[96] Yokizomo Y, Measurement of ability of older workers. Ergonomics, N.28 (1985):843—854.

[97] Yoram Ben—Porath, The Production of Human Capital and the Life Cycle of Earnings. The Journal of Political Economy, V.75, N.4, Part 1 (Aug., 1967):352—365.

[98] Yoram Ben—Porath, The Production of Human Capital Over Time. In Education, Income and Human Capital, W. Lee Hansen (ed.) Studies in Income and Wealth, Vol. 35, NBER pp.129—47, New York, 1970.

[99] Zucker Albert, A Note on the Declining Tendency with Age67—75:538—540.

[100] Moller, Joachim, A Labor Market Model with Hysteresis Implications. Empirical Economics, V.15, N.2 (1990): 199—215.